Daheim

5. Schreibwettbewerb an den Schulen im Landkreis Augsburg

Herausgegeben vom
Landkreis Augsburg

Liebe Leserinnen und Leser,

haben Sie sich schon einmal gefragt, was für Sie ganz persönlich der Begriff „Daheim" bedeutet? Diese Frage haben die Schülerinnen und Schüler im Landkreis Augsburg anlässlich des fünften Schreibwettbewerbs in individuellen Geschichten beantwortet.

Aus über 600 Einsendungen wurden knapp 350 Texte von der Jury ausgewählt und in diesem Buch zusammengefasst. Die Antworten auf die Frage der Jungautorinnen und -autoren, was für sie persönlich „Daheim" bedeutet, könnten vielfältiger nicht sein. Die Schülerinnen und Schüler zeigen kreativ und in abwechslungsreichen Texten die unterschiedlichsten Perspektiven auf den Begriff. Davon können Sie sich selbst auf den folgenden Seiten überzeugen, sich in den einzelnen Erzählungen verlieren und entdecken, wo und besonders was „Daheim" alles bedeuten kann. Vielleicht gibt Ihnen die eine oder andere Assoziation mit dem Begriff einen Denkanstoß.

Den engagierten Jungautorinnen und Jungautoren aus dem Landkreis, die Kreativität und Ideenreichtum bewiesen haben und auch ganz persönliche Geschichten erzählen, möchte ich herzlich für ihre Teilnahme am fünften Schreibwettbewerb danken! Mein Dank gilt ebenfalls der Jury, die sich die Auswahl wie immer wirklich nicht leicht gemacht hat und ebenso dem Wißner-Verlag.

Viel Freude beim Lesen!

Ihr

Martin Sailer
Landrat

mit freundlicher Unterstützung von

Bildungsinitiative der Lechwerke AG:

Bildung mit Energie
ENTDECKEN, ERFORSCHEN, ERLEBEN

Projektleitung: Armin Falkenhein, Landratsamt Augsburg
                  Ingrid Akdil, Landratsamt Augsburg
                  Peter Dempf, Justus-von-Liebig-Gymnasium Neusäß

Covermotiv: © bruniewska, 2021, Benutzung unter Lizenz von
                  shutterstock.com, Composing durch Lisa Schwenk

Bibliografische Information der Deutschen Nationalbibliothek
Die Deutsche Nationalbibliothek verzeichnet diese Publikation in der
Deutschen Nationalbibliografie; detaillierte bibliografische Daten sind im
Internet über http://dnb.d-nb.de abrufbar.

ISBN 978-3-95786-315-7
© Wißner-Verlag, Augsburg 2022

Inhalt

7

9

10

Zuhause?

Zuhause –
Ein Ort zum Wohnen und Wohlfühlen,
stand in der Werbung für unsere Wohnung.
Ich hatte ja noch keine Ahnung,
wie sehr ich musste nach Freunden wühlen.
Zuhause fühlt sich doch anders an,
Mama meinte, es bräuchte Zeit.
Ob ein Jahr dafür nicht genug sein kann?
Und immer länger, mit der Zeit
machte sich Traurigkeit in mir breit.
Diese Werbung war eine Lüge.
Ich wohnte hier zwar schon zur Genüge,
aber ich fühlte mich nicht wohl.
Ich war alleine wie am Südpol!

Anna Zeiträg, Robin Schuchardt
Staatliches Gymnasium Königsbrunn, Klasse 7e

Daheim

Da ist meine Familie. Auf der Suche nach einem sicheren Ort. Heimat ist da, wo meine Familie ist. Erinnerungen mit der Familie. Indem man sich wohlfühlt. Momente, die mich stark und glücklich machen.

Vanessa Kertan
Grundschule Zusamarshausen, Klasse 3a

Reim Thema Daheim

Daheim ist dort, wo man dich liebt, wo man dich kostet und vergibt. Dort, wo du gern bist, wo man dich begehrt. Wo man sich behutsam um dich sorgt und schert. Drum fühle dich glücklich denn eins hat Gewicht: Es gibt auch Menschen, die haben das nicht.

Clara Hasse
Staatliches Gymnasium Königsbrunn, Klasse 5f

Daheim geht es mir gut (Akrostichon)

Daheim fühle ich mich wohl.
Alle nehmen mich so, wie ich bin.
Hier ist immer jemand, mit dem man reden kann.

Einander zuhören, tut uns gut.
Ich muss mich nicht verstellen.
Miteinander Spaß haben ist toll.
Gemeinsam lachen wir hier.
Ehrlich zu sein ist wichtig.
Hilfe bekommt man hier zu jeder Zeit.
Traditionen haben zu Hause einen Platz.
Erinnerungen kann man hier sammeln.
Seine Ideen kann man hier verwirklichen.
Manchmal bricht auch Chaos aus.
Immer sind Freunde und Familie willkommen.
Ruhe kann ich hier finden.
Gerne mache ich es mir zu Hause gemütlich.
Und nach Streit vertragen wir uns wieder.
Tag für Tag geht es mir hier gut.

Antonia Günzel
Staatliches Gymnasium Königsbrunn, Klasse 7f

Unser geheimer Rückzugsort

Mein Bruder und ich waren einmal bei meinem Papa zum Übernachten. Wir sind zuhause.
Alle Räume sind leer. Wir haben einen Raum als unsere Turnhalle getauft und sind da immer drinnen und machen Quatsch. Eines Tages, als ich mit meinem Bruder in unsere Turnhalle war, ist uns ein geheimer Raum aufgefallen, direkt hinterm Schrank. Wir sind hin und haben den Raum aufgemacht. Jan holte eine Taschenlampe und wir gingen vorsichtig runter. Die Treppe war sehr alt. Als wir unten waren, fanden wir einen alten Brief. Ich hob ihn auf und las ihn meinem Bruder vor. „Wenn ihr weitergeht, findet ihr einen Schlüssel – nehmt ihn mit, ihr könnt ihn gebrauchen." Wir gingen weiter und fanden den Schlüssel. Irgendwann fanden wir ein riesengroßes Labyrinth. Da war nochmal ein Brief. Darauf stand: „Wenn ihr das Labyrinth durchquert, findet ihr eine Wunderlampe. Wenn ihr dreimal sagt, komm heraus, kommt ein Flaschengeist heraus. Den könnt ihr behalten, und er wird euch alle Wünsche erfüllen. Danach kommt eine Tür. Macht diese auf und ihr kommt zu einem Garten, da werden euch Fragen gestellt. Die müsst ihr beantworten. Habt ihr die Fragen richtig, dürft den wunderschönen Garten behalten und das Labyrinth verschwindet." Wir gingen in das Labyrinth und schauten uns um. Wir sahen einen kleinen Mann. Wir gingen zu ihm hin: „Hallo. Ich bin Lara und das ist mein Bruder

Jan." Er sagte: „Hallo, ich bin Luzius." Ich fragte ihn, ob er uns begleiten möchte. Er sagte ja, aber er kannte das Labyrinth nur so halbwegs. Er wusste ungefähr, wo die Tür war. Auf dem Weg erzählte er uns, wie er in das Labyrinth gekommen war. Luzius sagte, dass er einmal in seinem Garten mit seiner neuen Goldkugel spielte. Er warf und fing sie wieder auf, dann passierte es und ein Portal öffnete sich und er kam in das Labyrinth. Wir gingen weiter und kamen zu einer anderen Tür. Wir liefen weiter und sahen ein kleines Drachenbaby. Dann sagte Luzius, dass das seines sei und das wir kein Angst haben müssten und dass er den Drachen zu der Tür fliegen könne. Luzius zauberte und der Drache wuchs. „Komm, Jan, wir steigen auf!" Dann stiegen wir auf und flogen. Luzius rief: „Da ist die Tür." Wir landeten, wir stiegen ab und probierten den Schlüssel. Er funktionierte. Dann fragten wir, ob Luzius mitkomme. Er antwortete „Nein, es tut mir leid. Ich wurde in das Labyrinth gezaubert und kann den Zauber nicht durchbrechen. Wir verabschiedeten uns und wir gingen weiter zum Garten. Wir hörten, wie eine Stimme sagte: „Wieso wollt ihr den Garten haben?"

„Wir wollen ein Geheimversteck, wo wir unsere Ruhe haben."

„Dürfen auch andere in den Garten?"

„Nein, nur wir beide, der Garten muss geheim bleiben."

„Richtig, ihr habt alle Fragen richtig beantwortet. Ihr dürft nach Hause gehen. Ich lasse die Wunderlampe in unserem Versteck daheim."

Lara Egger
Mittelschule Stadtbergen, Klasse 6A

Daheim

Daheim klingt, wie wenn mein Papa Geige spielt.
Daheim sieht aus, wie ein Haus voller Buchstaben.
Daheim riecht wie meine Mama.

Rebekka Selig
Grundschule Gessertshausen, Klasse 2b

Kein Daheim mehr?

Hallo, ich heiße Lotta, bin 12 Jahre alt und lebe in Augsburg. Meine Eltern haben sich vor einem Monat getrennt und seitdem hat sich alles verändert.

Ich lebe immer abwechselnd bei meiner Mutter und bei meinem Vater, doch ich fühle mich nirgendwo so richtig zu Hause.

Als ich heute von der Schule nach Hause lief, ließ ich mir sehr viel Zeit. Ich ging zum Bäcker, kaufte mir Süßigkeiten und ging noch zum Spielplatz. Denn ich wusste, dass meine Mutter in der Arbeit war und es ihr egal war, wann ich nach Hause komme. Seit sie und Papa sich getrennt haben, ist meine Mutter ständig in der Arbeit und ich muss mich den ganzen Tag mit mir selbst beschäftigen. Früher hat meine Mutter noch viel mit mir unternommen, aber heute beschäftigt sie sich nur noch mit ihrer Arbeit. Auch heute war es nicht anders! Ich machte meine Hausaufgaben und kochte mir selbst Essen. Doch auf einmal hatte ich das alles satt und ließ mich lustlos auf das Sofa fallen. Warum war meine Mutter seit der Scheidung nie daheim? Warum war ich es, die so unglaublich allein war? Die Einsamkeit packte mich und ließ mich auch nicht mehr los! Doch dann erinnerte ich mich schlagartig: „Morgen bin ich ja wieder bei meinem Vater! Der ist wenigstens nicht immer im Büro!"

Und tatsächlich – als mein Vater mir am nächsten Tag die Haustür öffnete, überkam mich eine riesige Glückswelle! Ich folgte ihm in seine neue Wohnung, die zu Fuß etwa zehn Minuten von der alten Wohnung meiner Mutter entfernt war. Er sagte zu mir: „Hör zu, Lotta, ich muss noch mal kurz weg. Ich bin aber bald wieder da. Ist das okay für dich?" Ich hatte nichts dagegen, denn ich wusste, dass er nicht, wie meine Mutter, den ganzen Tag in der Arbeit bleiben würde. Doch wie hatte ich mich getäuscht! Papa kam erst viele Stunden später nach Hause und meine gesamten Glücksgefühle waren mittlerweile verflogen. Er meinte: „Tut mir echt leid, dass es länger gedauert hat, aber in der Arbeit war einfach so viel los!" Doch es kam noch „besser"! Zum Abendessen gab es nur trockenes Knäckebrot, weil Papa mal wieder vergessen hatte einzukaufen. Als ich dann ins Bett ging, war ich unglaublich traurig, enttäuscht und sauer. Ich starrte die kahlen Wände an und grübelte: „Sollte das mein Daheim sein? Musste ich das wirklich so akzeptieren?" Durch das viele Nachdenken wurde ich dann doch müde und schlief endlich ein.

Als ich am nächsten Morgen aufstand, hatte ich mich wieder einigermaßen beruhigt – aber nur bis ich zum Frühstückstisch kam! Denn dort fand ich statt meines Vaters und eines leckeren Müslis nur altes Knäckebrot und einen Zettel, auf dem stand: „Sorry, musste dringend in die Arbeit! Könnte heute wieder später werden! Papa." Ich war fassungslos! Papa wurde immer mehr wie Mama! Ich hatte es so satt! „Das kann so nicht weitergehen! Ich will mich wieder daheim fühlen!", beschloss ich. Ich musste meine Eltern zur Rede stellen, aber beide zusammen. Ich grübelte den ganzen Vormittag lang, wie ich das am besten anstellen sollte. Am Nachmittag schickte ich meinen Eltern schließlich folgende Nachricht: „Mama,

Papa, heute Abend 18:00 Uhr Treffen bei Papa! Keine Ausreden!" Den restlichen Nachmittag war ich so aufgeregt, dass ich an nichts mehr anderes denken konnte als an den immer näher kommenden Abend.

Und dann war es endlich soweit – Mama und Papa waren beide da! Sogar pünktlich! Meine Freude und Erleichterung darüber waren riesig! Wir setzten uns an den Küchentisch und meine Mutter und mein Vater sahen mich neugierig an. Auf einmal brach alles aus mir heraus – wie ich mich im Moment fühlte, dass ich gerade kein wirkliches Daheim hatte und dass sich das unbedingt ändern musste! Ich schluchzte: „Mama, du bist immer in der Arbeit und nie daheim! Und Papa, du fängst jetzt auch schon damit an! Ich möchte bei euch beiden ein Zuhause haben!" Ich schüttete ihnen mein ganzes Herz aus und fühlte mich danach schon sehr viel leichter. Meine Eltern schwiegen lange und dachten über das nach, was ich ihnen gerade erzählt hatte. Nach einigen Minuten des Schweigens sagte meine Mutter: „Toll, dass du das ansprichst, Lotta! Da müssen wir wirklich etwas ändern!" Papa nickte nachdenklich und stimmte Mama zu. An diesem Abend saßen wir noch lange zusammen, redeten darüber, wie es jedem von uns ging und fingen sofort an, Pläne zu schmieden, wie wir diese schwierige Situation lösen konnten und ich zwei „Daheime" haben konnte. Wir hatten auch schon einige gute Ideen.

An diesem Abend lag ich glücklich und erleichtert im Bett, weil wir uns endlich ausgesprochen hatten. Sicherlich würde es nicht mehr so werden wie früher, aber irgendwie war ich jetzt auch schon gespannt und neugierig, wie wir meine zwei neuen „Daheime" gestalten würden!

Lilian Bergmiller
Staatliches Gymnasium Königsbrunn, Klasse 7f

Die Bedeutung von Daheim

Daheim, ein Ort wo man einfach leben kann wo man Freude hat, wo deine Familie und Freunde sind, ein Ort an dem du dich wohl fühlst. Daheim verbringst du dein Leben, du spielst, machst Hausaufgaben, lachst und weinst auch, dieser Ort ist wichtig für dein Wohl.

Elif Naz Yilbirt
Staatliches Gymnasium Königsbrunn, Klasse 6e

Daheim

Wir stellen euch heute unsere Geschichte „Tagesablauf" vor.
An Schultagen steht Louis immer um 6:10 Uhr auf. Dann zieht Louis sich um, geht aufs Klo und geht die Treppe zum Frühstücken hinunter. Meistens gibt es Schoko-Bananen-Müsli. Danach geht Louis die Treppe wieder rauf und putzt sich die Zähne, um dann nach der Spielzeit die Treppe wieder runterzugehen, um sich für die Schule fertigzumachen. Dann geht Louis mit seinem Bruder Romeo zur Schule. Nach der Schule geht Louis alleine nach Hause, weil Romeo meistens vor Louis aus hat. Zuhause angekommen, zieht Louis sich aus, wäscht Hände und isst zu Mittag. Danach geht es an die Hausaufgaben. Wenn Louis fertig mit den Hausaufgaben ist, spielt er Lego, geht raus an die frische Luft oder macht etwas mit Freunden. Dann geht Louis rein, zieht sich aus, wäscht Hände und liest. Jetzt ruft seine Mama ihn zum Abendessen. Nach dem Abendessen geht Louis hoch und zieht seinen Schlafanzug an, putzt Zähne und geht aufs Klo. Dann gibt es eine Gutenachtgeschichte. Jetzt geht Louis ins Bett. Seine Eltern kommen noch zum Gute-Nacht-Sagen. Dann schläft Louis ein.
Jetzt geht es mit Lauras Tagesablauf weiter.
Ich stehe um 6:45 Uhr auf. Dann gehe ich nach vorne zum Frühstücken. Danach gehe ich aufs Klo und putze Zähne.
Jetzt laufe ich zur Schule und danach gehe ich wieder nach Hause.
Dann esse ich zu Mittag und mache Hausaufgaben. Oft gehe ich raus mit Freunden oder mit Pia, meiner Cousine, und Philipp, meinem Cousin, spielen.
ENDE

Laura Müller, Louis Wüchner
Grundschule Altenmünster, Klasse 4b

Daheim

Bei der Frage „Wo bist du zuhause?" würde jeder behaupten, dass es dort ist, wo man täglich ein und aus geht.
Wer sagt mir aber, dass es ein Ort sein muss?
Meine Antwort auf diese Frage wäre wahrscheinlich auch, dass mein Zuhause ein Ort ist, wo meine Familie und Freunde sind, und da, wo ich mich wohlfühle und glücklich bin.

Niklas Mueller
Staatliches Berufliches Schulzentrum Neusäß, Klasse 10 lkb

Es gibt nur ein wirkliches Zuhause

Ich habe eigentlich zwei Zuhause. In einem lebt mein Vater und in dem anderen meine Mutter. Aber eigentlich fühle ich mich nur in dem Haus, in dem meine Mutter wohnt, daheim. „Daheim" bedeutet für mich nicht, wo man wohnt, sondern wo man sich geborgen fühlt. Und ich fühle mich nur bei meiner Mutter geborgen. Bei vielen anderen Familien gibt es nur ein Zuhause. Dort leben dann Vater und Mutter zusammen. Aber es gibt fast ebenso viele Familien, bei denen wie bei meiner Vater und Mutter getrennt leben. Ich denke, wenn die Eltern getrennt leben, dann hat man trotzdem nur ein wirkliches Zuhause, obwohl man eigentlich beides als sein Zuhause ansehen will. Aber das funktioniert nicht, es gibt immer einen Ort, an dem man sich geborgener als an anderen Orten fühlt.

Niklas Rösner
Staatliches Gymnasium Königsbrunn, Klasse 6e

Wie sich die Sichtweise von „Daheim sein" ändert

Daheim. Wann man sich daheim fühlt, wird wohl jeder anders wahrnehmen. Viele verwechseln Daheimsein auch mit Zuhause sein. Jedoch ist Zuhause für mich ein Ort und Daheimsein ein Zustand. Hätte man mich vor einem Jahr gefragt, wo oder wann ich mich wirklich daheim fühle, hätte ich gesagt: „Zuhause, wo ich meine Ruhe habe und chillen kann." Damals wusste ich noch nicht, dass Daheim viel mehr bedeutet als das. Erst durch Ereignisse im Sommer, als ich dann tatsächlich allein war und Ruhe hatte, ist mir klar geworden, dass das nicht Daheim ist.

Daheim bedeutet für mich, wo ich mit meinen Lieblingsmenschen feiern, lachen, lieben und auch weinen kann, wo ich mich vollkommen sicher und geborgen fühle, wo ich weiß, dass ich niemals allein bin.

Dabei ist es egal, ob ich bei mir Zuhause bin, bei jemandem Fremden oder gar mitten auf einem Feld stehe. Solang meine Familie und Freunde bei mir sind, bin ich daheim, weil daheim für mich Zusammenhalt, Liebe und Geborgenheit bedeutet.

Michelle Förster
Leonhard-Wagner-Gymnasium Schwabmünchen, Klasse 10E

Daheim

Daheim ist für jeden was anderes. Für mich ist Zuhause/Daheim bei meinen Eltern, Tanten, Cousinen und der restlichen Familie.

In meiner Heimat Italien bei meiner Oma ist auch Daheim, bei Freunden, die wir lange kennen. Italien ist auch Daheim.

Doch was ist Daheim für Menschen, die z. B. keine Eltern haben oder andere Familien haben. Ich würde ja sagen, dass für die dann Daheim bei Ihren Pflegern ist, ob Krankenpfleger, Altenpfleger oder Kinderpfleger.

Kinder, die adoptiert wurden, für die ist Daheim ihre neue Familie, die sie/er lieben.

Daheim ist einfach bei Menschen, die du gern hast, die du lieb hast, bei Freunden und Familie.

Daheim ist, wenn du dich bei Menschen geborgen fühlst, die dich lieb haben, Eltern, die sich um dich kümmern, wenn es dir nicht gut geht, oder du krank bist. Daheim ist natürlich auch, wo du dich wohlfühlst, z. B. wenn du den Strand und das Meer liebst und gerade da bist. Dann sagt man auch oft, hier bin ich daheim.

Oft wenn man bei Freunden ist oder war, hatten die Eltern gesagt, „Fühl dich wie Zuhause", doch du kanntest es dort noch nicht so gut und dann fühlt es sich nicht nach Daheim an.

Doch wenn du diese eine Freundin seit mehreren Jahren kennst, und die Eltern es gesagt haben, hat man sich noch wohler gefühlt.

Zuhause ist da, wo die Menschen dich lieben Respektieren und akzeptieren genauso wie du bist

Marina Spenga
Via-Claudia-Realschule Königsbrunn, Klasse 8b

Zuhause

Zuhause ist es cool. Jeden Tag erlebe ich etwas Neues und Tolles.

In meinem Zimmer ist es sehr warm und gemütlich. Dort halte ich mich fast den ganzen Tag auf.

Meine Eltern bereiten jeden Tag das Essen für mich und meine Schwestern vor.

Es gibt auch viele Freunde, die immer für mich da sind. Am Morgen mache ich mir als erstes ein leckeres Müsli. Dann mache ich mich schick für die Schule. Dazu gehört Haarstyling, Zähneputzen und mich Anziehen. Anschließend gehe ich in die Schule.

Dann geht es los! Jetzt kann man spielen, lachen und alles machen, auf das ich Lust habe. Am Wochenende gehe ich oft in den Wald. Das ist eine Lieblingsstelle von mir, denn dort ist Ruhe, man ist ganz allein und es gibt eine sehr frische Luft.
Ende

Fabian Niederhofer
Grundschule Altenmünster, Klasse 4b

Daheim

DAHEIM bin ich aufgewachsen.
DAHEIM heißt für mich Zuhause, da wo es mir gut geht. Gut gehen heißt für mich, dass ich etwas zum Essen und zum Anziehen habe, dass ich Spaß habe und nicht geschlagen werde.
Wo es mir gut geht – egal, ob Heim oder Pflegefamilie.
DAHEIM heißt für mich, Rechte zu haben.

Can Brunner
Franziskus-Schule Gersthofen, Klasse 4aG

Daheim

Daheim ist ein Ort, an dem man Spaß hat und glücklich ist. Wo man lacht und sich wohlfühlt, geliebt wird, so wie man ist. Daheim ist, wo unsere Liebsten sind, aber vor allem da, wo unser Herz wohnt.

Katharina Wilde
Dr.-Max-Josef-Metzger-Realschule Meitingen, Klasse 5 f

!Leinen Los!

Kapitel 1 „Leinen los"
Hi, mein Name ist Judy Änderson. Ich bin 14 Jahre alt und lebe mit meinen Eltern auf einem kleinen Wohnboot, was zugleich ein Forschungsboot ist, da meine Eltern Meeresbiologen sind. Und wie du dir sicher denken kannst, waren wir nicht lange an einem Ort. Wir reisten von Land zu Land und mittlerweile konnte ich 18 Sprachen fließend sprechen. Was die Schule betrifft: Während wir reisten, übte ich in den Büchern und erledigte die Aufgaben, welche ich von meinen Lehrern in dem jeweiligen Land, wo wir zuvor waren, bekommen hatte. Wenn wir nicht gerade unterwegs sind, gehe ich in dem jeweiligen Ort zur Schule.

Du wirst dir denken, wie toll das Leben auf einem Boot sein muss, und ja, da hast du nicht ganz unrecht. Man sieht viel von der Welt, doch leider habe ich keine festen Freunde. Ich gehöre irgendwie nirgends so richtig dazu, doch nun genug der Worte.

„Judy, komm schon, wir müssen los!", rief meine Mutter vom Bug unseres Schiffes aus.

„Ach, Mama, können wir nicht noch etwas länger dableiben? Wir sind doch erst zwei Monate hier!", rief ich ihr vom Anleger aus zu.

„Mein Schatz, du weißt doch, dass wir zum Great Barrier Reef müssen! Hast du dich schon von deinen Freunden verabschiedet?", erwiderte sie etwas hektisch.

„Ja, habe ich", nuschelte ich etwas genervt und drehte mich zu meiner Freundin Alba um und verabschiedete mich noch von ihr. Dann sprang ich auch schon an Bord, wo mein Vater die Leinen bereits losmachte.

Kurze Zeit später war die indonesische Inselküste nicht mehr da, von wo Alba uns noch nach gewunken hatte, und es machte den Anschein, dass sie vom Horizont regelrecht verschluckt würde.

Meine Mutter legte ihre Hand sanft auf meine Schulter und sagte, wie ich es schon oft von ihr gehört hatte: „Meine Kleine, sei nicht so traurig, ich weiß, es ist schwer für dich, immer wieder deine Freunde verlassen zu müssen. Aber ich bin mir sicher, du wirst bald wieder neue Freunde finden." Dann ging sie mit meinem Vater, der mir noch kurz auf die Schulter klopfte, unter Deck. Aber ich stand noch eine ganze Weile am Heck und betrachtete die Sonne, wie sie langsam unterging.

Kapitel 2 „Hai in Sicht"

Als wir nach ein paar kräftezerrenden Tagen am Great Barrier Reef in Australien ankamen, ankerten wir etwa 20 Meter entfernt von der Küste. Als ich an Deck kam, sah ich, wieso wir anhielten. Ich blickte über die Reeling des Bootes, wo bereits meine Eltern standen und entdeckte einen bestimmt 1,80 Meter langen Weißspitzen-Riff-Hai. Ein Prachtexemplar, wie mein Vater meinte. Doch als ich ihn sah, bekam ich einen kleinen Schrecken. Dieses Wesen hatte etwas Bedrohliches, doch es war aber auch sehr neugierig. Der Hai war ein paarmal um das Schiff geschwommen und dann wieder abgezogen. Nun ließ mein Vater den Motor aufheulen und wir legten am Hafen an.

Kapitel 3 „Auf Tauchstation"

Nachdem schon zwei Tage seit unserem Anlegen an der Küste Australiens vergangen waren und ich in meiner Kajüte auf meinem Bett saß und in meinem Buch der Meeresbiologie las, kam mein Vater herein und rief: „Und Judy, hast du Lust mit mir eine Runde im Riff zu tauchen?"

„Ja, logisch", rief ich und sprang begeistert auf.

„Das habe ich mir gedacht. Also los, zieh dir deinen Neoprenanzug an und wir treffen uns in 10 Minuten an Deck", meinte er und ging hinaus.

Als ich dann mit meinem Neoprenanzug und den Taucherflossen in der Hand an Deck kam, hatte mein Vater schon die Taucherausrüstung vorbereitet und legte sie mir und sich selbst an. Meine Mutter stoppte das Boot und strich sich ihre roten Haare aus dem Gesicht, während sie uns zurief: „Passt auf euch auf!"

Ich antwortete nur: „Machen wir!" und steckte mir das Atemgerät in den Mund. Dann setzte ich mir die Taucherbrille auf und mein Vater fragte: „Kann's losgehen?" Ich nickte und wir ließen uns von der Reling rückwärts ins Wasser fallen.

Kapitel 4 „Schrecken in der Tiefe"

Wir tauchten erst zehn Meter, dann fünfzehn Meter und schließlich zwanzig Meter tief bis zum Riff hinunter. Und da sah ich es: Korallen, die sich wie Hochhäuser aneinanderreihend in die Höhe wuchsen und in denen sich bestimmt Tausende von Fischen tummelten. Als wir noch näher heranschwammen, stoben die Fische und Krebse auseinander. Mein Vater machte Fotos und nahm Steinproben.

Währenddessen beobachtete ich die Fische und entdeckte einen ausgewachsenen Weißspitzenhai. Es war der, den wir schon zwei Tage zuvor gesehen hatten. Dieser schwamm nun sehr nah an meinen Vater heran und da entdeckte auch er den Hai. Er gab mir ein Zeichen ruhig zu bleiben. Das tat ich und so verlor der Hai schnell das Interesse. Mein Vater bewegte sich die ganze Zeit nicht, um abzuwarten und denn Hai nicht zu stressen.

Doch als das gewaltige Tier beim Davonschwimmen mit seiner Schwanzflosse einen großen Stein von einem der Felsen abbrach und dieser den Luftschlauch meines Vaters zwischen den Steinen einklemmte, hielt er die Luft an und versuchte, sich zu befreien. Doch der Schlauch riss ab und ich schwamm so schnell ich konnte zu ihm. Der Rest vom Schlauch tanzte wie wild umher und die Luft trat wie ein Nebel aus. Ich nahm noch einen tiefen Zug aus meinem Mundstück und hielt die Luft an. Dann übergab ich es meinen Vater und auch dieser nahm ein paar tiefe Züge. Nun drehte ich die Luft aus der Flasche meines Vaters ab. Sofort begannen wir in Richtung Wasseroberfläche aufzutauchen und wechselten uns mit der Luft ab.

Als wir endlich auftauchten, half uns meine sichtlich besorgte Mutter an Bord. Als wir unsere Gerätschaften endlich abgelegt und kräftig durchgeschnauft hatten, fragte sie: „Was ist denn dort unten passiert?"
Als wir ihr von unserem Erlebnis erzählten, ekam sie einen großen Schrecken, der noch größer zu sein schien als unserer und meinte: „Gott sei Dank ist euch nichts passiert, das hätte ganz anders ausgehen können!" Nachdem wir uns beruhigt hatten, aßen wir noch zu Abend. Aber auch später saß uns der Schrecken noch immer in den Knochen. Uns ist nichts passiert und wir sind zusammen und das ist das, was zählt.

Kapitel 5 „Daheim":
Jetzt glaube ich, weißt du, was ich mit meiner Geschichte sagen will, wo wirklich Daheim ist. Daheim ist da, wo Familie ist, denn da fühle ich mich wohl, denn wir sind füreinander da, und dafür bin ich sehr dankbar.

Sarah Sophie Wiedenmann
Staatliche Realschule Zusmarshausen, Klasse 7d

Wo bin ich daheim?

Hallo, ich bin Luna. Ich komme aus Bulgarien und bin zwölf Jahre alt. Als ich geboren wurde, wollten meine Eltern mich nicht, also kam ich in ein Heim. Mit drei Jahren wurde ich von einer deutschen Familie adoptiert. Zwei Monate nach der Adoption zogen sie mit mir nach Deutschland. Ich wuchs in sehr guten Verhältnissen auf und mit fünf Jahren sagten sie mir, dass ich adoptiert sei. Das war mir egal, ich fühlte mich bei meinen Adoptiveltern so wohl wie nirgendwo anders. Doch mir kam mit sieben Jahren diese eine Frage in den Kopf: „Wo bin ich daheim?" Also ging ich zu meinen Eltern und fragte: „Mama, Papa, wo bin ich daheim?" Meine Eltrn schauten mich nur an und sagten: „Luna, du bist bei uns daheim. Genau hier bei uns." Doch ich fragte nochmal: „Wo bin ich daheim?" Meine Eltern sagten nichts mehr, also ging ich in mein Zimmmer. Ich fragte immer wieder, wo ich daheim sei, doch meine Eltern sagten immer, dass ich zu Hause daheim sei, aber es fühlte sich mehrere Monate nicht so an, seitdem sich diese Frage in meinen Kopf gesetzt hatte. Eines Tages, als ich diese Frage erneut fragte, sagte meine Mutter nur: „Dort, wo du dich wohlfühlst." Jahrelang sagten sie bei Familie und Frreunden, aber jetzt sagten sie, dort, wo ich mich wohlfühlte. Ich ging in mein Zimmer und überlegte. Wo und was dieser Ort war, an dem ich mich wohlfühlte und bemerkte, dass es Bulgarien war. Ich wurde zwar mit drei Jahren adoptiert und zog zwei Monate später nach Deutschland, aber das bedeutete nicht, dass ich nach der Adoption nicht mehr in Bulgarien war.

Ganz im Gegenteil! Fast jedes Mal in den Ferien bin ich in Bulgarien. Und von da an wusste ich, wo ich daheim bin: in Bulgarien. Aber in Deutschland bin ich natürlich auch zu Hause. Von da an fragte ich nicht mehr, wo ich daheim sei, da ich es nun wusste.

Isabell Lorenz
Staatliches Gymnasium Königsbrunn, Klasse 5a

Die Suche nach dem Wunschkristall

Es war einmal auf einer kleinen Insel, weit draußen im Meer. Dort lebte ein Mädchen namens Isabell. Eines Tages kletterte Isabell auf den Dachboden ihres kleinen Hauses. Sie und ihre Familie wohnten in einem kleinen Dörfchen mit vielen kleinen bunten Häuschen. Aber das war nicht alles. Auf der kleinen Insel wohnten die letzten magischen Wesen der Welt! Hier konnten sie ungestört leben.
Isabell kletterte also auf den Dachboden. Sie suchte nichts Bestimmtes. Sie wollte sich dort oben nur einmal umsehen. Isabell stöberte hier und stöberte da. Dafür, dass das Haus so klein war, gab es hier oben wirklich viele Sachen. Auf einmal entdeckte Isabell eine Kiste mit ganz vielen alten Schriftrollen und anderen Papieren. Isabell ging zu der Kiste und wühlte darin herum. Sie zog ein altes, ziemlich zerpfledertes Büchlein hervor. Sie schlug es auf und las. Die alte verblasste Handschrift war nur sehr schwer zu entziffern. Doch nach mehreren Zeilen stellte sie fest, dass es sich um ein altes Tagebuch handeln musste. Isabell nahm das Tagebuch mit nach unten in ihr Zimmer und fing an, es zu lesen. Den ganzen Tag saß sie da und las Seite für Seite. Am Abend hatte sie es endlich fertig gelesen. Eine Stelle hatte Isabell besonders fasziniert. An dieser Stelle war die Rede von einem Wunschkristall, der einem jeden Wunsch von den Augen ablesen und sofort erfüllen konnte. Als Isabell einige Zeit darüber nachdachte, beschloss sie, den Kristall zu suchen. Also packte sie ihr Bündel, ließ eine Nachricht an ihre Eltern zurück und lief los. Über Stock und über Stein. In dem Tagebuch war auch eine Karte gewesen, aber sie war leider sehr verblasst. Trotzdem fand Isabell den richtigen Weg. Immer weiter, immer weiter ging es. Nach einiger Zeit kam Isabell zu einer Schlucht. Auf der Karte standen keine Hinweise, wie man herüberkommen sollte. Die Schlucht war viel zu breit, um hinüberzuspringen. Auch waren die Steinwände zu glatt, um hinunter- und auf der anderen Seite wieder hinaufzuklettern. Zudem wäre dies viel zu mühselig gewesen. Also blieb Isabell nichts anderes übrig, als am Rand der Schlucht entlangzulaufen und nach einem Übergang zu suchen. Als es Abend wurde, beschloss Isabell, Rast zu machen und am nächsten Tag weiterzusuchen.

Da bemerkte sie einen Wegweiser. Er zeigte direkt auf die Schlucht. Isabell dachte, der, der den Wegweiser aufgestellt hatte, hätte sich einen Scherz erlaubt. Aber dann ging sie näher heran und las, was unter dem Schild stand. „Die unsichtbare Brücke: Einziger Weg über die Schlucht. Ziemlich morsch! Gefahr!" Und darunter stand noch: „PS: Wechselt täglich ihren Standort!" Isabell überlegt kurz. Dann entschloss sie, über die Brücke zu gehen. Sie packte ihr Bündel wieder zusammen und wagte den ersten Schritt auf die Brücke. Nichts geschah. Isabell machte den nächsten Schritt. Immer weiter tastete sie sich vor. Ab und zu fehlten Holzbretter. Diese Stellen übersprang Isabell geschickt. Schließlich war sie auf der anderen Seite angelangt. Dort stand ein identischer Wegweiser. Doch einen Moment später war er weg. Die Brücke hatte vermutlich ihren Standort gewechselt. Darüber machte Isabell sich im Moment keine Sorgen. Sie machte erneut Rast und beschloss, am nächsten Tag weiterzugehen.

Am nächsten Tag machte Isabell sich wieder auf den Weg. Laut Karte konnte es nicht mehr weit sein. In dem Tagebuch stand, dass der Kristall von einem Einhorn bewacht wurde. Nur wenn das Einhorn zur Seite trat, konnte man sich den Wunschkristall nehmen. Nach einem Tag war Isabell endlich an ihrem Ziel angelangt: eine kleine Höhle, bewacht von einem Einhorn. Im Tagebuch stand, dass man sich vor dem Einhorn verneigen musste. Wenn es sich ebenfalls verneigte, konnte man eintreten. Isabell neigte ihren Kopf in Richtung Einhorn und wartete. Das Einhorn machte einen Schritt auf Isabell zu und neigte ebenfalls den Kopf. Vorsichtig und ganz langsam ging Isabell an dem Einhorn vorbei. In der Höhle lag ein glitzernder, funkelnder Kristall. Er schillerte in allen Farben des Regenbogens. Isabell berührte den Wunschkristall. Um sie herum wurde alles hell. Vor Schreck ließ Isabell den Kristall fallen. Das Licht hörte so plötzlich auf, wie es angefangen hatte. Isabell stand wieder auf dem Marktplatz ihres kleinen Dorfes. Erst wunderte sie sich, doch dann begriff sie, dass ihr größter Wunsch gewesen war, wieder Zuhause zu sein. Ihr perfektes Zuhause. Isabell rannte los. Immer weiter bis zu ihrem Haus. Sie riss die Tür auf und fand ihre Eltern vor, die vor Erleichterung aufsprangen. Vor lauter Freude über die Rückkehr ihrer Tochter feierten die Eltern eine Woche lang. Alle in dem kleinen Dorf kamen und feierten mit. Sogar die Tiere kamen und feierten mit. Ein Eichhörnchen kam, ein Igel, einig Vögel und sogar das Einhorn, das den Wunschkristall bewacht hatte. Sie feierten und feierten. Die Familie hängte sogar ein Schild über ihre Haustür. Darauf stand: „Hier sind wir daheim!"

Laura Hofer
Dr.-Max-Josef-Metzger-Realschule Meitingen, Klasse 6d

Oh, dear god, bring back home

„Nun stehe ich hier, auf dem Weg, meine Heimat zu verlassen. Ein letzter Blick. Ein letztes Mal gehe ich diesen Weg. Dort, siehst du? Der Laden, den wir jeden Tag besuchten. Und da, der Spielplatz, der uns jeden Tag ein Abenteuer bereitet hatte. Die Wiese, dort drüben, auf der wir im Sommer immer Schmetterlinge gejagt hatten. Weißt du noch? Weißt du noch, wie sich Heimat anfühlte? Heimat war für uns hier, der Ort, der uns am meisten bedeutete. Der jetzt nur noch ein Ort ist, ohne Bedeutung. Das Wort Heimat, das ich früher so schätzte, ist nur noch ein Wort ohne Bedeutung. Es wird nie mehr sein können. Nicht mehr. Unsere Heimat ist nicht das, was sie mal war. Genauso wie du und ich. Alles ändert sich. Und ich, ich stehe hier, mit meinem Koffer in der Hand. Auf dem Weg, eine neue Heimat zu suchen? Doch, ist das möglich? Was ist Heimat ohne dich? Ich dachte immer, Heimat sei ein Ort. Doch mir ist klargeworden. Meine Heimat war nie dieser Ort hier. Du warst meine Heimat. Du hast diesen Ort wie Heimat anfühlen lassen, immer, wenn ich bei dir war. Doch wieso hast du mich verlassen? Ich vermisse dich jeden Tag mehr. Ich brauche dich, doch du kommst nie mehr zurück. Dennoch bete ich jeden Tag. „Oh, lieber Gott, bring mir meine Heimat zurück!" Meine Stimme versagt bei dem letzten Satz und ich fange leise an zu weinen. Der Stein ist kalt, spürbar an meiner Schulter. Ich drehe den Kopf zu ihm. Lese ein letztes Mal deine Inschrift. Dann erhebe ich mich, werfe einen letzten Blick auf deine Ruhestätte und verlasse den Friedhof. Lasse alles hinter mir und begrüße die Dunkelheit, die mich empfängt und umarmt, wie einen alten Freund, der nun mein ständiger Begleiter sein wird.

Elena Bucher
Leonhard-Wagner-Gymnasium Schwabmünchen, Klasse 8A

Gedanken an „Daheim"

Daheim
Nie allein
Es gibt Streit
Es dauert nie lang
Umarmung
Familie
mein Zuhause
Mein Herz klopft
Hier wohnt das Glück

Daheim
Da fühle ich mich geborgen
Alle zusammen haben mich lieb
Horgau ist mein Wohnort
Es gehören Mama, Papa, Geschwister und Katzen dazu
Ich möchte nirgendwo anders sein
Meine Familie bedeutet „zu Hause" für mich

Philipp Mesch
Grundschule Horgau, Klasse 4a

Der verschwundene Vater

Mark warf sein Skateboard in den Flur und ging in sein Zimmer. Seine Mutter rief ihm noch nach: „Marki, komm doch, das Essen ist fertig!", doch es kam keine Antwort.

Markus Lindner war 15 Jahre alt und hatte sich gleich nach der Schule mit seinen Freunden am Skateplatz getroffen. Früher hatte er immer gern etwas mit seinen Eltern unternommen, doch jetzt hatte er den Kontakt zu seiner Familie verloren und wie er immer sagte, „hing er lieber mit Freunden ab". Sein Vater war Chef einer Spiele-Firma und brachte oft die neuesten Brettspiele mit nach Hause. Bis vor ein paar Monaten hatte Mark diese dann immer mit Begeisterung mit ihm zusammen ausprobiert, doch mittlerweile hatte Mark keine Lust mehr, mit seinem Vater zu spielen.

Seine Mutter hatte schon das Abendbrot gemacht und rief ihren Sohn, doch er kam nur nach unten, nahm sich ein Brot und ging zurück in sein Zimmer.

Als er am nächsten Morgen aufwachte, stand sein Vater an seinem Bett uns sagte: „Guten Morgen, mein Sohn, ich habe gute Neuigkeiten für dich, ich muss heute nicht in die Arbeit und habe den ganzen Nachmittag für dich Zeit. Wenn du willst, können wir ins Kino gehen." Mark ignorierte das allerdings, und machte sich fertig für die Schule. Er war kein schlimmer Junge, wie manche anderen, die rauchten und tranken und alles zusprayten. Nein, er liebte eigentlich das Leben, doch er wollte so sein wie die anderen Jungs. Als er an diesem Tag von der Schule zurückkam, machte er schnell seine Hausaufgaben und suchte dann seinen Vater, weil er sich dachte, dass ein gemeinsamer Kinobesuch doch mal wieder ganz nett wäre. Doch er fand ihn nirgendwo. Er fragte seine Mutter, ob sie wüsste, wo er sei, und sie antwortete ihm, dass der Vater schon am Vormittag zu einem Spaziergang in den nahegelegenen Wald aufgebrochen war. Am Abend begannen sie sich Sorgen zu machen, denn er war immer noch nicht von dem Spaziergang zurückgekehrt und ging auch nicht an sein Handy. Die Polizei wurde eingeschaltet, doch sie fanden ihn nicht. Die ganze Nacht lang konnte Mark nicht schlafen und dachte, sein Vater wäre entführt worden. Er verbrachte einige Zeit, über alles nachzudenken, was er nun vielleicht nie mehr mit seinem Vater machen könnte: Ein Eis essen gehen, Spiele spielen, einen Film ansehen, … Am nächsten Morgen war immer noch keine Nachricht der Polizei eingetroffen. Dieser Morgen war ein Samstagmorgen, Mark musste also nicht zur Schule und nahm sein Fahrrad, um seinen Vater suchen zu gehen.

Er fuhr in den Wald, doch bald merkte er, dass es sinnlos war und er radelte zurück nach Hause. Der Vormittag verlief ohne große Überraschungen, Marks Mutter telefonierte mit der Polizei, doch es gab nach wie vor keine Hinweise. Dann, am Nachmittag, kam ein Anruf aus dem Krankenhaus. Ein Wanderer hatte den Vater im Wald unter einem großen Ast gefunden. Er sei bewusstlos gewesen, und ein Krankenwagen sei verständigt worden. Mutter und Sohn stiegen sofort in das Auto und fuhren in das Krankenhaus. Dort wurden sie freundlich empfangen und gefragt, wen sie denn besuchen wollten. Marks Mutter sagte: „Wir wollen gerne zu Louis Lindner, er ist erst heute hier eingeliefert worden." Die Arzthelferin nannte ihnen die Zimmernummer. Dort lag Marks Vater und sah seine Familie müde an. Der Arzt sagte, Herr Lindner müsse leider noch zwei Tage bleiben, da er eine leichte Gehirnerschütterung habe. Mark und seine Mutter waren überglücklich ihn wiederzusehen und umarmten ihn. Nun merkte Mark erst, wie wichtig ihm sein Vater war, und versprach ihm, am Wochenende mal wieder einen ausgiebigen Spieleabend mit ihm zu machen.

Elias Guckert
Leonhard-Wagner-Gymnasium Schwabmünchen, Klasse 6C

Meine Zeit Daheim

Es war ein schöner Montagmorgen, als plötzlich mein Wecker klingelte und ich aus meinem Traum gerissen wurde. Alles tat mir weh und mir war kalt und zwar sehr kalt. Es fühlte sich einen Moment lang an, als wäre es erst der Beginn der großen Ferien, aber davon konnte man lange träumen, denn das Schuljahr hatte soeben begonnen. Aber anders als im letzten Jahr, denn dieses Jahr begann die Schule bei jedem zu Hause, und schuld daran war das neuartige Coronavirus. Einen Vorteil hatte es, denn ich musste mich nicht jeden Morgen anziehen und das Haus verlassen, was sehr lästig sein kann. Ich quälte mich aus meinem Bett und setzte mich an meinen Schreibtisch. Als ich meinen Laptop startete, wurde ich, ohne meinen nächsten Atemzug zu tätigen, schon von meinen Lehrern mit Arbeitsaufträgen zugespamt. Gerade wollte ich mit dem Arbeitsauftrag von Geographie beginnen, als ich von meinem Geographie-Lehrer zu einer Videokonferenz eingeladen wurde. Ich war der Erste, der online ging und erledigte so lange, bis die anderen in die Videokonferenz kamen, weiter den Geographie-Arbeitsauftrag. Es verging eine halbe Ewigkeit, bis der Letzte in die Videokonferenz gekommen war und wir endlich mit dem Unterricht beginnen konnten. Dann stürzte die Konferenz ab, was natürlich sehr ärgerlich war, denn man hätte in der Zwischenzeit andere Arbeitsaufträge erledigen können. Also schaute ich in den Kalender, wann meine Lehrer die nächste Videokonferenz geplant hatten. Mein restlicher Tag war dann eine Videokonferenz nach der anderen und sie liefen alle ab, wie die Geographie-Videokonferenz. Also hatte ich am ersten Tag nichts gelernt. Ich hatte nach dem Chaos der Videokonferenzen nichts weiter gemacht, als den Arbeitsauftrag von Biologie zu erledigen. Ich hatte beschlossen, dass ich Feierabend habe, und ich war vom ersten Tag nicht begeistert, aber es lagen noch viele Tage vor mir und vielleicht würde es ja besser werden. Am nächsten Morgen wachte ich mit Sonnenstrahlen im Gesicht auf. Ich stand sofort auf und setzte mich wieder an meinen Computer, denn an diesem Tag war die erste Lateinstunde und ich freute mich sehr darauf, denn mein Lieblingsfach in der Schule war Latein. Ich konnte es kaum erwarten, was wir dieses Jahr Spannendes durchnehmen würden und loggte mich in die Videokonferenz ein. Ich war überrascht, dass so viele schon drin waren und wir rasch mit dem Stoff beginnen konnten. Wir nahmen Archimedes durch und ich konnte sofort darauf antworten. Jedoch hatten wir nur eine Stunde und sie ging ratzfatz vorbei. Unsere Latein-Lehrerin kündigte an, dass sie ab dem Folgetag ausfragen würde, was für mich kein Problem war, denn ich kannte schon die Geschichte des Archimedes. Nach der Lateinstunde hatte ich noch etwas Zeit, um einen meiner großen und langweiligen Arbeitsaufträge zu bearbeiten, was ich auch tat. Es war auch wieder die Zeit gekommen, um in die nächste Konferenz zu gehen Als ich in die Videokonferenz gegangen war, war niemand da, also beschloss ich, diese zu verlassen. Ich suchte nach einer anderen. Auf einmal sah ich fünf Videokonferenzen, die auf einmal offen waren. Mir blieb nichts anderes übrig, als meine Lehrerin anzuschreiben und sie zu fragen, in welche ich müsste. Sie schrieb mir zurück, dass ich in die Vierte kommen solle. Ich ging in die Vierte und es waren zwei andere mit mir und unserer Lehrerin anwesend. Nach ein paar Minuten wurde unsere Lehrerin herausgeworfen. Es war hoffnungslos, in der Videokonferenz zu bleiben, weil unsere Lehrerin nicht gerade das beste Technik-Genie war. Auf einmal, ohne dass ich reagieren konnte, schrieb mich mein Mathelehrer an, wieso ich nicht in der Mathe-Video-konferenz sei. Ich antwortete ihm zurück, dass wir eigentlich jetzt Geschichte hätten. Mein Mathe-Lehrer schrieb mir dann zurück, dass er aus Versehen seine Mathestunde über unsere Geschichtsstunde gelegt habe. Ich fragte ihn also, was sie gemacht hatten und er schickte mir den Hefteintrag, den sie gemacht hatten. Ich beschloss, da ich sowieso keine Videokonferenz mehr hatte, den Hefteintrag zu übertragen, was ich dann auch gleich tat. Danach lernte ich den Hefteintrag. Also war der Tag vorbei und der nächste konnte kommen. Es begann also wiederrum der nächste Tag und der gleiche Tagesablauf wie die letzten Tage. An diesem Tag hatten wir eine Doppelstunde Latein und ich freute mich wie immer sehr darauf. Also begannen wir mit dem Unterricht und an dem heutigen Tag wollte sie ausfragen. Sie fragte, ob sich jemand freiwillig austragen lassen möchte und wollte sich gerade jemanden aussuchen, als ich sagte, dass ich mich ausfragen lassen wolle. Sie war sehr überrascht, dass ich mich so beteiligte. Sie begann mich auszufragen und bevor sie mich anfing zu fragen, begann ich mein Wissen über Archimedes zu erzählen. Als ich fertig war, war meine Lehrerin erfreut, was ich erzählt hatte. Ich erzählte sogar mehr über Archimedes, als wir im Unterricht besprochen hatten. Sie erklärte, dass sie ab sofort die Abfrage so machen würde, wie gerade meine Abfrage. Die restliche Stunde verbrachten wir mit einem neuen Thema, weil ich schon das restliche Wissen über Archimedes erklärt hatte. Die Lateinstunde verlief wie folgt: Wir begannen mit unserem neuen, auch wieder spannenden Thema Ödipus, von dem ich, wie man sich denken kann, auch wieder viel wusste. Nach der Latein-Videokonferenz hatten wir unsere erste Deutschstunde online, jedoch lief diese sehr schleppend, weil niemand richtig mitarbeitete. Das ganze Theater mit den Videokonferenzen lief in den nächsten Monaten immer gleich ab. Nach drei Monaten lernen daheim konnte ich ein Fazit daraus ziehen, dass Homeschooling echt anstrengend sein kann, wenn so Chaoten in der Klasse sind, die sich immer stumm schalten, wenn sie aufgerufen werden. Nach den nächsten vier Monaten konnte ich nur das gleiche Fazit ziehen, wie aus den letzten drei Monaten. Das Jahr verging sehr schleppend. Am Ende dachte ich, dass es besser ist, wenn ein Lehrer den Stoff in der Schule erzählt, weil sich in der Schule niemand stumm schalten kann, oder keiner behaupten kann, dass er technische Probleme habe. In der Schule kapiert es außerdem jeder schneller, aber das Homeschooling hat auch niemandem geschadet. Doch in der Schule ist es immer besser. Ich hoffe nun,

dass die Schule offen bleiben kann und kein Homeschooling mehr
kommt. Aber jetzt habe ich erst mal Ferien.

Étienne Kolp
Staatliches Gymnasium Königsbrunn, Klasse 8d

Daheim

Daheim ist der Ort,
wo ohne ein Wort,
gesagt wird „Willkommen",
wo keine Sorgen kommen.
Ab und zu ein kleiner Schauer,
jedoch nur von kurzer Dauer.
Wo jeder jeden leiden mag,
von Stund zu Stund, von Tag zu Tag.

Josefine Ammann
Staatliches Gymnasium Königsbrunn, Klasse 6c

Wenn I doa bin ...

Wenn I doa bin, geht's ma guat,
Brauch koi Erklärung, brauch koin Muat.
I kann so sei, wie i bin,
Weil doa kehr i hin.
Wenn I doa bin, geht's ma guat,
In jeda Trauer, in jeda Wuat.
Kann zruck komma alle Zeit,
Und fühl mi immer wieda b'freit.
Wenn i doa bin, geht's ma guat,
Doa will i nimmer fuart.
Bisch wie mei beschter Freind
Mia san für imma vereint.
An d'Oirhaber von d'Oma kommt nix hin,
Ohne den macht's Leaba oinfach koin Sinn.

Sarah Weimann, Veronika Hammer
Leonhard-Wagner-Gymnasium Schwabmünchen, Klasse 8a

Die unheimliche Burg

Eine Schildkröte sitzt in ihrem runden Haus am Fluss. Sie malt ein Bild mit einem Auto darauf.

Da kommt ihr Freund, der Luchs, vorbei, den die Schildkröte „Katze" nennt.

Katze möchte Schildi abholen, um Frau Strodelkopf abzuholen. Sie wollen heute alle drei zu einer Burg gehen.

Im Haus mit Garten wohnt Frau Strodelkopf. Sie ist eine ganz gewöhnliche Frau, außer, dass sie meistens auf ihrem Kopf bzw. ihren dicken, festen und stabilen Haaren steht.

Ihr Haus steht auch auf dem Kopf. Es befindet sich in einem riesengroßen grünen Garten mit unzählig vielen Wegen. Es grenzt an einer Burgmauer mit vielen Zacken. Die Burg dahinter heißt Marau. Seit einiger Zeit ertönen von dort seltsame, unheimliche Geräusche.

Die drei Freunde stehen nun vor dem dunklen, grauen Burggemäuer.

Sobald sie hinter der Festung sind, spielt das Wetter verrückt. Dicke schwarze Wolken ziehen auf, Lichtblitze rasen über den Himmel und zugleich scheint die Sonne im Hintergrund. Und genau, natürlich gibt es auch einen Regenbogen. Eine verrückte Wetterstimmung. Donnergrollen. Zischen. Stampfen.

Angst steigt in Frau Strodelkopf auf. Sie fängt an zu zittern. Sie hält sich am Luchs fest. Katze spürt die Angst und auch der Luchs empfindet ein Unbehagen. Dennoch spricht er: „Habt keine Angst. Wir sind nicht allein, wir passen aufeinander auf. Kommt, lasst uns in die Burg hineingehen."

Gesagt, getan. Das Burgtor lässt sich leicht öffnen. Drinnen ist es sehr dunkel. Allmählich gewöhnen sich die Augen an die Dunkelheit. Dem Luchs macht die Dunkelheit nicht so viel aus, er kann immer gut sehen und hören.

Schon wieder ein Blitzschlag, kurz darauf ein Donnerknallen. Dann Stockdunkelheit und dieses Zischen. Auf einmal hat Schildi große Angst. Sie flüstert: „Lasst uns sofort wieder rausgehen. Die Dunkelheit und dieser Lärm sind so unheimlich. Ich habe Angst! Am liebsten würde ich mich in meinem Panzer verkriechen. Da macht mir die Dunkelheit nichts aus, aber diesen unheimlichen Lärm würde ich trotzdem hören."

Luchs beruhigt die Freunde. Er ist doch irgendwie neugierig. Dann sehen sie eine Treppe. Sie gehen hinauf, das Zischen wird lauter. Als sie um die Ecke blicken entdecken sie einen Zauberer. Die drei Freunde staunen: „Der macht diesen Lärm und dieses Unwetter!"

Sie nehmen ihren ganzen Mut zusammen und sprechen den Zauberer an: „Hallo, du Zauberer. Warum machst du solchen Lärm?"

Dieser antwortet mit lautem Fußstampfen, begleitet von einem erneuten Blitzschlag: „Ich kann es halt noch nicht so gut!"

Katze fragt: „Was denn?" „Na, das Zaubern! Die Burg ist so dunkel. Ich möchte sie hell zaubern. Die Wände sollen hellweiß sein, statt dunkelgrau und die Fenster sollen größer werden."

„Uuund wwwieso willst du's h h heller ha haben? … E e e ine Bbburg iist doch eeeher dddunkel", stammelt Schildi mutig.

„Na, weil ich sonst Angst habe in so einer dunklen Burg. Da spielt einem die Fantasie Streiche … Mit Licht und hellen Wänden fühle ich mich wohler. Schließlich ist diese Burg mein Zuhause."

Das verstehen Schildi, die Schildkröte, Katze, der Luchs und Frau Strodelkopf, die Frau, die auf ihren Haaren laufen kann.

„Ich kenne einen Hexenspruch", sagt da Frau Strodelkopf. „Er geht so: Ene Mene schneller Bein, lass es hier viel heller sein. Ene mene Dunkelheit, für die Helligkeit ist's an der Zeit. Ene mene Licht, große Fenster bringen Sicht."

Interessiert blickt der Zauberer Frau Strodelkopf an und nickt anerkennend: „Genau, genau, lasst uns das zusammen sprechen, dann werden wir die Düsternis brechen."

Daraufhin gibt der Zauberer ein Zeichen und alle vier rufen:

„Ene Mene schneller Bein, lass es hier viel heller sein.

Ene mene Dunkelheit, für die Helligkeit ist's an der Zeit.

Ene mene Licht, große Fenster bringen Sicht."

Ein Blitz zuckt durch den Burgraum, es grollt. Auf einmal wird es still und – es bleibt hell. Aus der grauen dunklen Burg ist ein freundliches, helles Schloss geworden!

„Juchhu!", ruft der Zauberer. „Zusammen haben wir es geschafft. Ich danke euch."

Dann sagt Schildi: „Ich möchte nach Hause in den Wald. Es wird spät. … So schön ist es hier nun auch wieder nicht. Ich möchte den Waldboden und das Wasser spüren."

„Bis bald. Ihr dürft mich gerne jederzeit besuchen kommen", sagt der Zauberer.

„Auf Wiedersehen!", rufen die drei Freunde.

Ihnen ist nun klargeworden, dass sie sich da daheim fühlen, wo es Frieden gibt, es nicht zu dunkel und nicht zu laut ist.

Für die Schildkröte Schildi ist das Zuhause ihr sicherer Schutzmantel und der Tümpel im Wald, der Luchs namens Katze fühlt sich daheim, wo es Berge, Bäume und Luchsbauten gibt und er die natürliche Erde unter seinen Pfoten spürt.

Und für Frau Strodelkopf? Na, das ist ihr Haus, welches auf dem Kopf steht und nach Zuhause riecht.

Als die drei Freunde aus der Burg hinaustreten, sind sie alle sehr erleichtert. Die unheimliche Burg hat sich in ein freundliches Schloss verwandelt. Gemeinsam haben sie ihre Ängste überwunden, ein Abenteuer erlebt und zudem konnten sie dem Zauberer helfen. Ein gutes Gefühl, sich wohlzufühlen, zu wissen, gute Freunde zu haben. Daheim zu sein.

Elias Johannes Kratzer
Grundschule Dinkelscherben, Klasse 2b

Daheim

Ich wache auf. Die Sonnenstrahlen scheinen durch mein Fenster. Ich höre meine Mutter, wie sie den Geschirrspüler ausräumt. Verschlafen stehe ich auf und gehe in die Küche, um etwas zu trinken. Mein Bruder stürmt aus seinem Zimmer. „Ich will eine Breze." „Ich auch", sage ich zu unserer Mutter. Mama geht zum Bäckerwagen, der jeden Samstag in unser kleines, beschauliches Dörfchen kommt, um Brezen und Semmeln zu kaufen. Papa ist bereits auf der Arbeit. Wir haben zwar gerade Sommerferien, aber Papa hat erst die letzten drei Wochen frei. Als ich ins Wohnzimmer gehe, sehe ich eine Nachricht auf unserem Haustelefon. Es war Anna, meine beste Freundin, ob ich jetzt dann vorbeikommen möchte. Die Entscheidung fiel mir ziemlich leicht. Natürlich komme ich. Mama kommt vom Bäcker schon wieder ins Haus. Wir essen unsere Brezen und währenddessen sagt Mama: „Ich muss nachher noch einkaufen, will jemand mit?" – „Ich will mit!", schrie mein Bruder". „Gut, ich gehe dann zu Anna", sage ich.

Als ich bei Anna bin, gehen wir spazieren, in den Pool, essen Eis. Es ist ein wunderschöner Tag. Als ich nach Hause gehe, rieche ich den Duft von Grillkohle. Papa ist wieder von der Arbeit daheim, als ich ankomme. Mein Bruder sagt: „Wir grillen." Ich freue mich, als ich das höre. Es gibt Grillbauch, Fränkische Bratwurst, Steak und Kartoffelsalat. Wir bleiben nach dem Essen noch draußen im Garten und spielen Uno, Skibo und Rommé. Als ich im Bett liege, bin ich überglücklich. Es war ein wunderschöner Tag. „Ich bin so unglaublich froh, das mein Daheim nennen zu dürfen", denke ich mir und schlafe ein.

Hannah Glenk
Staatliche Realschule Zusmarshausen, Klasse 9b

Daheim

Daheim.
das Heim.
Person ist daheim.
Ich finde das fein.
Daheim.

Alexander Raj Sharma
Franziskus-Schule Gersthofen, Klasse 7a

Daheim

Wenn ich von der Schule nach Hause komme, dann ist es kuschlig. Ich rieche Mamas Nudeln. Ich höre etwas im Topf blubbern und schmecke die Nudeln. Es klingt wie Musik. Es sieht schön aus. Es fühlt sich kuschlig an, daheim.

Lena Effinger
Grundschule Gessertshausen, Klasse 2b

Daheim

Ligusterweg steht auf einem der zahlreichen weißen Schilder am Straßenrand. Ein kurzer Blick bestätigt meine Vermutungen. Alles ist fast noch genauso, als ich diesen Ort verlassen habe. Im Garten der Stills steht die hässliche Schaukel und selbst der vermoderte Briefkasten der Stands steht noch an der gleichen Stelle wie vor zehn Jahren. Nur die eigelbe Farbe des Hauses der Kopetzkys scheint ausgeblichen zu sein. Seltsam, wie kann es überhaupt sein, dass sich rein gar nichts verändert hat? Seltsam, seltsam, murmele ich vor mich hin und gehe weiter die leere Straße hinunter. Nach wenigen Minuten erreiche ich mein Ziel, den Ligusterweg 4. Vor mir steht ein großes altes Haus, dessen ursprüngliche Farbe kaum noch zu erkennen ist. Auch der Garten ist heruntergekommen und jagt mir zusammen mit dem Haus einen Schauer über den Rücken. Die Fassade besteht nur noch aus morschen, dunkelbraunen Holzlatten, die das Gewicht des mächtigen Daches kaum noch zu halten scheinen. Das Gebäude ist zwei Stockwerke hoch und auf der linken Seite klettert Efeu die Wand empor und verdeckt bereits einige der viereckigen Fenster, die unregelmäßig die Wand des Hauses schmücken. Ich bemerke, dass die Häuser und die vereinzelten Bäume am Straßenrand beginnen, lange dunkle Schatten zu werfen. Ich überprüfe meine Taschenuhr, schon fünf ... Mein Blick richtet sich wieder auf die kleine Villa. Seufzend mache ich einen

Schritt nach vorne und betrete das Grundstück. Einen Zaun oder ein Gartentor gab es damals schon nicht. Erst langsam, dann immer schneller, schreite ich den gepflasterten Weg durch den verwilderten Garten entlang. Am Ende des Weges wartet bereits die schwere Eingangstür auf mich, hinter der sich der große Eingangsbereich versteckt. Zu klopfen brauche ich nicht, es ist eh keiner mehr da. In meinen Taschen suche ich nach einem kleinen Schlüssel, von dem ich schon vor Jahren dachte, ihn verloren zu haben. Ich stecke ihn in das Schloss und drehe. Ein leises Klick verrät mir, dass es der richtige Schlüssel war. Ich trete ein. Im Gegensatz zur Fassade des Hauses hat sich der Eingangsbereich kaum verändert. Auf der linken Seite des großen rechteckigen Raums stehen mehrere Kleiderständer, die nur darauf warten, benutzt zu werden, aber ich entscheide mich dagegen, ich werde nicht lange bleiben. Durch drei große, schmutzige Fenster fällt schwaches Sonnenlicht in den Raum, das gerade noch reicht, um das schwarze Piano auf der rechten Seite zu beleuchten. Die merkwürdige Wahl für das Musikinstrument hatte mich schon in meiner Kindheit verwundert. Warum braucht man ein Piano im Eingangsbereich? Heute gehe ich davon aus, dass es der einzige Zweck des Instrumentes war, Gäste zu beeindrucken und ihnen eine Phantasmagorie zu bieten, die allen Besuchern ein glückliches Familienleben vorspielte. Bei diesem Gedanken muss ich etwas schmunzeln. Wild über das Piano verteilt liegen einzelne Seiten eines Musikstückes, die mit einer so dicken Staubschicht überzogen sind, dass die einzelnen Noten nur noch schemenhaft zu erkennen sind. Auch der Rest des Raumes ist staubbedeckt und riecht unangenehm und modrig. Gegenüber der Eingangstür befindet sich eine weitere Holztür, die in das geräumige Wohnzimmer führt. Links neben der Tür steht ein hüfthoher Schrank, der mindestens genauso verstaubt ist wie das Piano. Ich gehe auf ihn zu und als ich mit meinem Zeigefinger über den Schrank streiche, hinterlässt mein Finger eine lange und tiefe Spur. Angewidert versuche ich, den Staub von meinem Finger zu entfernen, ohne Erfolg. Er klebt fest. Hinter meiner Spur steht ein altes Familienfoto, doch die Gesichter der Fotografierten sind fast alle verblichen. Nur mein eigenes schaut noch mit einem schiefen Grinsen dem Betrachter entgegen. Ich wende mich schnell ab und kann aus dem Augenwinkel die große Pendeluhr sehen, die rechts neben der Tür lauert. Zwei Uhr zeigen die Zeiger. Zwei Uhr? Ich drehe mich um und inspiziere die Pendeluhr genauer. Nach kurzem Betrachten der Uhr fällt mir etwas auf. Das Pendel der Uhr schwingt, doch die Zeiger stehen still. Die Zeit scheint stehen geblieben zu sein. Seltsam, seltsam … murmele ich wieder vor mich hin. Ich schüttele den Kopf. Für so etwas habe ich jetzt keine Zeit, denke ich mir und drehe mich wieder zur Tür. Ich kann sehen, dass sie einen Spaltbreit geöffnet ist und ein fahles Licht durch den Spalt blitzt. Wie in Zeitlupe bewegt sich meine Hand in Richtung des Türknaufes. Langsam schiebt sich die Tür auf und gewährt einen Blick auf das, was hinter ihr liegt. Ein Loch. Ein tiefes pechschwarzes Loch, welches das gesamte Haus füllt. Am Rand kann man in die anliegenden Räume blicken, von denen größtenteils nur noch die Hälfte übrig ist. Der Rest muss hinabgestürzt sein. Nur ein Raum scheint das Loch überlebt zu haben. Das Zimmer befindet sich gegenüber von mir, am anderen Ende des Hauses. Es ist mein altes Kinderzimmer. Auch dieses wurde fast komplett verschlungen, aber es scheint der letzte noch einigermaßen intakte Wohnraum des Hauses zu sein. Alle anderen wurden entweder verschlungen oder sind nur noch in Ansätzen vorhanden. Ein Blick nach oben verrät, woher das Licht kommt. An der Stelle, an der sich das Loch befindet, fehlen die gesamten oberen Stockwerke samt Dach. Auch hier beginnt sich der Efeu auszubreiten. Ein kleiner Schwarm Vögel, vielleicht Amseln, fliegt über die klaffende Öffnung und landet an ihrem Rand. Ich drehe mich um und gehe, hier gibt es nichts, das mich noch hält. Ich verlasse das Haus und höre im Hintergrund noch das abendliche Konzert der Vögel …

Noah Bauer
Leonhard-Wagner-Gymnasium Schwabmünchen, Klasse Q12

DAHEIM

Daheim ist es gut zu wohnen, damit man nicht auf der Strasse wohnen muss und damit es warm und sicher ist. Wenn es regnet, dann gibt es mein Zuhause und mein Bett. Aber wenn ich erwachsen werde, dann überlege ich mir, wie ich ein Schwebebett herstellen kann und dann baue ich für aller Menschen, die auf der Strasse wohnen, ein Schwebebett.
So kann jeder, der ein Bett braucht, ein Schwebebett über das Handy zu sich rufen! Kein Mensch muss dann auf dem kalten Boden schlafen. Das wäre toll!

Juraj Altoff
Grundschule Fischach-Langenneufnach, Klasse 2c

Unser Zuhause

Wenn jemand mein Haus betreten und fragen würde: „Was macht dein Haus zu einem Zuhause?", wäre meine erste Antwort: „Wie bitte? Ich kann dich nicht verstehen." Die fragende Stimme würde wahrscheinlich von

Klavierspielen, hüpfenden Basketbällen, kreischendem Gelächter oder von dem einen oder anderen Geräusch des Chaos und der Freude übertönt werden, die durch unser Zuhause zu segeln scheinen. Während ich mir gelegentlich ein paar Momente der Ruhe wünsche, finde ich oft das größte Gefühl der Ruhe in der Verrücktheit unseres liebevollen Zuhauses. Unser Wohnzimmer sieht und klingt manchmal eher wie ein Musikstudio als wie ein formeller Bereich, um eine Tasse Tee oder Gespräche zu genießen. Ans Fenster gelehnt steht das Schlagzeug, nur wenige Zentimeter vom Klavier entfernt. Mikrofone und Verstärker sind rund um die Möbel aufgestellt, um der Familienband den letzten Schliff zu geben. Auch wenn der gelegentliche, gesunde Streit unsere Proben unterbricht, gibt mir das Musizieren mit meiner Familie eine besondere Bindung und bietet Gelegenheiten für unvergessliche Auftritte in der Gemeinde. Die Musik, die chaotischen Hintergrundgeräusche und das unaufhörliche Geplänkel der Geschwister steigen und wirbeln zusammen, um eine Symphonie von Klängen für die Seele zu schaffen. Das, ja genau das, ist mein Daheim, mein Zuhause. „Ein Haus gehört dir, aber du gehörst zu einem Zuhause."

Alina Beck
FOS BOS Neusäß, Klasse Vorklasse FOS

Zufluchtsort Daheim

„Alle Einwohner und Urlauber Siziliens verlassen bitte sofort ihre Häuser und begeben sich an die östliche Küste Siziliens. Dort warten Rettungsboote auf sie, die sie nach Italien befördern. Bitte nehmen sie kein Gepäck mit, da auf den Rettungsbooten nicht viel Platz ist", sagte der Nachrichtensprecher im Radio. Ich und meine Familie machten ein paar Wochen Urlaub auf Sizilien in einer Ferienwohnung. Wir fuhren gerade mit unserem Leihwagen nach Palermo, der Hauptstadt von Sizilien, um die Stadt dort zu besichtigen, bis wir diese Nachricht im Radio hörten. Papa hielt das Auto an und drehte sich zu uns nach hinten um: „Wie, sollen wir jetzt einfach ohne irgendetwas, nur mit Handy und Geldbeutel nach Italien und alles andere in der Ferienwohnung lassen?", fragte er erschrocken. Weder meine Mama noch ich oder mein kleiner Bruder Theo wussten, was wir jetzt machen sollten. „Drehen wir vielleicht um und fahren an die östliche Küste Siziliens und schauen, wie es da weiter geht. Wir wissen ja überhaupt nicht, was los ist", sagte meine Mama verwirrt. Mein Papa drehte um und fuhr, wie der Nachrichtensprecher es gesagt hatte, an die östliche Küste Siziliens. Nach einer Weile, als wir schon fast da waren, zog Nebel auf und es wurde dunkel. Wir fuhren langsamer, da uns der Nebel

die Sicht nahm. Papa hielt auf einmal das Auto an und machte den Motor aus. Dann machte er die Tür auf und ging nach draußen. Als er in den Nebel geschaut hatte, näherte er sich wieder dem Auto und als er wieder da war, sagte er zu uns: „Steigt auch aus! Es ist nicht mehr weit, ich habe schon Lichter vom Hafen und den Booten gesehen. Das letzte Stück gehen wir besser gleich zu Fuß." Also stiegen wir aus dem Auto aus und liefen am Straßenrand entlang in Richtung Küste. Auf einmal machte ich mir Gedanken über Miriam, Leonie und deren Familien. Miriam und Leonie waren Freunde von mir, die ich im Urlaub kennengelernt hatte. Sie leben auf Sizilien, aber können sehr gut deutsch sprechen. Sie konnten ja nicht einfach nach Hause zurückfahren. Sie leben ja auf Sizilien und wir haben ja nur Urlaub gemacht. Wo sollen sie denn hin? Müssen sie etwa draußen schlafen? Sie hatten ja auch nichts zu essen und zu trinken. Naja, das hatten wir zwar auch nicht, aber wir konnten immerhin versuchen, an einen Bahnhof zu gehen und hoffen, dass ein Zug zu uns nach Hause fuhr. Da hatten wir ja noch zu essen und zu trinken. Wir mussten sehr viele Sachen, also alles, was wir mit in den Urlaub genommen hatten, zurücklassen, aber sie und insgesamt alle Einwohner Siziliens mussten ja alles, bis auf die Dinge, die sie bei sich hatten, bei sich zu Hause lassen und fuhren jetzt einfach wie wir mit Rettungsbooten nach Italien und wussten überhaupt nicht, was los war. Da ich in meinen Gedanken vertieft weiter der Straße gefolgt war, hatte ich gar nicht bemerkt, dass wir schon am Meer waren und schon gleich nacheinander auf ein Evakuierungsboot gelotst wurden. Als alle auf dem Boot waren, legte es ab und man hörte plötzlich ein lautes Donnern und Grollen. Alle auf dem Boot erschraken. Sogleich kam eine Durchsage von der Brücke durch die Bordlautsprecher: „Meine Damen und Herren, wir möchten sie über die aktuelle Situation informieren. Der dunkle Nebel sind die Aschewolken eines bevorstehenden Vulkanausbruches. Das Grollen ist das erste Anzeichen, dass die beiden Vulkane der Insel vermutlich in Kürze nahezu gleichzeitig ausbrechen werden. Die Behörden rufen aufgrund dieser Gefahr zur Evakuierung auf. Wir bringen sie nun auf das sichere Festland Italiens. Urlauber werden gebeten, eine Möglichkeit zu suchen, nach Hause zu kommen. Die Einwohner Siziliens sollen Verwandte und Freunde zur Unterbringung aufsuchen. Am Hafen werden auch Hilfskräfte zur Vermittlung von Hotelzimmern bereitstehen. Für Personen, die keine Möglichkeit der Unterkunft finden, stehen Zelte in der Nähe der Küste bereit."
Ich war froh, dass wir nach Hause fahren konnten, aber die Bewohner der Insel taten mir leid. Sie mussten sicher für einige Wochen mit wenig Klei-

dung leben und schlafen. Dabei konnten sie sich nicht wirklich aussuchen, wo sie wohnen und schlafen wollten. Ich dachte an Miriam, Leonie und ihre Familien. Wo würden sie wohl hingehen? Hatten sie Kleidung zum Wechseln und ausreichend zu essen? Ich war traurig darüber und darum kam mir eine Idee. Wir mussten ja mit dem Zug nach Hause. Sie konnten ja vorübergehend mit zu uns nach Hause. Dann könnten Sie bei uns im Gästezimmer im Keller oder im Wohnzimmer schlafen und wir könnten gemeinsam essen. So müssten sie sich nicht um das Essen und eine Unterkunft kümmern. Ich fragte sofort meine Eltern und sie sagten natürlich ja. Es gab aber ein Problem. Wir wussten ja nicht, wo sie aktuell waren. Gerade legte unser Boot an und wir gingen über den Steg an Land. Wir blieben am Hafen stehen, um nach Miriams und Leonies Familie zu sehen. Einer nach dem anderen stieg aus unserem Boot aus, aber niemand davon war Miriam oder Leonie. Kaum legt unser Boot ab, kam schon das nächste Schiff. Es stiegen wieder alle aus und endlich, als einer der letzten Passagiere, kamen die beiden mit ihren Familien. Wir gingen sofort zu ihnen und machten ihnen den Vorschlag, erst einmal mit zu uns nach Hause zu kommen. Nach kurzem Überlegen entschieden sie sich mitzukommen und waren froh, erst einmal ein sicheres Ziel zu haben. Der Vater wollte dann in Kürze wieder zurückkommen und nach dem Rechten sehen. Wir kamen nach einem Fußmarsch am Bahnhof an und nahmen den nächstmöglichen Zug nach München. Von dort fuhren wir mit einem weiteren Zug und dem nächsten Bus in unser Heimatdorf. Erschöpft gingen wir die letzten Meter zu uns nach Hause. Miriam und Leonie waren nun erstmal weit weg von ihrem Zuhause. Wir hatten aber gemeinsam nach dem großen Schrecken unseren sicheren Zufluchtsort erreicht. Unseren Zufluchtsort Daheim!

Lena Spatz
Leonhard-Wagner-Gymnasium Schwabmünchen, Klasse 6C

Ein schwerer Anfang

„Lea, aufstehen! Du musst in die Schule! Die Ferien sind vorbei!", rief Frau Bauer, Leas Mutter, die gerade in das Zimmer ihrer Tochter gestürmt war. Müde zog sich Lea aus dem Bett. Sie hätte so gern weitergeschlafen. Leas Blick schweifte durch ihr Zimmer, strich an den großen Kartons vorbei und gelangte schließlich zu ihrem halb aufgebauten Kleiderschrank, der kläglich vor einer hässlichen, noch nicht gestrichenen Wand stand. Gestern hatten ihr Vater und sie angefangen ihn aufzubauen, waren aber nicht ganz fertig geworden. Der Grund, dass hier die Kartons herumstanden und das Zimmer so aussah, wie es aussah, war einfach: Lea war mit ihrer Familie und ihren zwei Haustieren, der Katze Mimmi und dem Hund Bello, aus einem Dorf nahe der Berge in eine Stadt weit entfernt davon umgezogen und damit auch weit weg von Leas Freundin Laura. Langsam schlurfte Lea ins Bad und versuchte ihre wilden, blonden Locken zu bändigen. Heute war ihr erster Schultag an der neuen Schule. Sie hoffte so sehr, dort eine neue Freundin zu finden. Doch leider musste Lea im Laufe des Vormittags feststellen, dass ihr alle aus dem Weg gingen, ihre Blicke mieden und hinter Leas Rücken tuschelten. In der Pause konnte sie ein paar Gesprächsfetzen aufschnappen: „Da, die Neue …" oder: „… kommt aus den Bergen." Traurig ging Lea nach Hause. Dort wurde sie gleich von ihrem schwarzen Labrador Bello begrüßt. Nach dem Mittagessen und ihren Hausaufgaben machte Lea es sich auf dem Sofa gemütlich, um ein Buch zu lesen. Sofort gesellten sich Mimmi und Bello zu ihr. „Ihr seid wohl meine einzigen Freunde hier. Außer natürlich Laura, aber die ist ja nicht hier", murmelte sie und streichelte Mimmi über den Rücken. In den nächsten Tagen war es genauso. Lea saß alleine in der Schule, in den Pausen wollte keiner mit ihr spielen und mittags ging sie einsam nach Hause. Hätte sie doch Laura und ihr altes Zuhause im Dorf, wo sie alle kannte. Doch so wusste sie gar nicht, an welchem Ort sie sich daheim fühlen sollte. Aus Tagen wurden Wochen. Schließlich, Lea war schon ungefähr einen Monat hier, kam Frau Hauser, ihre Klassenlehrerin, mit einem Mädchen, das im Rollstuhl saß, herein. Das Mädchen hatte braune Zöpfe, Sommersprossen und ein blaues Sommer-Kleid an. „Das hier ist Mia. Sie wohnt schon länger hier, hat aber letztes Jahr durch einen Unfall ihre Eltern verloren und sitzt seitdem im Rollstuhl. Lea, neben dir ist doch noch ein Platz frei. Stell doch bitte den Stuhl zur Seite", sagte Frau Hauser. Lea stand auf und schob den Stuhl weg. Mia rollte auf sie zu und kam neben ihr zum Stehen. „Hallo, ich bin Mia", sagte sie, „und wer bist du?" Lea antwortete: „Ich bin Lea, wollen wir Freundinnen sein?" „Gerne", sagte Mia erfreut. Mia erzählte Lea, dass sie mit ihrer Tante über der Bibliothek „Bücherwurm", die ihre Tante leitete, wohnte. Von nun an waren Lea und Mia beste Freundinnen. Sie trafen sich bei Lea, um mit Bello und Mimmi zu spielen, durchstöberten die mit Staub bedeckten Regale der Bücherei und gingen oft zusammen Eis essen. Lea telefonierte außerdem manchmal mit Laura und eines schönen Sommertages trafen sich Lea, Mia und Laura zu einem Picknick auf einer Blumenwiese. Sie schauten den Schmetterlingen und Bienen zu, die von Blüte zu Blüte flogen und in den Himmel flatterten. Lea fühlte sich nun an zwei Orten daheim: In den Bergen bei Laura und hier in der Stadt mit Mia. Sie hatte gelernt, dass dort, wo sie Freunde hatte und ihre Familie war, für Lea daheim war.

Julia Memminger
Staatliches Gymnasium Königsbrunn, Klasse 7f

Meine Familie, das Beste was es gibt!!

Ich fühle mich wohl, wenn ich lachen und weinen kann,
wenn ich mich geborgen und sicher fühle.
Das alles macht meine Familie aus! Ich kann immer auf sie zählen,
und sie stehen hinter mir. Ich kann daheim so sein, wie ich bin,
und zwar mit all meinen Macken. Wenn ich falle, ist stehst jemand da,
der mir wieder aufhilft. Meine Familie ist wie ein Faden, wenn
man sich streitet, kann er reißen, aber am Schluss
merkt man, dass man zusammenhalten muss und nicht
ohne einander kann, und so knotet sich der Faden immer wieder
zusammen. Daheim an Weihnachten sind alle glücklich,
weil dann die Zeit der Liebe ist und man sich einfach wohlfühlt.
Halte stehst an deiner Familie und deinem Zuhause fest!

Luisa Seefried
Schmuttertal-Gymnasium Diedorf, Klasse 6d

Freunde fürs leben

Freunde fürs leben
Freunde.
Reden.
Essen.
Urlaub mit Freunden.
Nacht durchmachen.
Daheim chillen.
Eltern los.
Beste Freunde loved

Tessa Müller
Helen-Keller-Schule Dinkelscherben, Klasse 5ga

Heimat in der Asche einer toten Welt

Heimat sollte einem das Gefühl von Geborgenheit und Sicherheit geben.
Das war es, was er dem zerfledderten Buch entnehmen konnte, das er in

dem mysteriösen, durchsichtigen Kasten gefunden hatte. Sicherheit und Geborgenheit waren Dinge, die ihm schon lange fremd waren. Ihm und vermutlich jedem anderen, der mit dem Fluch belegt war, sein irdisches Dasein auf diesem trostlosen, zerstörten Planeten fristen zu müssen.

Sie alle lebten in einer Welt, die all ihren früheren Glanz schon lange eingebüßt hatte, doch niemand wusste wieso, denn die Vergangenheit lag hinter einem schwarzen, rauchigen Vorhang, den nur die wenigsten durchdringen konnten.

Eine Welt, die ihre eigene Vergangenheit vergessen hatte, kannte dieses „Heimat", dass auf der halben Buchseite beschrieben wurde nicht. Das gesamte Geheimnis dieses Wortes schien sich auf der anderen Hälfte der Seite zu verbergen, doch diese war, wie so viele ihresgleichen, dem unerbittlichen Fluss der Zeit zum Opfer gefallen.

Einmal hatte er gehört, dass die Zeit alle Wunden heilt, doch für die wenigen, denen die Kunst des Lesens gelehrt wurde, war die Zeit nicht weniger als die Inkarnation des Todes und Schmerzes selbst, die mit ihren kalten Fingern grinsend das einzige zerriss, von dem sie dachten, dass es einen Sinn ergab.

Bücher waren selten, doch die Sinnhaftigkeit war seltener. Sinn gab es in einer Welt nicht mehr, die weder vor noch zurück konnte. Für das Vor fehlte die Hoffnung und für das Zurück das Wissen. Alles, was den Menschen in dieser Zeit des Stillstands blieb, war der Wahnsinn.

Die Verbleibenden klammerten sich an den Wahnsinn, wie er selbst sich an die Bücher klammerte. Denn es schien, als wären dies die Dinge, die einen vor der unendlichen Kälte, des Nichts beschützen könnten.

Doch manchmal fragte er sich, ob der Wahnsinn nicht schlimmer als das Nichts war, das ständige Kämpfen und Töten, all die Dinge, die sie taten, um der Sinnlosigkeit ihrer Existenz zu entfliehen und ihr doch nur stetig näherzukommen.

Und auch er fragte sich, ob er nicht wahnsinnig war. Ob es Sinn machte zu versuchen, die Vergangenheit zu suchen, Schatten, die die Vorgänger säuberlich vernichtet hatten. Hatte es einen Sinn Phantomen hinterherzujagen, von denen er gar nicht wusste, ob sie überhaupt noch existierten oder je existiert hatten?

Doch hatte er sich trotz allen Zweifels auf eine neue Reise begeben, denn bevor er die Vergangenheit suchen würde, brauchte er „Heimat", denn für ihn klangen diese wenigen Sätze auf dem unvollständigen Papier so, als würde der Ort, den die Vorgänger als „Heimat" bezeichneten, genau das zu bringen, was die Menschen brauchten. Nie hätte er zu diesem Zeit-punkt wissen können, wie nahe er an den Abgrund zum Wahnsinn kom-men würde.

So zog er los, ohne ein wirkliches Ziel zu haben. Wen sollte er auch fragen? „Heimat" war eines der Wörter, die die Welt vergessen hatte und auch das Lesen war ebenso verpönt und schwer zu erlernen. Die Menschen wuss-ten, dass einst alle diese Zeichen interpretieren konnten, denn sie waren überall auf den alten Ruinen, die die Erde säumten, doch auch hier hatte der Sand der Zeit seine dunkle Kraft gewirkt. Heute konnte fast keiner mehr lesen, denn es herrschte der Glauben, dass das Wissen, das durch diese Kunst vermittelt worden war, die Welt zu dem grauenvollen Platz gemacht hatte, der sie nun war. Hätten sie auch nur einmal ein Buch ge-lesen, so würden sie wissen, dass Menschen auch ohne geschriebene Wörter Grauen verbreiten konnten. Wenn sie bloß wüssten, wie falsch sie alle lagen.

Er hatte davon gehört, dass es mehrere von ihnen geben sollte, von de-nen, die Lesen konnten, doch er wusste nicht, wo sie die Bücher jagten. Seine einzige Quelle war vor kurzem der Wahnsinnigen zum Opfer gefal-len. Sie hätte vielleicht gewusst, was „Heimat" war und wo er den verwun-schenen Ort finden könnte. Vielleicht hatte sie es sogar einmal aufgeschrieben, doch die Notizen, die sie gemacht hatte, waren mit ihrer Leiche verbrannt worden.

Hätte er sie retten können, hätte er sich vielleicht die Macht, die diese Zei-chen enthielten, zunutze machen können und doch war nun auch diese kleine Flamme der Hoffnung auf ewig erloschen.

Da er kein Ziel hatte, hatte er auch keinen Weg, den er gehen konnte. Also reiste er von Ruine zu Ruine, durchsuchte tagelang zerfallene Gebäude, in der Hoffnung, wenigstens einen Hinweis auf sein Ziel zu finden, doch die Suche blieb erfolglos.

Aber mit jedem Fehlschlag wuchs etwas in ihm, dass danach gierte diesen Ort zu finden. Es war kein reines Interesse mehr, das ihn antrieb. Vielmehr war es etwas viel Mächtigeres: Verlangen und Sucht.

Das Verlangen trieb ihn immer weiter und weiter von dem Ort weg, an dem alles angefangen hatte, doch je weiter er ging, desto größer wurde es.

Eines Nachts sah er in den Himmel und sah die unzähligen Sterne über sich und da wurde ihm eines bewusst. Er hatte einen Sinn für seine Exis-tenz gefunden. Diese Suche war für ihn zu einem Sinn geworden. Erfolg-reich hatte er den Wahnsinn hinter sich gelassen und sich endlich vollends in das verliebt, was ihm diesen gegeben hatte.

Allein wie er war, hatte er niemanden, der ihm sagen konnte, dass es genau dieser Sinn war, der ihn in den Abgrund namens Wahnsinn stoßen konnte.

Lachend schrieb er seine Erlebnisse nieder, stolz auf seine Erkenntnis.

Doch vor lauter Euphorie hatte er vergessen, in welcher Welt er doch lebte. Erst als das rostige Messer seine Kehle berührte, wurde ihm sein Fehler bewusst. So schnell wurde der Jäger zum Gejagten.

Er konnte den Atem des Fremden riechen, der ihn harsch auf die Beine zog und seinen Hals mit dem kalten Metall liebkoste. Sein Körper trennte sich von seinem Geist, er konnte sich weder bewegen noch sprechen, kaum atmen, nur zuhören, als der Fremde ihm zusammenhanglose Wörter ins Ohr säuselte. „Heimat", war das hier sicherlich nicht. Doch auch hier trieb ihn seine Suche und half ihm, die Kontrolle über seinen Körper zurückzuerlangen. Fiebrig versuchte er sich ins Gedächtnis zu rufen, was ihm über die Wahnsinnigen beigebracht worden war. Doch fiel es ihm schwer zu denken, während der Fremde sich an ihn presste und seine nasse, raue Zunge immer und immer wieder über seine weiche Haut gleiten ließ. Er spürte, die stinkenden Lippen an seinem Nacken, wie sie ein frisches Fleisch umschlossen, darauf bedacht es aus seinem jungen Körper zu reißen.

Um den Mann abzulenken, gab er sich für einen Moment ganz den Bewegungen hin. Schnell angelte er mit zitternden Fingern ein kleines Fläschchen aus seinem Mantel. Als der Wahnsinnige die klare Flüssigkeit erblickte, ließ er ihn augenblicklich frei und sich das Lockmittel zu greifen. Wahnsinnige liebten mysteriöse Fläschchen.

Das kreischende Lachen verfolgte ihn noch Tage später in seinen Träumen, einhergehend mit den grausigen Berührungen, die er noch immer auf seiner Haut spürte. Es führte ihn so weit, dass er sich selbst knebeln musste, um die Schreie, die er jede Nacht ausstieß, vor der Welt zu verbergen. Auch in dieser Nacht wurde er wieder von den Träumen geplagt. Das Gesicht von heißen Tränen benetzt und schwer atmend lag er zusammengerollt in der Ecke eines lange verlassenen Zimmers. Seit Jahrzehnten war niemand mehr hier gewesen, so kam glücklicherweise auch diese Nacht niemand vorbei, um seine gequälten Schluchzer hören zu können.

Es war nicht nur der Wahnsinnige gewesen, der ihn so weit getrieben hatte. Nicht nur die wilden Bestien, vor denen er so oft geflohen war. Nicht nur die Einsamkeit, in der er sich seit Wochen befand. Vielmehr war es die Hoffnungslosigkeit, die sich wie kalter Regen über seinen Leib gelegt hatte.

Die Tatsache, dass er nach so langer Suche nach „Heimat" dem Ziel noch keinen Schritt näher gekommen war, hatte dazu geführt, dass es ihm in jener schicksalhaften Nacht den Boden unter den Füßen weggezogen hatte. Denn es war diese Nacht gewesen, in der er den Wahnsinnigen getroffen hatte, in der er zum letzten Mal gewusst hatte, wo er war. Nach der Begegnung war er stundenlang gerannt, besessen davon, so viel Strecke zwischen sich und den anderen zu bringen. Erst als er Tage später erschöpft in der kalten Ruine zusammengebrochen war, hatte er bemerkt, dass er die Orientierung verloren hatte. Erst da war ihm bewusst geworden, dass es nichts mehr gab, wohin er zurückkehren konnte, denn auch wenn es etwas geben würde, er würde es nie wieder finden. Ihm war bewusst geworden, dass er weit gehen würde, doch erst mit der Orientierungslosigkeit wurden ihm die Folgen bewusst. Er war nun allein in dem Unbekannten, aus dem er vermutlich nie wieder zurückkehren würde.

Hatte der Sinn ihn etwa verlassen? Fehlgeleitet? War es der Sinn wert, in eine Welt voller Gefahren vorzustoßen, ohne eine Möglichkeit zum Rückzug zu haben?

Es war jene Nacht, in der er sich damit abfand, dass er nicht mehr zurückkehren konnte zu dem Leben, das er einmal geführt hatte, zu dem Menschen, der er einst gewesen war.

Es war jene Nacht, in der er seinen eigenen Untergang unterschrieb, doch dies wusste er zu diesem Zeitpunkt noch nicht.

Als er nach dieser Nacht der Akzeptanz aufgewacht war, hatte sich etwas in ihm verändert, doch wusste nicht was. Völlig losgelöst setzte er seine Reise fort.

Einen Teil von sich hatte er in der Ruine zurückgelassen. Den Teil, der ihn zum Menschen gemacht hatte, der die Vergangenheit liebte, stundenlang in alten Büchern las, jede Entdeckung wertschätzte und mit beiden Beinen auf der Erde stand. Sich der Endlichkeit bewusst und dem Wahnsinn fern.

Der Teil von ihm, der die Reise fortsetzte, war der, der sich voll und ganz der Suche verschrieben hatte. Für den es nichts anderes mehr gab. Für den nichts anderes mehr zählte. Er hatte nichts mehr, zu dem er zurückkehren konnte. Keinen Halt, bis er „Heimat" finden würde.

Würde er also nicht nach „Heimat" suchen, was blieb ihm dann noch?

So legte er alle Moral und alle Zurückhaltung ab und gab sich erstmals vollständig seiner selbstgewählten Bestimmung hin. Und es fühlte sich so gut an.

Gut gelaunt durchsuchte er Ruinen, bis er schließlich nach langem wieder auf Menschen traf, doch schnell schob sich der Wahnsinnige wieder in seinen Kopf. Als Reaktion schaffte er die Bedrohung kompromisslos aus der Welt, bevor es zur Berührung kommen konnte. Denn er wusste, sie würde brennen wie Feuer. Wie das Feuer, das einst über die Welt gekommen war und alles zerstört hatte, was sie zu einem lebenswerten Ort gemacht hatte. Alles war verbrannt, doch nur das Schlechte war aus der Asche der verbrannten Welt gekrochen und hatte sich die verkohlten Finger nach dem Verstand der Menschen geleckt. Dort, wo einst die Moral saß, thronte nun der Wahnsinn.

Wirkliche Hoffnung überkam ihn erst, als er nach einer scheinbaren Ewigkeit wieder ein Buch in der Hand hielt. Zum ersten Mal seit langem nahm er sich wieder Zeit. Tagelang saß er in dem kleinen Raum und las die Bücher, die dort gelagert waren.

Es waren wunderschöne Bücher. Die Geschichten, die sie erzählten, erschienen so unwirklich. Paläste aus purem Gold, Gebäude aus makellosem Glas, Statuen aus schneeweißem Marmor. Als er die verblassten Bilder sah, liefen ihm Tränen über das Gesicht. Sie hatten all diese Schönheit gehabt, all den Glanz und alles, was sie damit taten, war, es zu zerstören.

War „Heimat" auch so prachtvoll? Hatten sie damals alle nach Heimat gesucht und dabei alles zerstört? War die Gier nach „Heimat" zu groß geworden? Wollten sie alle bloß Geborgenheit? Es waren Momente wie dieser, in denen er spürte, dass er sich noch nicht ganz verloren hatte, dass die Sache ihn noch nicht ganz aufgezehrt hatte.

Doch er machte weiter. Solange, bis er schließlich das Paradies selbst fand. Dutzende Bücher, fein säuberlich in Glaskästen aufgereiht. Andächtig schritt er durch die langen Reihen. Bis er es sah. Ein Buch, das genau so aussah, wie das, das er einst gefunden hatte. Seine Reise würde hier und jetzt ein Ziel bekommen. Er spürte es deutlich.

Doch er hatte Angst. Was, wenn dieser Ort zu weit weg war? Nein, er war so weit gegangen, er würde bis ans Ende der Welt gehen. Was, wenn „Heimat" zerstört war? Nein, solch ein mächtiger Ort konnte nicht zerstört werden.

Vorsichtig schlug er das „Wörterbuch" auf und blätterte so lange, bis „Heimat" vor ihm erschien. Er las die Wörter. Tränen des Glücks in den Augen, fuhr er über die Zeichen. Dann erreicht er den Ort, an dem das andere Buch geendet hatte.

Sein Körper fing Feuer, seine Kehle war nicht mehr fähig dazu, Laute zu produzieren, die Luft blieb ihm weg.

Das konnte nicht sein.

Die zarten Seiten zerknitterten unter seinen zitternden Fingern.

„Heimat" war kein Ort.

„Heimat" war ein Ort, an dem man geboren wurde, ein Ort, an dem man sich geborgen fühlte.

Kein Ort, der für jeden gleich war. Ein Gefühl. Familie.

Sein Sinn. Irrsinn.

Sein Sinn. Sinnlos.

Sein Sinn. Wahnsinn.

Er schrie, zerriss das Buch, das unter seinen Fingern so leicht zerfiel.

Ein Irrglaube. Monatelang einem Irrglauben hinterhergejagt.

Auf der Suche nach „Heimat" hatte er alles verloren, was jemals „Heimat" auch nur hätte gleichkommen können. Jeden Tag war er weiter davon weggelaufen, solange, bis er sich selbst verloren hatte.

Alles war verloren. Da war nichts mehr, wonach er jagen konnte. Alles, was er jemals hätte finden können, hatte er verloren. Doch am schlimmsten war, dass er sich dem Wahnsinn hingegeben hatte.

Er war zu dem geworden, das er immer verabscheut hatte. Wahnsinnig. Ein Monster. Sinnlos. Ein Teil der Welt, die er so sehr hasste.

Als er das Buchlager verließ, spürte er seinen Körper nicht mehr. Seine Gedanken hatten ihn verlassen, waren schon auf der anderen Seite. Auf dieser Welt gab es nichts mehr zu suchen. Für ihn gab es keinen Sinn, den man suchen konnte.

So machte er sich auf zu einer neuen Reise, in eine Welt, aus der niemand je wiedergekommen war. Nie wiederkommen … Ja, das hörte sich schön an.

„Heimat", wie schön es doch gewesen wäre.

Annika Geldhauser
Justus-von-Liebig-Gymnasium Neusäß, Klasse Q11

Daheim

Lisa sitzt am Kamin auf einem Fell und liest ein Buch. Ihre Mama fragt: „Magst du mir beim Kochen helfen?" Lisa antwortet: „Ja, gerne. Was gibt es denn?" „Es gibt Spaghetti Bolognese. Du kannst die Nudeln kochen", meint Mama. „Ok, gerne", sagt Lisa und geht in die Küche. Sie macht den Herd an und stellt den Topf darauf. Auf einmal macht der Topf zwei Schlenker und fällt herunter. Sie hatte Glück, dass ihr der Topf nicht auf die Füße gefallen ist. Ihre Mama sagt: „Du kannst ja schon mal den Tisch decken." Dann ruft Mama: „Alle kommen, Essen ist fertig!" Ihr Papa sagt:

„Lisa, kannst du deine Schwester in ihren Stuhl setzen?" Lisa nimmt ihre kleine Schwester und setzt sie in ihren Stuhl. Dann essen alle zusammen und zum Nachtisch gibt es Pudding. Lisa geht in ihr Zimmer und auf einmal hört sie ein Miauen. Sie schaut unter ihr Bett. Da … da … da ist eine Katze mit frisch geborenen Baby-Kätzchen!

Sie nimmt die Katzen auf ihren Arm und geht mit ihnen auf ihr Bett. Lisa denkt sich, die Mama der Kätzchen nennt sie Luisa, denn der Name ähnelt ihrem Namen. Das eine Kätzchen nennt sie Nina, da auf ihrem Nacken ein N ist. Das andere Kätzchen nennt sie Flecki, weil es so viele Flecken hat. Oh, du bist ja süß, denkt sich Lisa. Dich nenne ich Blümchen, weil der Fellfleck aussieht wie eine Blume. Das waren alle, denn es ist eine Mutter mit drei Baby-Kätzchen. Lisa denkt sich: „Wo soll ich euch denn verstecken? Ich könnte euch in meinem Schrank verstecken." Das ist eine gute Idee. Lisa holt zwei Decken und legt sie in ihren Schrank. „Bis später", sagt Lisa und geht hinaus.

Sie erzählt ihren Eltern nichts. Da klingelt es schon an der Tür. Lisa schreit: „Mama, Ben ist da!", und macht die Türe auf. „Hallo Ben, sollen wir in mein Zimmer gehen?" Ben antwortet: „Ja, gerne." „Dann lass uns gehen." Im Zimmer angekommen, hört Ben ein Miauen: „Was ist das?", fragt Ben. „Das, äh, das sind Kätzchen", antwortet Lisa. „O, du und Kätzchen?", meint Ben. „Ja", sagt Lisa, „aber das bleibt ein Geheimnis, denn meine Eltern wissen es nicht." Ben antwortet: „Ok, alles klar. Meinst du, dass wir den Kätzchen eine Höhle bauen sollten?" „Ja, gerne", meint Lisa, und sie legen sofort los. Die Kätzchen fühlen sich wohl und fühlen sich bei Lisa ganz wie daheim.

Mia Wolf
Grundschule Altenmünster, Klasse 4b

Daheim

Interviewer:
Daheim, dort wo wir unseren Alltag beginnen und
beenden, wir fühlen uns wohl und sicher.
Aber sieht es so für jeden aus?
Wie unterschiedlich ist unsere Sicht auf dieses Thema?
Heute werden wir ein paar Leute dazu interviewen,
sie werden uns beantworten, was daheim für sie bedeutet,
wie sie sich daheim fühlen und was sie daheim machen.
Person 1:
Daheim heißt für mich, mit der Familie zusammenzusein.
Daheim fühle ich mich wohl und ich könnte den ganzen Tag

daheim bleiben.

Person 2:
Daheim heißt für mich, alleine zu sein, weil ich selbstständiger sein kann. Wenn ich auf mich allein gestellt bin, fühle ich mich dadurch stärker und selbstbewusster.

Person 3:
Daheim heißt für mich, in Bücher vertieft zu sein. Ich fühle mich wie in einer anderen Welt, in der ich aus der Realität flüchte.

Person 4:
Daheim heißt für mich, mit meinen Freunden Zeit zu verbringen. Ich kann mich auf meine Freunde verlassen und vertraue ihnen sehr.

Interviewer:
Daheim heißt nicht gleich daheim zu sein.
Jeder hat andere Ansichten, wo man selbst sein kann.
Wir hoffen, Sie machen sich auch Gedanken, was daheim für Sie bedeutet!

Morsal Noori, Tina Le
Staatliches Gymnasium Königsbrunn, Klasse 7f

Mein großes Daheim

Ich fühle mich daheim im Hof, wo ich viel Zeit mit Freunden verbringe. Es macht Spaß, wenn wir uns lustige Geschichten einfallen lassen. Oder Streiche spielen, so wie im Winter, wenn bei unseren Eltern ein paar Schneebälle im Gesicht landen. Und im Sommer machen wir es mit Wasserbomben. Aber wir haben nicht nur das gemacht, sondern sehr viel mehr. Ich stelle mir manchmal die Frage, was passiert, wenn ich umziehe? Dass dann diese Momente nie wieder passieren. Das ist mein Daheim bei meinen Freunden. Mein Daheim bei meinen Eltern sieht anders aus. Mit ihnen ist mein Daheim auch draußen. Spazieren mit meinem Hund und meinen Eltern macht nämlich auch mächtig Spaß. Mein Daheim ist sehr groß und sehr lustig.

Alexander Reichenberger
Mittelschule Schwabmünchen, Klasse 6b

Der schönste Ort der Welt

Zuhause,
da fühlt man sich geborgen.
Die Liebe ist zu spüren,

da wird einem ja das Herz so warm.
Die Menschen, Tiere, einfach alles,
die machen's dir so wunderbar.

Julia König
Staatliche Realschule Zusmarshausen, Klasse 8c

Kosovo und Albanien

Hallo, ich bin Mirdon Kastrati, ich komme aus dem Kosovo und aus Albanien. Daheim ist es toll, weil es besondere Sachen gibt: das Essen und Trinken und mein große Familie. Es ist schön, dass man Freunde hat und Familie, die helfen und unterstützen. Daheim ist es auch langweilig, weil wir wegen Corona im Lockdown waren. Mein Familie ist sehr wichtig für das Herz. Man spielt mit der Familie und dem Freund und der Freundin. Daheim ist auch wichtig für Omas, Opas Onkels, Tanten, Cousinen und Cousins. Und weil die Nationalität wichtig ist, egal wer man ist. ☺

Mirdon Kastrati
Helen-Keller-Schule Dinkelscherben, Klasse 4gb

Corona

Ich habe Homeschooling
Habe Angst vor Corona
Und bleibe zu Hause

Ludwig Vogler
Helen-Keller-Schule Dinkelscherben, Klasse 8G

Daheim

Daheim
Bin allein
chille im Internet
und ich werde dick
gemütlich

Sankung Sillah
Helen-Keller-Schule Dinkelscherben, Klasse 5Gb

Leben

Zu Hause bin ich sicher.
Da ist meine Mama.
Ich bin glücklich.
Ich habe ein Baumhaus.
Ich habe eine Katze.
Ich habe Freunde.
Ich habe einen Nachbarn.
Ich liebe meine Familie.
Ich habe viel Spaß.
Ich liebe euch alle.
Die Welt ist die beste.
Ich liebe lernen.
Wir spielen UNO extrem.
Wir spielen Andor.
Ich liebe alle Jahreszeiten.
Ich liebe alle Wochentage.
Ich mag es, zu gewinnen.

Diana Adragai
Franziskus-Schule Gersthofen, Klasse 2

Schmusi

Eine Katze kommt immer zu uns. Wir nennen sie Schmusi. Ich spiele sehr gerne mit ihr. Sie kommt auch zum Schlafen und zum Fressen. Wir wissen nicht, wo sie wohnt. Wir haben sie sehr lieb, auch wenn sie hier nicht DA-HEIM ist.

Josephine Rößle
Grundschule Fischach-Langenneufnach, Klasse 1a

Von Wurzeln und Flügeln

Früher.
Das erste, was ich mache, wenn ich nach Hause komme, ist die enge Jeans gegen meine Jogginghose einzutauschen. Kein Knopf am Bund mehr, der mir ins Fleisch schneidet und mich zwingt, meinen Bauch einzuziehen. Stattdessen weicher Stoff, der meine Beine in eine zweite Haut hüllt, sich anschmiegt, ohne einzuengen. Viel besser. Die Haare löse ich aus der Spange, die sie tagsüber zusammengehalten hat, und drehe sie zu einem

54

unordentlichen Dutt auf meinem Kopf zusammen, ein paar Strähnen hängen heraus. Unperfekt. Die Gedanken an den langen Tag unter völlig fremden und nicht-ganz-so-fremden Menschen lasse ich mit meiner Schultasche am Schreibtisch zurück und kuschele mich tief in die Decken und Kissen auf meinem Bett. Durchatmen.

Ich scrolle auf meinem Handy durch social media, lasse mich von Erfolgsmomenten und geteilten Gedankenfetzen anderer berieseln, um meine eigenen auszuschalten. Abschalten. Nicht denken müssen. Nicht an meine Außenwirkung, nicht an die Wertungen der anderen.

Mein Zuhause ist mein Rückzugsort, an dem ich Akkus wieder aufladen und mich wieder daran erinnern kann, wer ich bin. Wer ich bin, wenn ich von niemand gemocht werden will, nicht darauf bedacht bin, sympathisch zu wirken und kein Lächeln in ein Gesicht male, das viel lieber weinen würde. Nur um den anderen keine Last zu sein, um ihren Tag nicht mit meiner Negativität und meinem Nicht-Glücklich-Sein zu stören. Um sie nicht daran zu erinnern, dass Menschen und Stimmungen verletzlich sind und wir nicht immer der Sonnenschein sein können. Will ihnen nicht die Illusion ihrer heilen Welt nehmen und erst recht keine Aufmerksamkeit auf mich ziehen. Erklärungen kosten so viel Energie.

Good vibes only.

Heute.

Daheim bedeutet Geborgenheit, Sicherheit und Akzeptiert-Sein. Egal, ob bei anderen Menschen oder an einem bestimmten Ort, Daheimsein fühlt sich wie Ankommen an, oder wie eine sanfte Umarmung – aber keine, die einengt.

Es ist mehr und zugleich weniger.

Weniger denken, weniger Schubladen, weniger Erwartungen. Ein Weniger an Grenzen, Scham, Beherrschtheit und Das-macht-man-aber-nicht. Gleichzeitig ist da auf einmal mehr Ausgelassenheit und Ehrlichkeit. ICH bin ausgelassener und ehrlicher. Ehrlich ich selbst statt eine vorzeigbare Version davon.

Es ist ein sicherer Hafen und zugleich eine Portion Freiheit.

Dort kann ich Masken und Mauern fallen lassen, mich angreifbar machen, weil ich mich sicher fühle.

An Orten oder bei Menschen, die mir Halt geben, mich erden und immer willkommen heißen. Mich daran erinnern, wer ich bin, war und sein will, sollte ich es vergessen haben. Mein Zuhause gibt mir die Gewissheit, dass ich dorthin zurückkommen kann, wann immer ich es brauche. Es sind die Wurzeln, die mich fest und sicher stehen lassen, ohne mich gefangen zu halten.

Denn Daheim bedeutet auch Freiheit. Dort bin ich frei von Verurteilungen anderer, frei von Zwängen. Mein Geist ist frei. Statt über meine Außenwirkung zu grübeln, ist zuhause so viel mehr Raum für alles andere: Träume und Pläne und Mich.

Daheim meint Unbeschwertheit, Leichtigkeit und Freiheit. Mit Menschen, die mir das Gefühl geben, zur richtigen Zeit, am richtigen Ort und mit den richtigen Menschen zu sein. Die mir erlauben, mehr zu sein. Mehr glücklich sein, traurig sein, ehrlich sein, schweigsam sein. Bei denen ich so laut lachen, wild tanzen, schief singen kann, wie es mir passt. Es sind die Menschen, die mir das Gefühl geben, mehr zu sein. Und zwar vor allem: gut, genug und richtig. Nur daheim funktioniert: Verstehen, ohne erklären zu müssen.

Daheimsein meint loslassen und sich zugleich festhalten.

Genauso kann es aber auch ein pures Gefühl sein. Das Gefühl von In-mir-selbst-daheim-sein. Womöglich die beste Art von Daheim: All die Selbstsicherheit, das Bewusstsein und die Stärke in sich selbst tragen, um überall und auch ohne Gesellschaft daheim sein zu können.

Lisa Meier
Justus-von-Liebig-Gymnasium Neusäß, Klasse Q12

Mein Leben in Tokio

Hallo Mia,

hier in Tokio ist alles ganz anders als daheim in Deutschland. Wir wohnen nicht mehr in unserem schönen Landhaus, sondern in einer Wohnung im 19. Stock. Diese liegt in einer großen Stadt nahe bei der Arbeit meines Vaters. Mein Zimmer ist klein, zumindest muss ich mir nicht das Zimmer mit meinem Bruder teilen. Sushi gibt es hier an jeder Ecke. Die Stadt ist groß mit engen Gassen und hohen Häusern. Gestern sind wir zu einem See gefahren, dort waren viele Menschen. Aber eine Sache gefällt mir an Japan, die schönen, rosaroten Blüten der Bäume. Die sind hier überall. Ich bin noch sehr einsam und habe noch keine Freunde. Morgen werde ich zum ersten Mal auf die Schule hier gehen. Es ist noch alles sehr, sehr ungewohnt, aber ich werde mich sicher auch daran gewöhnen. Ich vermisse euch alle und mein altes Zuhause.

Liebe Grüße Emma

Leni Fischer
Staatliches Gymnasium Königsbrunn, Klasse 5f

Haus

Haus
Aufräumen
Uhr
Suchen

Maximilian Glaß
Helen-Keller-Schule Dinkelscherben, Klasse 5Gb

Brief aus meinem neuen Zuhause

Hallo Maxi, wie du weißt, sind wir ja umgezogen, in ein Haus in Haunstetten. Hier gibt es viele Kinder ringsherum, mit denen ich spielen kann. Auch unser Haus ist größer als das alte und dazu gibt es auch noch einen Garten. Leider fehlen mir meine Freunde schon sehr, aber ich bin sicher, hier werde ich auch neue kennenlernen. Mein neues Daheim ist zwar schön, aber trotzdem bin ich etwas traurig, weil mein altes Zimmer so toll und sehr gemütlich war. Hier sind mache Räume auch noch leer und darum ungemütlich. Außerdem verbinde ich mit Zuhause auch, und das fehlt mir vor allem, gemeinsame Aktivitäten, so wie einen Film zusammen zu gucken. Das geht aber zur Zeit nicht, denn meine Eltern sind zu beschäftigt. Ich weiß, es ist zwar ein langer Weg von dir zu mir, aber vielleicht kannst du mich ja bald besuchen kommen.

Dein Julian

Julian Gödel
Staatliches Gymnasium Königsbrunn, Klasse 5f

Von Daheim

Daheim, da fühl ich mich ganz allein
Mein Gesicht am lachen doch meine Seele nur am wein'
Shawty ich werd' dir nie verzeihn'
Wir brachen in zwein'
Jetzt willst du zurück doch mein Kopf sagt nein.
Ja, ich musste schnell erwachsen werden
Den ganzen Tag nur am Lernen
Sonst bricht mein Leben noch in Scherben.
Aber Mama war immer da für mich
Doch ich nicht immer für dich, ja
In meinem Herzen ein Messerstich.

Ab heute tu' ich gut verdien'
Alle meine Jungs fahren jetzt in Limousin'
Von zuhause in die Philippin'
Fühl mich so wie Polo G
Ich verdien' mehr als Kobe (R.I.P.)
An meinem Arm nur noch Rolly
Bin ein Star wie Messi.

Fabian Biber, Raphael Kluge
Staatliche Realschule Zusmarshausen, Klasse 9b

Daheim

Daheim
meine Katze
Mama, Papa, Opa,
Oma, Boxsack, Couch, Zimmer
Familie!

Jason Schönwitz
Helen-Keller-Schule Dinkelscherben, Klasse 4Gb

Daheim

Daheim ist es fein,
man ist niemals allein.
Du kommst immer herein,
Daheim ist es fein.
Daheim werde ich verwöhnt,
und gekrönt.
Daheim werde ich nicht gehasst,
und das passt.
Daheim bin ich geboren,
und bin niemals verloren.
Daheim da ist mein Glück,
und manchmal ist es ein bisschen verrückt.
Daheim ist mein Reim,
und das soll so sein.

Matteo Lazzaris, Fabian Högen, Ben Spörer, Leon Waymeier, Philipp Waibel
Staatliches Gymnasium Königsbrunn, Klasse 5a

Daheim

Zuhause ist es richtig cool, man kann spielen und sehr viel erleben. Manche haben einen Bruder oder eine Schwester, mit denen man spielen kann.
In der Früh steht man auf, frühstückt und geht in die Schule.
Dort lernt man sehr viel und spielt mit Freunden. Wir haben z. B. die Fächer Mathe, Deutsch und HSU, das sind unsere Hauptfächer.
Mittags geht man nach Hause und isst.
Danach macht man Hausaufgabe und spielt Videospiele wie Mario Kart.
Dann kann man im Garten Fußballspielen, manchmal gibt es für uns sogar Fußballtraining. Danach geht man ins Haus und isst zu Abend und geht ins Bett.
Dieser Tag war der coolste Tag in meinem Leben. Am nächsten Tag fängt alles von vorne an.

Tobias Egger, Luitpold Berchtold
Grundschule Altenmünster, Klasse 4b

Daheim – Hinter den Kulissen

So ein „Daheim" ganz grundlegend betrachtet,
Egal ob's groß, ob's klein,
Ist doch nur ein Grundstück, das verpachtet,
Auch wenn ich lieber doch ne Yacht hätt'!
Hauptsache fein muss es schon sein.
Doch auch die schönste Immobilie
Wär nichts ohne die lästige Familie.
Man braucht sich nur Corona einzufangen,
Schon wird viel zu Hause abgehangen.
Von den zwei Wochen Quarantäne
Krieg' ich immer noch Migräne.
Will man ganz ungestört mal baden
Oder rasiert sich grad die Waden,
Klopft es plötzlich an die Tür,
Tritt herein – das verbitt ich mir –
Mein kleiner Bruder und lacht fürchterlich,
Jetzt hinaus mit dir, sonst vergess' ich mich!
Geschwister können manchmal nerven,
Man tät so gern was nach ihnen werfen.
Doch auch wenn wir uns öfter raufen,

Am Ende will man doch nicht tauschen.
Zu Haus', da wird einem keine Stund' zu lang,
Es sei denn, man hat mal keinen Internetzugang.
Natürlich wär's auch ganz vorzüglich,
Ist das Ganze dann schön gemütlich.
Aber nur sich auf die Couch zu flacken,
Das geht genauso in Baracken.
Der Nachbar reicht ein Beschwerden in Massen,
Mein Gott, der muss uns ja wirklich hassen!
Doch auch der lässt sich noch bekehren,
Wenn wir mit ihm ein Gläschen leeren.
Und bist du auch viel fort,
Denk nu' gleich an deinen Rückzugsort,
Denn stellt dir auch das Leben mal ein Bein,
Ist es doch schön, wieder zu Haus' zu sein.

Lara Sturm
Justus-von-Liebig-Gymnasium Neusäß, Klasse Q11

Ich suche meinen Hafen

Leon feierte seinen zehnten Geburtstag. Er war schon sehr aufgeregt, denn es kamen alle seine Freunde. Schon am Morgen schenkte sein Vater Holger ihm eine geheimnisvolle Muschel. Gleich nach der Schule fing die Party an und alle seine Freunde kamen zum Feiern. Er bekam wundervolle Geschenke. Am Abend wunderte er sich, weil sein Vater sich mit ernstem Blick auf seine Bettkante setzte. „Ich muss dir etwas sagen: Mein Chef hat mich gebeten, ihn mit meinem Segelboot für drei Jahre nach Südamerika zu begleiten. Es ist eine wichtige Geschäftsreise und ich habe die Chance, mit dem Geld, das ich verdiene, unser Leben ein Stück zu verschönern. Ich habe schon mit deiner Mutter geredet und sie hat schweren Herzens eingewilligt. Ich habe dir heute früh diese geheimnisvolle Muschel geschenkt, dass du immer die Wellen, über die ich reise, hören kannst." Sagen konnte Leon darauf nichts, denn er hatte einen Kloß im Hals. Er nickte nur stumm. „Schlaf eine Nacht darüber, denn es geht schon übermorgen los", flüsterte sein Vater ihm zu und schaltete das Licht aus. Bis zur Abfahrt seines Vaters war der Junge sehr still. Als das Schiff ablegte, kullerte Leon eine Träne über die Wange.

„Komm gehen wir nach Hause, denn ich habe eine gigantische Idee", rief seine Mutter Ida ihm zu, um ihn aufzumuntern. Daheim angekommen

sagte Ida ihrem Sohn, was sie vorhabe. „Wir werden jeden Tag folgendes Gedicht als Erinnerung an PAPA aufsagen:
Daheim da wo's am schönsten ist
Wo man die Freude nicht vergisst
Wenn alle sitzen um den Tisch
Und essen Fleisch und essen Fisch
Dann ist jede Streiterei
Schnell vergessen und vorbei
Weil man die Freude nicht vergisst"
Daheim ist ein sehr schwerer Begriff. Daheim kann Geborgenheit vermitteln. Besondere Menschen um uns herum können auch das Gefühl daheim zu sein geben.
Als Papa nach drei Jahren wieder nach Hause kam, hat Holger endlich seinen wirklichen Hafen gefunden und seine Familie, die sehnsüchtig auf ihn wartete.
Die Familie nahm sich in den Arm und freute sich, dass alle zusammen Daheim waren.

Jonathan Guckert, Kio Bading
Leonhard-Wagner-Gymnasium Schwabmünchen, Klasse 5E

Libyen

Ich bin daheim und fühle mich wohl, weil ich meine Familie jeden Tag sehen kann. Weil Liebe wichtig ist. Und es ist manchmal langweilig. Weil Covid-19 blöd ist. Als wir Lockdown hatten, habe ich gelernt, dass das Leben wichtig ist.

Yasein Awad
Helen-Keller-Schule Dinkelscherben, Klasse I4Gb

Wo sie einst lebten, ist nun ein leerer Fleck

Mitte Juli 2021 wurden im Ahrtal zahlreiche Orte und somit das Zuhause vieler Menschen von einem Hochwasser getroffen. Dabei wurden viele Familienhäuser, Brücken sowie Straßen zerstört.
Es regnete zuerst tagelang in Strömen, dann stieg das Wasser immer höher. Viele Menschen kauften schon nachmittags Sandsäcke, um damit den Keller zu sichern. Aber all das brachte nichts, um das Wasser zu stoppen. Es stieg immer höher. Auf Bundesstraßen stieg das Hochwasser auf bis zu siebeneinhalb Metern, so dass man keine Straße mehr sah. Die Flut riss alles mit sich, zum Beispiel Ampeln und Straßenschilder.

Viele Autos verschwanden plötzlich im Wasser und Menschen brachten sich in Sicherheit. Sie stiegen auf die Dächer ihrer Häuser, klammerten sich an den Schornstein, damit sie nicht mitgerissen wurden und hofften, von der Feuerwehr gerettet zu werden.

Kurz danach trieb auf einmal ein Campingwagen durch die Fluten. Viele Menschen mussten aus ihren Häusern befreit und gerettet werden, da ihnen der Weg nach draußen vom Hochwasser versperrt wurde. Die Häuser waren oftmals komplett zerstört.

Ein paar Tage später konnte man nur noch Schlamm und Trümmer sehen, wo einmal Häuser gestanden hatten. Ein paar Leute hörten das Gerücht, dass der Ort Ahrweiler für unbewohnbar erklärt worden sei. Die Leute hatten alles verloren, was ihnen wichtig war. Alle Erinnerungen, die sie mit ihrem Zuhause verbanden, waren auf einmal weg. Sie verloren geliebte Menschen und Tiere.

Drei Monate später standen die Familien vor den Ruinen ihrer Häuser. Das, was jetzt ein leerer Fleck ist, war ihr Zuhause. War. Sie beschlossen, die Häuser und die Vergangenheit wieder neu aufzubauen. Zweifelnd überlegten sie, wo sie anfangen sollten.

Die Versicherung übernahm zwar den Schaden, aber da so viele Leute wieder von neu anfangen mussten, fehlten die Handwerker. Sie gaben aber nicht auf, bis alles wieder so war wie früher und sie wieder ein normales Leben führen konnten.

Julia Pfiffner
Staatliches Gymnasium Königsbrunn, Klasse 8d

Mein Daheim

Daheim ist, wo ich Zeit für mich selbst habe, wo ich mich wohl fühle und meine Familie und Freunde bei mir sind. Daheim bin ich glücklich, geborgen und vertraut. Daheim, da schlafe ich ein und wache am nächsten Tag wieder mit einem Lächeln im Gesicht auf. Daheim das hat nicht jeder, deswegen bin ich glücklich, es zu haben.

Franziska Fuchs
Staatliches Gymnasium Königsbrunn, Klasse 6c

Haiku

Ich muss daheim sein
Homeschooling fand ich ganz cool
Eigentlich doch nicht

Josephine Behr
Helen-Keller-Schule Dinkelscherben, Klasse 8G

Daheim

Daheim ist überall
auf der Welt.
Doch nur ein Ort
auf dieser Welt
für mich.
Dieser Ort ist
für mich mehr als
nur ein Wort.
Denn all mein
Glück ist dort

Anna Münzl
Staatliche Realschule Zusmarshausen, Klasse 8b

Allein

Dunkel ist die Welt, kein Ende in Sicht.
Nichts was dich hält, auf der Suche nach Licht.
Nirgendwo ein Heim, nirgendwo zu Hause sein.
Niemand der dich will, alles ist still.
Viele Menschen mit Heimatlosigkeit, wünschen sich Geborgenheit.
Ein fröhliches Willkommen, würden alle gern bekommen.

Sara Köhler
Staatliches Gymnasium Königsbrunn, Klasse 6c

Daheim

Daheim
schön Liebe
ich habe Spaß
ich liebe mein Bruder
Familie

Yousef Hussaini
Helen-Keller-Schule Dinkelscherben, Klasse 4Gb

Heimat

Heimat bedeutet für mich: lieben, leben, lernen, lachen, spielen und dass
es gut ist, so wie es ist.

Janik Sütterlin
Grundschule Diedorf, Klasse 3d

Mein perfektes Zuhause

Daheim sein bedeutet für mich, dass man sich in seiner Gegenwart wohl-
fühlt.
Und sich nicht wünscht: „Endlich bin ich weg von diesem Dorf oder dieser
Stadt".
Bei mir hängt es nicht mit Gegenständen zusammen, so wie mein Zimmer
oder Möbel.
Mir ist einfach nur wichtig, dass ich meine Freunde und die Familie um
mich habe.
Da kann die Natur noch so schön sein, zum Beispiel wie die Berge oder in
einem schönen Dorf.
Es würde keinen Spaß machen in die Schule oder in die Arbeit zu gehen,
ohne jemanden zu haben, der dich mag oder dich schätzt.
Wenn die Umgebung schön ist und ich alles um mich habe, das ich brau-
che, dann ist die Welt in Ordnung.
Ich bin einfach ein Dorfkind, da kann man sagen, was man will.
Ich brauche entweder Berge, oder ein schönes Dorf wie Schwabegg mit
freundlichen Menschen und vielen Kindern, mit denen ich spielen kann.
Und wo keiner irgendwas sagt wie: „Komm nicht so spät nach Hause und
pass auf, dass dir nichts passiert."

Ich brauche einfach die Freiheit vom Dorf.
Wo jeder jeden kennt.
Das ist mein Daheim!

Elisa Schuster
Mittelschule Schwabmünchen, Klasse 6b

Endlich wieder zu Hause!

Es war einmal ein neunjähriges Mädchen namens Olivia. Sie war nicht glücklich zuhause, ihre Mutter hatte keine Zeit, denn sie war immer am Arbeiten. Selbst am Wochenende musste sie alleine sein. Ihr Bruder ärgerte sie ständig, und ihr Vater ist auch nicht mehr da. Das machte sie sehr traurig! Eines Tages, als ihr Bruder sie mal wieder auslachte, wegen ihrer schlechten Note in Mathe, wollte sie einfach nur weg von hier. Sie knallte die Haustür zu und rannte mit Tränen in den Augen in den dunklen Wald. Plötzlich hörte sie es knacksen, sie schaute sich panisch um und flüsterte mit zitternder Stimme: „H-h-a-l-l-l-o? Ist da jemand?" Alles war still um sie herum! Da kam langsam hinter einem morschen Baum eine ältere Dame hervor. Sie zog die Augenbrauen hoch und fragte besorgt: „Kindchen was machst du denn hier? Solltest du nicht zu Hause sein?" „Hmm", murmelte Olivia, „Eigentlich schon, aber niemand hat Zeit für mich …" „Das stimmt doch gar nicht. Du musst dich einfach nur daran erinnern, was dir eigentlich dein Zuhause bedeutet." Da fiel es Olivia erst wieder ein, was ihr das Zuhause eigentlich bedeutet. Sie dachte darüber nach, wie schön es eigentlich zu Hause ist. Es ist ein Ort, wo man sich wohlfühlt, wo man mit seiner Familie zusammenlebt und wo man sein Zimmer hat. Sie war wütend auf sich selber, dass sie es erst jetzt bemerkte. Sie bedankte sich noch schnell bei der alten Dame und rannte so schnell sie konnte los. Sie sah ihr Haus schon von weitem, Oliva hatte gar nicht daran gedacht, wie viel Sorgen sich wohl ihre Mutter gemacht hatte. Sie riss die Tür auf und rannte nach oben zum Arbeitszimmer von ihrer Mutter. Olivia drückte die Türklinke runter und stürmte zu ihrer Mutter. Die strahlte übers ganze Gesicht und sie umarmten sich.
Ihre Mutter nahm sich vor, mehr Zeit mit Olivia zu verbringen, und schon nächstes Wochenende gingen sie zusammen Eis essen. Ihr Bruder versprach ihr, sie in Zukunft nicht mehr zu ärgern. Olivia war überglücklich, sie fühlte sich wohl und war froh endlich wieder zuhause zu sein!

Annie Meier, Maja Schmitz
Leonhard-Wagner-Gymnasium Schwabmünchen, Klasse 5E

Wo und was ist „daheim" sein?

Daheim muss nicht immer ein Dach sein, nein, daheim ist man glücklich. Wenn man daheim ist, öffnen sich die Herzen und beginnen zu leuchten. Wie eine Blume, die dann ihren wunderbaren Duft abgibt. Daheim teilt man, liebt man und ist so wie man ist. Es kommt nicht darauf an wie schlau man ist oder wie es finanziell bei einem steht, es kommt darauf an, wie man sich wohlfühlt. Egal ob man nur ein Bild hat, wenn es einem sehr viel bedeutet reicht das aus. Daheim ist also nicht nur ein Ort, es können mehrere sein, Hauptsache die Augen leuchten, das Herz tanzt, das Gehirn springt Saltos und man streitet sich auch manchmal.

Gurleen Kaur Gill
Staatliches Gymnasium Königsbrunn, Klasse 6c

Daheim

Heute in der Schule haben wir uns darüber unterhalten, was Daheim wirklich bedeutet. Mirana sagte: „Meine Familie wird bald in ein großes Haus umziehen. Ich hoffe sehr, dass ich mich dort daheim fühlen werde!" Frau Martin erklärte, dass man dort Daheim ist, wo man sich wohlfühlt und ich überlegte, wo ich mich wohlfühlte. Vielleicht bei meinem Vater mit seinem riesigen Haus oder bei meiner Mutter und ihrem Pool im Haus. Meine Eltern lebten getrennt und mussten viel arbeiten, leider hatten sie deshalb wenig Zeit für mich, aber sie waren beide sehr reich. Am Wochenende wohnte ich bei meinem Papa und unter der Woche bei meiner Mama.

Nach den Hausaufgaben lief ich in die Bibliothek und blätterte in den Büchern, ich wollte ein Buch über jemanden finden, der auch getrennte Eltern hatte und überlegte, wo er oder sie daheim ist. Schließlich wurde ich fündig. Es ging über ein kleines Mädchen, das auch getrennte und reiche Eltern hatte. Sie gingen mit ihr ins Kino, Theater oder ins Disneyland, doch am Ende fühlte sie sich bei ihrer Oma am wohlsten, weil sie immer für sie da war und Zeit für sie hatte, obwohl sie arm war und nur eine kleine Wohnung besaß. Dabei stellte sie fest, man brauchte keinen Luxus, sondern nur Menschen bei denen man sich wohlfühlt, egal ob arm oder reich.

Sarah Staudacher
Justus-von-Liebig-Gymnasium Neusäß, Klasse 5d

Gedicht Elfchen

Daheim
angenehm laut
im Bett liegen
ich fühle wohlige Wärme
Zufriedenheit

Reiman Shaba
Staatliche Realschule Neusäß, Klasse 7b

Zuhause

Zuhause ist Leben.
Zuhause ist Glück.
Zuhause ist Liebe.
Zuhause ist Stress.
Zuhause ist Lachen.
Zuhause ist Weinen.
Zuhause ist Pause.
Du hast dein Zuhause,
so schätze es sehr,
nicht jeder hat sein Zuhause mehr.

Mercédes Krebs
Staatliches Gymnasium Königsbrunn, Klasse 6e

Backen

Backbuch
Apfel
Cookie
Kuchen
Eier
Nüsse

Anna Mayr
Helen-Keller-Schule Dinkelscherben, Klasse 5Gb

Was ich zu Hause mache

Ich spiele gerne im meinem Zimmer Playmobil.
Wenn es draußen regnet, gehe ich raus und spiele Pfützen hüpfen.
Bei Sonnenschein spiele ich im Sandkasten.

Wenn es draußen schneit, baue ich einen Schneemann und eine Schnee-bar und trinke heiße Schokolade.

Im Sommer gehen wir in unseren Pool und essen Eis mit Waffeln.

Ich finde es schön, wenn die Sonne scheint. Dann essen wir immer drau-ßen. Danach schaue ich Fernsehen.

Am Abend räume ich meinen Korb mit der frischen Wäsche aus. In mei-nem Bett lese ich noch sehr gerne eins von meinen Büchern. Oder manch-mal spielen wir am Abend Brett und Kartenspiele am Tisch.

Lena Klier
Christophorus-Schule Königsbrunn, Klasse 5 a

Was ist daheim?

Was ist daheim eigentlich? Vielleicht denkt man, wenn man das Wort da-heim hört, an seinen Wohnort, oder das Haus, in dem man wohnt. Aber das allein ist nicht ganz richtig.

Daheim kann vieles sein, z. B. der Ort, wo man wohnt, das Land, aus dem man kommt oder auch Orte, an denen man sich wohlfühlt: Freunde, Oma und Opa … Einen bestimmten Ort gibt es dafür nicht. Jeder sieht es an-ders.

Für mich ist daheim der Ort, an dem ich aufgewachsen bin und mein Wohn-ort.

Wieso? Ich finde es als Zuhause, weil ich dort alle kenne und es eine ge-wohnte Gegend ist, aber auch, weil dort Verwandte und Freunde von mir wohnen.

Es kann aber auch etwas anders sein. Wenn man darüber nachdenkt, dann gibt es unendlich viele Möglichkeiten, wo ein Daheim sein kann. Es können Tiere oder Menschen sein, die es zu deinem Zuhause machen.

Es gibt aber auch Orte, die sicherlich kein Zuhause sein können: Für mich gehören Kinderheime, Krankenhäuser und Gefängnisse dazu. Ein Heim kann für mich kein Zuhause sein: Dort ist man von Menschen umgeben, die sich nicht für dich interessieren, oder nur da sind, damit sie ihr Geld verdienen. Das ist für mich kein Zuhause.

Ein weiterer Ort, der keine Heimat sein kann, ist ein Gefängnis. Manche Menschen müssen ihr Leben lang dort verbringen, weil sie etwas Schlim-mes getan haben. Aber wohl fühlt man sich dort nicht, wenn man Tag für Tag eingesperrt ist und nicht entscheiden darf, was man macht oder isst. Das gibt einem nicht das Gefühl, dass man zuhause ist.

So, jetzt habt ihr meine Meinung dazu gehört, ich hoffe ich konnte euch zum Nachdenken animieren und vielleicht redet ihr mit Freunden oder Eltern darüber und stellt eure eigene Meinung auf.

Daheim ist ein wichtiger Ort. Ihr werdet hoffentlich immer ein Zuhause haben und immer mit euren Eltern und Freunden auskommen

Daniel Lamm
Mittelschule Zusmarshausen, Klasse 9b

Freunschaft

Freunde
Freunde sind wichtig.
Freunde sind zum Reden da.
Freunde sollen für einen da sein.
Freunde sollen nicht neidisch sein.
Freunde braucht man fürs leben.
Freunde sind cool.
Freunde kann man immer gebrauchen.
Freunde bringen einem zum Lachen.

Arwen-Nimoe Kristian
Helen-Keller-Schule Dinkelscherben, Klasse 5ga

Abschied

Gleich kommt der Weg, an dem wir uns trennen müssen. Dann sehen wir uns wahrscheinlich nie wieder.

Doch weine nicht, denn in deinen Gedanken und Träumen bin ich da. Aber was viel wichtiger ist: Ich bin in deinem Herzen, zu jeder Jahreszeit, zu jeder Tageszeit, in jedem Augenblick.

Aber jetzt sage ich: „Auf Wiedersehen!"

Franziska Teichert
Grundschule Königsbrunn-Nord, Klasse 3b

Schule

Schule
viel lernen
Freunde immer sehen
die Schule ist groß
Spaß

Jason Lauer
Helen-Keller-Schule Dinkelscherben, Klasse 5Gb

Das Leben auf dem Bauernhof

Leben auf dem Bauernhof

Biene
Aufräumen
Essen
Unter
Neben
Rennen
Holen
Offen
Fleißig

Elias Zimmer
Helen-Keller-Schule Dinkelscherben, Klasse 5ga

Daheim ist es immer noch am schönsten

Lotte und Jakob packen ihre Koffer. Sie fahren in den Urlaub nach Italien.
Sie sind schon sehr gespannt, was sie erleben werden. Gleich am Morgen
fahren sie los. Im Auto hören sie sich eine Geschichte an. Nach fünf Stunden sind sie angekommen. Lotte steigt aus und sagt: „Endlich sind wir da."
Alle gehen gleich in ihre Zimmer und packen die Koffer aus.
Am nächsten Tag haben sie eine große Bergtour geplant. Die Geschwister
Lotte und Jakob steigen sehr lange einen steilen Pfad hinauf und Lotte ist
schon ziemlich müde. Plötzlich rutscht sie auf einem nassen Stein aus.
Lotte schreit vor Schmerzen: „Aua, mein Bein!" Sie versucht aufzustehen,
aber es klappt nicht. Sie weint. Papa hat zum Glück sein Handy dabei. Er
ruft sofort die Bergrettung an. Nach kurzer Zeit kommt auch schon der
Hubschrauber. Die Männer der Bergrettung verarzten Lotte und ziehen

sie dann an der Seilwinde in den Hubschrauber hinauf. Mama darf natürlich auch mit. Darüber ist Lotte sehr erleichtert. Im Krankenhaus bekommt Lotte einen Gips an ihr Bein und muss üben, mit Krücken zu laufen. Am nächsten Morgen darf Lotte das Krankenhaus wieder verlassen. Weil sich Lotte noch ein paar Tage ausruhen soll, fährt die Familie noch am gleichen Tag zurück nach Hause. Lotte und Jakob sind froh, wieder daheim zu sein. Ein Urlaub ist immer ein Abenteuer und sehr schön, aber DAHEIM ist es immer noch am schönsten.

Felix Elvinger
Grundschule Aystetten, Klasse 3a

Ich bin daheim, da wo du auch bist.

Sicher und wohl geborgen bin ich da, wo Du bist.
Zu Hause bin ich da, wo Du bist.
Nein, zu Hause bin ich an keinem Ort, zu keiner Zeit und in keinem Moment. Nein, nur bei Dir.
In Deinem Lächeln, in Deinen Auge, in Deinen weit geöffneten Flügeln, da bin ich Daheim.
Gerade in der Pandemie war ich besonders viel zu Hause. Die eigenen vier Wände waren mein Rückzugsort. Mein Lieblingsplatz. Und vor allem: Der einzige Ort, an dem ich sicher war, sicher vor einer Krankheit, die vielen sogar das Leben gekostet hat.
Und doch war ich nie ganz daheim. Da hat immer etwas gefehlt. Du und die Wärme, die Du gibst. Mit Dir bin ich im kältesten Wind, im schlammigsten Boden, in ganz und gar ungewohnten Situationen daheim.
Da, wo Du strahlst, da bin ich am Glücklichsten, fühle mich am wohlsten und am geborgensten.
Als wäre ich nie weg gewesen und würde nie gehen.
Ich lass mich fallen, Du fängst mich auf.
Denn die Welt wäre für jeden ein grausamer, düsterer Ort, wenn Du nicht wärst. Fast hätten sich ohne Dich alle selbst vernichtet. Denn Du bist der Keim, der Leben erhält. Der Trieb, der die Blume aus der schweren Erde hebt. Du bist die Sonne, die uns lebensnotwendige Energie spendet. Du bist die Liebe, mein Daheim, wo man nur zu Hause sein kann. Ich danke Dir, in Dir wohne ich.

Clarice Kordik
Leonhard-Wagner-Gymnasium Schwabmünchen, Klasse 10 E

Der unerreichte Brief an daheim

Ich weiß, das Ganze ist lange her.
Ich kann mir vorstellen, dass du gute Gründe hattest, aber warum?
In all diesen Jahren konnte ich mir diese Frage nicht beantworten.
Die Zeit rennt, doch mit dir blieb sie stehen.
Du warst wie ein Licht in der Dunkelheit, doch seit du weg bist, ist dieses Licht erloschen.
Jeden Tag stehe ich an deiner Tür, doch wage ich nicht, sie zu öffnen.
Ohne dich traue ich mich nicht, den Raum zu betreten, in dem alle Erinnerungen stecken, die wir gemeinsam geschaffen haben.
Ich weiß, es tut weh, doch ich will die Erinnerungen nicht in mir sterben lassen.
Ich suche das Licht der Welt, welches niemand sieht, doch für mich leuchtet es heller als tausend Sterne.
Ich suche dich!
Die Zeit ist ein böser Diener des Lebens.
Bevor sie die Wunden heilt, stellt sie dich auf die Probe, die entscheidende Probe, ob du dich an den Erinnerungen festhältst und daran zerbrichst oder geradewegs ins Licht der Freiheit läufst.
Ich hoffe, du bist jetzt an einem besseren Ort …
– Dein Zurückgelassener

Harris Deljevic, Bence Dömjen, Ameer Khaleel
Staatliche Fachoberschule Neusäß, Vorklasse FOS

Daheim

Daheim

Home – Ville Natale – Patria – Citta Natale – Geboorteplaats – Hemstad – Rodne mesto – Shusshin-chi

Heimat kennt keine Grenzen

Simon Vogler
Staatliches Berufliches Schulzentrum Neusäß, Klasse 10 IKb

Daheim

Daheim ist für mich ein Ort.
Es ist das gewohnte Umfeld, das den Speicher zahlreicher Erinnerungen darstellt.

72

Es ist der feste Halt, der meinem Leben auch in schweren Zeiten Stabilität verleiht.
Daheim ist für mich eine Person.
Es ist das Herz dieses Menschen, das mein eigenes am Schlagen hält.
Es ist seine Liebe, die mich mehr erfüllt als meine eigene es jemals könnte.
Daheim ist für mich ein Gefühl.
Es ist die spürbare Entlastung, meine innere Welt nicht länger zu verstecken.
Es ist das Wissen, den trügenden Schein ablegen zu können, um endlich ganz ich selbst zu sein.

Stefanie Kühnel
Staatliches Gymnasium Königsbrunn, Klasse 11D

Daheim

Daheim will ich sein
Daheim will ich hin
Daheim bin ich ein kleines Kind
Unbeschwert und ungestört
Unverletzt und unempört
Lasst mich heim
Lasst mich rein
Lasst mich in euer Herz hinein
Wo ich hin gehöre
Wo ich bin
Wo ich sein kann wie ich will.

Lilli-Constance Kühn
Gymnasium Königsbrunn, Klasse Q11

Daheim

Daheim
ist Unterricht
schön blöd uncool
Ich mag es nicht
schlafen

Aron Hanke
Helen-Keller-Schule Dinkelscherben, Klasse 7Gb

Zu Hause

Zu Hause ist dort,
wo man dich liebt,
wo man dich kostet
und dir vergibt.
Dort, wo du gern bist,
wo man dich begehrt.
Wo man sich behutsam
um dich sorgt.
Drum fühle dich glücklich,
denn eins hat Gewicht:
Es gibt auch Menschen,
die haben das nicht.

Mia Kolasinac
Staatliches Gymnasium Königsbrunn, Klasse 6e

Was ist Daheim?

Daheim ist für viele Menschen der Ort, an dem sie wohnen oder an dem sie geboren wurden. Der Ort, zu dem viele an Weihnachten fahren, auf dem Weg zu ihrer Familie.

Ich schätze, für mich war daheim nie ein fester Ort. Es waren schon immer besondere Personen, die mein Leben bereichern.

Personen, die mir das Gefühl geben, mich nicht verstellen, nicht anpassen zu müssen. Das Gefühl nicht jeglichem Stress ausgesetzt zu sein und nie genug zu sein, für die Rolle, die ich in der Gesellschaft einnehmen soll.

Diese besonderen Personen lassen mich frei fühlen, von all dem Chaos auf der Welt.

Personen wie meine Mutter, die mich unterstützt, egal wie alt ich bin. Die mir zuhört und hilft, egal wie unverständlich mein Problem gerade für sie wirkt. Aber auch meine besten Freunde machen einen Teil dieses Daheim aus. Sie bringen mich zum Lachen, laut und ungezwungen. Sie lachen nie über mich, sondern immer mit mir. Der letzte Teil macht die Liebe aus. Mein Freund, der mich jeden Tag fühlen lässt, wie sehr er mich liebt und wie viel ich ihm bedeute. Mir zeigt, dass ich gar nicht so schrecklich bin, wie ich manchmal denke.

Und auch wenn sich die Wege irgendwann trennen könnten, bin ich so dankbar für jeden Augenblick, den ich mit diesen besonderen Personen verbringen darf. Für jedes kleine Gefühl von daheim sein. Und für jede noch so kleine Umarmung, jedes gemeinsame Lachen, die alles, was mich belastet und nachts nicht schlafen lässt, an mir abperlen lassen.

Als würde jemand den „Pause-Knopf" auf einer Fernbedienung drücken, und die Welt, mit all ihren Problemen hält kurz an. Und ich darf einen Moment „daheim" sein.

Dankeschön.

Pia Blaszkowski
Staatliches Berufliches Schulzentrum Neusäß, Klasse 10 GH

Zocken

Zielen
Online
Controller
Kraft
Energie
Netzwerk

Sankung Sillah
Helen-Keller-Schule Dinkelscherben, Klasse 5Gb

Tief vergraben

„Tschüss Schatz!", sagte ich zu meinem Mann. Wie jeden Morgen. Er ging zur Arbeit, ich kochte, machte seine Wäsche und kaufte sogar für ihn ein. Dieses Leben ging mir auf die Nerven. Jeder Tag war gleich. Ich konnte und wollte nicht mehr so leben. Als ich ihn heiratete, wusste ich nicht, in was ich mich da verwickelte. Ich musste dem ein Ende setzen, denn dieses Leben war unerträglich.

Freitag 10:00 Uhr abends. Draußen wehte eine frische Brise, der Wind brüllte und der Himmel schien rabenschwarz. Die grüne, rostige Haustür gab ein schrilles Quietschen von sich, als sie sich langsam öffnete. Er war wieder da. Er stampfte durch den Flur, schmiss seine Sachen in die Ecke, damit ich sie aufräumen konnte. Ich war ihm völlig egal. Hauptsache, ich räumte irgendwann auf. Ich beobachtete, wie er sich auf die Couch schmiss. Der Ort, an dem er in wenigen Sekunden leblos liegen würde, mit glanzlosen, leeren Augen. Seine dreckigen Füße lagen auf dem Glastisch, sein Blick starr auf den Fernseher gerichtet. Ich verfolgte jede seiner Bewegungen, wie ein Löwe, der auf den perfekten Moment wartet, um anzugreifen. Mit meinen grünen Augen wie ein Jäger. „Mach mir was zu trinken!", schrie er über die Schulter. Da war er, der perfekte Moment.

75

Meine bleichen Hände zittern, als ich ihm das giftgrüne Glass reichte. Machte ich das gerade wirklich? Was, wenn ich ertappt würde? Fragen über Fragen überfluteten meinen Kopf bis zum Geht-nicht-mehr. Hat er das verdient? Als er bemerkte, dass ich ihn anstarrte, machte er eine abfällige Handbewegung, um anzudeuten, dass ich verschwinden sollte. War ich etwa sein Dienstmädchen?! Die Welt, in der ich ihn liebte, zerplatzte und das Mitgefühl hörte auf.

Das Blinken seiner Augen verzögerte sich und sein Griff löste sich. Das schlangengrüne Glas zerschmetterte in Millionen kleiner Stücke. Zerbrochen, so zerbrochen wie ich mich fühlte, als er mich jeden Tag zu Boden schlug. Bilder ganz hinten versteckt in meinem Kopf, vergraben. Das Gift strömte aus seinem Mund, ähnlich wie Tollwut bei einem Hund. Das letzte, was er sah, war das schelmische Grinsen auf meinem Gesicht.

„Wir haben uns heute hier versammelt, um den Tod von Chad Anderson zu bedauern", sagte der Priest. Bla, bla. Immer dasselbe. Die Stühle waren kalt und unbequem, die Atmosphäre komisch, sehr komisch. Jeder streichelte meinen Rücken und umarmte mich. Ich nahm ein frisches Taschentuch und wischte damit mein trockenes Auge ab. Versteckt unter einer schwarzen Sonnenbrille, niemand konnte erahnen, was ich getan hatte. Die ganzen Blicke, triefend vor Mitgefühl, widerten mich an. Endlich bewegten wir uns raus. Ich brauchte dringend frische Luft. Schnellen Schrittes marschierte ich voran, ich wollte auf gar keinen Fall Smalltalk führen. Ich passierte den Sarg. Sah seinen leblosen Körper. Da lag er. Tot. Ziemlich tot. Seine Augen, leer. Keinen Laut, keinen Atemzug würde er jemals wieder tun. Der Gedanke war angenehm. „Tschüss, Schatz," murmelte ich. Ich drehte mich herum und rauschte davon. Leise lachend stieg ich in mein Auto, und fuhr fort.

Daheim war jetzt so, wie ich daheim haben will. Nicht mehr ein Daheim, wo man mir ein Leben vorschreibt, das ich nicht leben will. Immer noch vor mich hin grinsend bewunderte ich die grüne Landschaft, die meinen Blick fing. Endlich froh und gespannt auf das, was kommen mochte. Mein altes Leben war jetzt tief vergraben und wer weiß, wo ich als Nächstes landen werde?

Luna Grote
International School Augsburg Gersthofen, Klasse 8K

WARRIOR CATS – Gefrorenes Blut

Folgende Geschichte basiert auf der Buchreihe „Warrior Cats" von Erin Hunter.

Sie findet zwischen den Büchern „Sonnenuntergang" und „Der geheime Blick" statt.

Prolog

Die Sonne stieg über dem Zweibeinerort auf und erleuchtete spärlich eine dunkle Gasse, eingerahmt von unheilvoll aussehenden Zweibeinerbauten. Mehrere kleine Gestalten huschten dort umher. Da erhob sich eine Stimme über das Getuschel der Katzen. Sie kam von einer großen, weiß-grau gescheckten Kätzin, die mit gesträubtem Fell einen langhaarigen, weißen Kater anfauchte. „Nein! Ich halte das nicht mehr aus, dich und deine brutale Art, diesen Clan zu führen! Wie kannst du dich nur an diese Regeln halten, wegen denen Mutter und Vater starben! Du hattest deine Chance bei mir, aber du hast sie nun endgültig vermasselt. Ich gehe, und ich hoffe doch sehr, dass ich nie wieder dein schreckliches Gesicht sehen muss!" Sie schlug ihm mit ausgefahrenen Krallen über das Ohr, dann wirbelte sie herum und sprang davon. Der Kater blickte ihr kalt nach. „Nun, darauf würde ich nicht zählen", sagte er. Dann wandte er sich an zwei große Kater, die alles beobachtet hatten. „Dorn, Sonne, ihr holt sie gefälligst zurück."

Erstes Kapitel

Sonnenlicht blitzte durch die Decke des Schülerbaus und weckte Adlerpfote. Gähnend streckte er sich und trottete aus dem Eingang. Auf der Lichtung des DonnerClan-Lagers herrschte schon reges Treiben: Wolkenschweif und seine Gefährtin Lichtherz kamen gerade aus dem Kriegerbau, Adlerpfotes Mitschüler und Geschwister Amselpfote und Entenpfote teilten sich am Moosfleck neben dem Beutehaufen ein Kaninchen und der Anführer Feuerstern schickte gerade die Morgenpatrouillie los. Adlerpfotes Mentor, Dornenkralle, kam auf seinen Schüler zu. „Guten Morgen, Adlerpfote! Feuerstern sagte mir, er brauche jemanden, um den Beutehaufen aufzufüllen. Hast du Lust auf ein bisschen Jagen?", fragte er. „Sicher doch!", antwortete Adlerpfote. „Ich esse nur noch schnell etwas." „Wenn du etwas findest", fügte sein Mentor verschmitzt hinzu. Sein Schüler knurrte spaßhaft in seine Richtung, dann trabte er zum Beutehaufen, welcher tatsächlich nur noch aus einer kleinen Wühlmaus und einem Buchfinken bestand. Dornenkralle hatte Recht, es musste wieder gejagt werden. Er schnappte sich die Wühlmaus und lief dann zu seinen Geschwistern, die sich angeregt unterhielten.

„Spinnenbein will doch tatsächlich mit mir noch einmal Kampftraining machen! Dabei kann ich doch schon alles!", beschwerte sich Amselpfote.

„Du kannst alles, was er dir beigebracht hat. Vielleicht lernst du ja neue Tricks", meinte Entenpfote. Er seufzte neidisch. „Aschenpelz will mit mir zum alten Zweibeinerbau gehen und Kräuter für Blattsee sammeln. Das wird bestimmt total langweilig!"

Adlerpfote hörte seinen Geschwistern zu, wie sie sich zankten, wer nun das schlechtere Los gezogen hatte, während er aß. Als er aufgegessen hatte, lief er zu Dornenkralle, der ihn schon am Lagerausgang erwartete. „Also, wo geht's hin?", fragte er seinen Mentor, als sie in den Wald liefen. „Himmelseiche am See, würde ich sagen", antwortete der, „dort läuft auch jetzt in der frühen Blattfrische die Beute gut." Adlerpfote nickte und eine Weile liefen sie schweigend durch den Wald. „Ich habe heute morgen mit Feuerstern gesprochen", durchbrach Dornenkralle schließlich das Schweigen des Waldes. „Wenn alles gut läuft, werden du und deine Wurfgeschwister heute bei Sonnenuntergang zu Kriegern ernannt." „Wirklich?", fragte Adlerpfote. „Das ist ja super!"

Bald kamen sie an der Himmelseiche an, deren immer noch blattlose Äste sich schwarz gegen den Himmel erhoben. Adlerpfote prüfte die Luft und roch Eichhörnchen. Schon entdeckte er das kleine Tier, das in den Wurzeln des Baumes nach Eicheln suchte. Leise duckte er sich in das hohe Gras und kroch langsam näher. Als er nah genug war, sprang er auf das Eichhörnchen zu. Es versuchte zu fliehen, aber Adlerpfote landete sicher auf ihm und biss ihm in den Nacken. Zufrieden kehrte er mit der Frischbeute zwischen den Zähnen zu Dornenkralle zurück, der inzwischen einen Finken gefangen hatte. „Gut gemacht! Du hast dir deinen Kriegernamen ehrlich verdient", sagte Dieser. Adlerpfote kribbelte der Pelz vor Stolz.

Eine Weile später liefen beide mit einem Maul voller Frischbeute zum Lager zurück. Plötzlich legte Dornenkralle seine Beute ab und witterte. „Riechst du das auch?", fragte er Adlerpfote. Dieser prüfte ebenfalls die Luft. Ein fremder Katzengeruch stach ihm in die Nase. „Streuner", erwiderte er finster. „Komm, wir verjagen ihn vom DonnerClan-Territorium." Sie vergruben die Beute, wo sie vor Füchsen oder anderen Räubern sicher war, und folgten dann der Spur des Streuners. Offensichtlich war er allein. Adlerpfote konnte keine anderen Gerüche erkennen. Als sie an der Quelle des Geruchs ankamen, blieb Adlerpfote vor Entrüstung das Maul offen stehen: Auf einer kleinen Lichtung kauerte seelenruhig eine grau-weiß gescheckte Kätzin und fraß eine Maus. Dornenkralle trat aus dem Gebüsch. „Du befindest dich auf DonnerClan-Territorium", sagte er laut und Adlerpfote sah zufrieden, wie die Kätzin zusammen zuckte. Sie drehte sich um. Adlerpfote bemerkte, dass sie zwei verschiedenfarbige Augen hatte: Das linke Auge leuchtete grün wie frische Knospen in der Blattfrische, das

Rechte war himmelblau. Sie richtete ihren Blick auf Dornenkralle: „Ich bin Eis. Und ja, ich werde euer Territotrium verlassen, wenn ich muss. Aber vorher möchte ich bitte mit Feuerstern sprechen." Dornenkralle legte den Kopf schief. „Woher kennst du ihn?" „Nun ja, da wo ich herkomme, ist er ziemlich … berühmt." Dornenkralle legte sein gesträubtes Nackenfell. „Gut, komm mit. Aber ein krummes Ding und wir jagen dich aufs SchattenClan-Territorium, da gehen sie nicht so sanft mit Streunern um!" „Ist gut. Ich tu keiner Maus was zuleide." „Wolln wir mal hoffen", sagte Dornenkralle. „Adlerpfote, du gehst zurück und holst die vergrabene Beute. Wir warten hier auf dich."

Adlerpfote rannte los bis zu dem Ort, wo die Beute vergraben war. Schnell buddelte er sie aus und trug sie zurück, was nicht ganz einfach war, da er und sein Mentor die Beute vorhin zu zweit getragen hatte. Endlich kam er bei Dornenkralle an, der einen Anteil davon nahm und Eis mit der Schwanzspitze bedeutete, ihm zu folgen. So liefen sie auf das Lager zu.

Von den DonnerClan-Kriegern eskortiert, betrat Eis das Lager. Es sah so anders aus als das Lager, das sie gewohnt war: Die Baue waren aus Brombeerbüschen, die sich an die Felswände um die Lichtung herum schmiegten. Anführer- und Heilerbau waren Felsspalten, die tief in die Wände hinein ragten. Sie sah jede Menge überrascht zuckende Ohren, als Dornenkralle Adlerpfote bedeutete zu warten und zum Anführerbau lief. Wenig später kam er zusammen mit einem großen orangefarbenen Kater heraus. „Das muss Feuerstern sein", dachte Eis. Der Kater richete seinen grasgrünen Blick auf sie. „Ich bin Feuerstern, der Anführer des Donner-Clans. Dornenkralle hat mir gesagt, dass du mit mir sprechen willst. Also, was verschafft mir die Ehre?" Eis neigte respektvoll den Kopf. „Es ist mir eine Ehre, endlich mit dir sprechen zu können. Doch wenn es dir nichts ausmacht, würde ich das gerne allein besprechen." Eis sah einen funken Misstrauen in Feuersterns Augen aufblitzen, doch er zeigte nichts davon. „In Ordnung. Ist es okay, wenn mein zweiter Anführer Brombeerkralle mitkommt?" Er blickte auf den starken, dunkelbraun getigerten Kater. „Ja", erwiderte Eis, „aber deine Sorge ist unbegründet. Ich werde dich nicht angreifen." Feuerstern nickte und die drei Katzen liefen einen kleinen Abhang hoch zu einem runden Loch im Felsen.

Der Anführer setzte sich auf ein Moosnest und blickte sie an. „Ich warte." Eis räusperte sich. „Ich komme von einer Gruppe aus Katzen, die im Zweibeinerort leben. Während ich aufwuchs hörte ich von einem alten Einzelläufer Charlie – kennt ihr ihn? – über die Clans, die zum See gereist sind und vor allem über den DonnerClan. Und, nun ja, wie soll ich sagen … ich hasse meine Gruppe wegen der grausamen Regeln und vor allem wegen der Katzen darin. Und äh … ich habe mich gefragt, ob ihr mich vielleicht aufnehmen könnt. Ich kann sehr gut kämpfen und gejagt habe ich auch schon oft …" Sie verstummte und sah Feuerstern ängstlich an. Was sollte sie machen, wenn er nein sagte? Nach allem, was sie getan hatte, würde sie nie mehr zurück nach Hause können.

„Hm." Feuerstern blickte nachdenklich. „Ich habe noch nie nein gesagt, wenn es um neue Krieger geht. Du darfst bleiben, Eis. Sobald du dich an unsere Lebensweise gewöhnt hast, werde ich dich zur Kriegerin ernennen." Eis atmete erleichtert aus. „Danke, Feuerstern!" „Ich werde dich gleich offiziell in den Clan aufnehmen. Danach kannst du dich mit dem Clan bekannt machen und dir dann ein Nest im Kriegerbau machen. Auch wenn du noch keine Kriegerin bist", Feuerstern zuckte belustigt mit dem Schwanz. „Ich glaube, dass eine ausgewachsene Katze im Schülerbau komisch aussehen würde." Eis schnurrte und folgte Feuerstern dann auf die Steinerhebung vor seinem Bau, von der aus er offenbar zum Clan sprach. „Alle Katzen, die alt genug sind, ihre eigene Beute zu jagen, mögen sich hier unter der Hochnase zu einem Clan-Treffen versammeln!", rief Feuerstern.

Die Lichtung füllte sich mit Katzen, die aus den Bauen kamen. Unter der „Hochnase" versammelten sie sich und blickten erwartungsvoll zu Feuerstern auf. Hier und da wurde getuschelt. „Dornenkralle und Adlerpfote sind beim Jagen auf eine Einzelgängerin gestoßen. Ich habe mit ihr gesprochen und sie sagt, dass sie sich gerne dem DonnerClan anschließen würde. Ich habe beschlossen, dieser Bitte nachzukommen." Tumult erhob sich in der Sammlung. Ein paar Katzen erhoben sich Protest jaulend auf die Pfoten, andere sahen ihren Anführer nur schweigend an. Hier und da sah Eis freundlich blitzende Augen. Eine ältere, graubraune Kätzin jaulte Feuerstern entgegen: „Du hast doch schon genug Streuner aufgenommen." Der flammenfarbene Kater sorgte mit einem Schwanzzucken für Ruhe. „Meine Entscheidung steht fest. Wir brauchen mehr Krieger." Feuerstern machte eine Pause. „Ich, Feuerstern, Anführer des DonnerClans, rufe meine Kriegerahnen an und bitte sie, auf diese Einzelläuferin herabzublicken. Sie hat ihr altes Leben zurückgelassen, um sich dem Leben der Clans zu widmen. Möget ihr sie als Mitglied des DonnerClans willkommen heißen. Sturmpelz, du hast Bach geholfen, sich bei uns einzugewöhnen. Ich erwarte, dass du bei Eis genauso vorgehst." Der graue Kater nickte. „Ja, Feuerstern." „Gut. Die Versammlung ist beendet." Mit diesen Worten sprang er vor der Hochnase.

Eis lief nach unten, um den Clan zu begrüßen. Eine braun getigerte Kätzin kam zusammen mit einer cremefarbenen langhaarigen Kätzin auf sie zu.

„Herzlich Willkommen im Club der im Clan aufgenommenen Kätzinnen!" Ihre Augen blitzten fröhlich. „Ich bin Bach, Sturmpelz' Gefährtin. Ich komme aus den Bergen und das", sie deutete auf die cremefarbene Kätzin, „ist Minka, sie kommt vom Pferdeort hinterm WindClan-Territorium. Sie ist hergekommen, weil die Zweibeiner sonst ihre Jungen stehlen würden. Und ich, nun ja, ich bin hergekommen, weil Sturmpelz hergekommen ist. Ich würde überall mit ihm hingehen."

Sie blinzelte den grauen Kater liebevoll an. Dieser räusperte sich. „Also, Eis, ich zeige dir dein Territotrium. Und auf dem Rückweg nehmen wir Moos für dein Nest mit." Eis nickte. Sturmpelz lief auf den Ginstertunnel zu, sie folgte ihm, nachdem sie sich von den Kätzinnen verabschiedet hatte.

Eine Weile lang liefen beide Katzen durch den Wald, bis die Bäume sich lichteten und die weiche Walderde sich mit Kies abwechselte. Als sie die letzten Bäume hinter sich ließen, stockte Eis der Atem. Ungefähr zwei Fuchslängen Kies vor ihr erstreckte sich der See. Die Sonne, die inzwischen hoch am Himmel stand, strahlte auf das Wasser und ließ es glitzern. „Wow", sagte Eis. „Siehst du den Kiefernwald rechts von hier?", fragte Sturmpelz. „Das ist das SchattenClan-Territorium. Gegenüber von hier liegt das FlussClan-Territotium und links, in dem Moorland, wohnt der WindClan."

Eis sah sich staunend um.

Tamara Wackerbauer
Gymnasium Wertingen, Klasse 7b

Endlich bin ich zu Hause angekommen

Mein Daheim ist nicht klein.
Ich habe eine Villa,
in der klingen Triller.
Das ist ziemlich Killer.
Mein Benz funkelt und glitzert,
auf der Autobahn,
doch es wird viel geblitzert,
auf meiner persönlichen Zielband.
Mama ist stolz,
so solls'.
Ich schenk ihr einen Ring aus echt Gold,
ihr Herz schmolz.
Ich war ständig auf der Suche nach der wahren Liebe,

auf einmal ist ein Engel aufgetaucht,
ich frage mich, ob ich sie zu einem Date kriege,
Nun bin ich der, der mit ihr eine Familie aufbaut.
Familie zählt.
Ich habe sie endlich gefunden,
sie haben mir sehr gefehlt,
Dafür habe ich gebraucht unzählige Stunden.
Ich fliege in der Airline,
die habe ich gekauft auf Amazon Prime.
Sie fliegt mich in mein Heim,
nach Frankfurt am Main.
Jetzt bin ich daheim angekommen,
ich bin hier nicht fremd.
Hier bin ich willkommen,
wo mich jeder kennt.
Papa war nie da,
meine Erinnerungen verblassen,
Die Sehnsucht zu ihm war nie nah,
er hatte uns verlassen.
Meine Träume werden immer größer,
eine Familie zu gründen,
ich werde immer nervöser,
meinen Sohn anzukünden.

Sofia Popp, Charlize Hofmann
Staatliche Realschule Zusmarshausen, Klasse 9b

Die Suche nach der Familie

Hallo, ich bin Lucy, ich bin 35 Jahre alt und möchte euch meine Geschichte erzählen. Allerdings war mein Leben nicht immer einfach, aber jetzt bin ich endlich bei meiner Familie zuhause.

Ich bin gleich nach meiner Geburt ins Heim gekommen. Eines Tages, als ich 16 Jahre alt war, haben wir uns in der Schule nach den Ferien erzählt, was wir alles in den Ferien gemacht haben. Meine Mitschüler erzählten von den Urlauben mit ihrer Familie. Ich fühlte mich einsam, weil ich nur im Heim war. Als ein paar Mitschüler erzählten, dass sie auch in Russland waren, hörte ich wieder ein wenig besser zu. Ich hörte mir ausführlich die Geschichten an, um etwas über das Land und dessen Sitten zu erfahren. Mir fiel blitzartig ein, dass meine Eltern russischer Herkunft waren, dies meinten zumindest die Betreuer.

Ich sehnte mich sehr nach meinen Eltern und wollte sie endlich kennenlernen. Da meine Betreuer nicht wussten, wie meine Eltern heißen, habe ich in einem Archiv nach meinem Stammbaum gesucht. In diesem Stammbaum waren alle meine Vorfahren aufgezeichnet und meine Eltern standen dort auch namentlich. Da ich sie im Telefonbuch nicht gefunden hatte, schaute ich im Internet nach. Dort fand ich einige Artikel über meine Eltern, die sie in keinem guten Licht dastehen ließen. Sie standen laut den Artikeln mehrfach vor Gericht wegen Mord, Drogen- und Waffenhandel. Außerdem wurden sie bei mehreren Razzien mehrfach verhaftet, aber sie wurden nie verurteilt. Mein Vater war anscheinend schon einmal in U-Haft, da es einige Beweise gegeben hatte, dass er einen Menschen ermordet hat, aber kein Zeuge konnte ihn belasten und das Strafverfahren wurde eingestellt. Anscheinend war meine Familie sehr kriminell.

Jetzt wollte ich sie erst recht kennenlernen und versuchte, ihre Adresse herauszufinden. Es war nicht sehr einfach, da der Clan sehr geheim und vorsichtig lebte. Aber ich habe herausgefunden, dass der Hauptsitz von dem Clan irgendwo in dem Stadtviertel „Tempelhof" in Berlin war. Dort sollten meine Eltern aber nicht gewohnt haben, sondern sie wohnten in Schönefeld. Außerdem hatte ich zwei größere Brüder, die ebenfalls dem Clan angehörten. An einem Samstagvormittag fuhr ich dann nach Schönefeld und schaute mich dort um. Meine Familie sollte in einem großen Haus wohnen mit einer hohen Mauer außenherum. Ich fand nach wenigen Minuten das Haus, wo meine Eltern leben sollten. Ich sah auf der Mauer Kameras und Stacheldraht. Hinter der Mauer waren Hunde, die anfingen zu bellen, als ich an der Mauer vorbei lief. Plötzlich hörte ich, wie sich eine Türe hinter der Mauer öffnete und eine tiefe Stimme schrie: „Haltet die Schnauze!" Ich erschrak, als ich die Stimme hörte und versteckte mich hinter einigen Sträuchern.

Nach ein paar Minuten ging dann plötzlich das Tor auf und ein schwarzes Auto fuhr heraus. Ich sah einen Mann im schwarzen Anzug am Tor stehen, während das Tor wieder zu ging. Er sah genauso aus, wie der Mann auf dem Foto, das ich im Internet gesehen habe. Das muss mein Vater sein, dachte ich mir. Anschließend ging ich wieder nach Hause, um noch mehr über meine Familie zu erfahren. In meinen Recherchen, die nicht ganz legal waren, fand ich heraus, dass sie im Rotlichtmilieu sehr bekannt waren. Ich wollte am nächsten Tag wieder hingehen und klingeln.

Als ich dann am nächsten Tag wieder zu dem Haus ging, war ich sehr aufgeregt, denn ich wusste nicht, was auf mich zukommen würde. Ich zögerte kurz vor dem Haus, bevor ich klingelte. Eine tiefe, raue und dunkle

Stimme fragte: „Wer ist da?" Ich fragte ganz vorsichtig: „Sind der Herr des Hauses Pokrovsky und seine Frau da?" „Wer bist du und was willst du von dem Herrn Pokrovsky und seiner Frau?", antwortete der Mann. Ich sagte: Ich bin Lucy Becker und möchte gerne mit ihnen reden." „Warte", kam nur noch von dem Mann zurück. Nach ein paar Minuten ging das Tor auf. Ein Mann stand hinter dem Tor und wartete auf mich, aber es war nicht der Mann, den ich gestern gesehen hatte. Der Mann gab mir ein Zeichen, dass ich hereinkommen und ihm folgen sollte.

Als ich das Grundstück betrat, ging das Tor hinter mir gleich wieder zu. Ich folgte dem Mann in das Haus. Mir wurde das Zeichen gegeben, dass ich im Wohnzimmer warten sollte. Der Mann, den ich gestern gesehen habe, kam in das Wohnzimmer und sagte: „Du wolltest mich und meine Frau sprechen. Was möchtest du von uns?" „Ich habe in meinem Familien-stammbaum nachgeschaut, wer meine Eltern sind, weil ich in einem Heim aufgewachsen bin, und da standen ihre Namen. Ich glaube, sie sind meine Eltern", sagte ich ganz vorsichtig und schüchtern. Der Mann sah mich ohne mit einer Wimper zu zucken an.

Plötzlich hörte man leise und schnelle Schritte die Treppe hochlaufen. Ich erschrak ein bisschen und schaute kurz zur Treppe, da sah ich eine hüb-sche Frau die Treppen ganz schnell hochlaufen. Mein Vater gab einem sei-ner Leute ein Zeichen, der Frau die Treppe hinauf zu folgen. Er wendete sich wieder an mich und sagt: „Und du sollst meine Tochter sein?" Ich nickte nur und schaute ihn etwas unsicher an.

Der Mann brachte nach einigen Sekunden die Frau über die Schulter ge-worfen mit. Der Kerl setzte die Dame, die wie wild auf seinen Rücken ein-hämmerte, sachte auf den Boden. Mein Vater sah meine Mutter mit ernstem Blick an. „Dieses Mädchen behauptet, sie sei unsere Tochter. Möchtest du dich nicht dazu äußern, mein Schatz?", sagte mein Vater in einem nicht so freundlichen Ton. Er ging auf meine Mutter zu, doch sie wich keinen Schritt zurück. „Ja, ich kann dazu etwas sagen. Du bist ihr Va-ter. Ich wusste, dass du nie eine Tochter wolltest, und deshalb habe ich die Schwangerschaft mit ihr verheimlicht. Dir ist es sogar nicht einmal auf-gefallen, dass ich schwanger war und sie zur Welt brachte. Ich konnte kei-nen Schwangerschaftsabbruch mehr machen, denn als ich die Schwangerschaft bemerkte, war ich schon im fünften Monat. Und selbst wenn ich es in der dritten Schwangerschaftswoche gemerkt hätte, ich hätte sie nicht abgetrieben." Meine Mutter wurde während ihrer Worte immer lauter, bis sie schließlich das gesamte Anwesen zusammenschrie. Mein Vater stand nur da und schüttelte den Kopf: „Ich verstehe dich. Aller-dings verstehe ich nicht, wieso das arme Kind in einem Heim aufwachsen musste. Wieso hast du sie nicht zu Verwandten gegeben? Jetzt kommt wahrscheinlich sowas wie ‚Das wäre zu gefährlich gewesen', aber das weiß ich selbst." Mein Vater schrie anfangs ebenfalls, wurde aber immer leiser, bis er wieder normal sprach. Meine Mutter nickte nur und kam nun auf mich zu.

Sie sah mich mit tränenden Augen an und nahm mich dann schließlich in den Arm. Als wir fertig waren, meinte mein Vater: „Damit wir zu hundert Prozent sicher sind, dass du unsere Tochter bist, sollten wir einen DNA-Test machen." „Ich brauche keinen DNA-Test, um zu wissen, dass das meine Tochter ist", sagte meine Mutter nur. Mein Vater sah meine Mutter mit einem scharfen Blick an. Daraufhin nickten wir beide, dass wir mit dem DNA-Test einverstanden waren. Wir verabredeten uns für morgen, um den DNA-Test durchzuführen.

Als ich im Heim wieder ankam, setzte ich mich erst einmal auf mein Bett und holte tief Luft. Ich musste erst meine Gedanken über den heutigen Tag sortieren, denn es war sehr viel passiert. Waren das wirklich meine Eltern, fragte ich mich? Der DNA-Test wird es ja morgen beweisen, ob es meine Eltern sind oder nicht, dachte ich mir und ging schlafen.

Gleich nach dem Mittagessen fuhr ich zu meinen Eltern. Der Arzt, der bei uns den DNA-Test machen sollte, war schon da. Wir mussten alle eine Speichelprobe und ein Haar abgeben. Es ging alles sehr schnell und nach wenigen Minuten waren wir schon fertig. Mein Vater erlaubte meiner Mutter, dass wir den restlichen Nachmittag zusammen im Garten verbringen durften. Wir lernten uns näher kennen, aber ich erfuhr nicht sehr viel von ihr, da sie sehr verschlossen war. Sie hörte mir sehr aufmerksam zu, als ich von meinem Leben erzählte. Als es Abend wurde, fuhr ich wieder ins Heim zurück. Ich hatte das Gefühl, dass mein Vater über das Leben meiner Mutter bestimmte.

Nach zwei Tagen rief mich meine Mutter an und sagte mir Bescheid, dass das Ergebnis vom DNA-Test da war. Ich fuhr sofort hin, da ich unbedingt wissen wollte, was das Ergebnis an das Tageslicht brachte. Wir saßen zu dritt im Wohnzimmer und mein Vater hielt den Umschlag mit dem Ergebnis in seinen Händen. Er schaute uns kurz an und öffnete dann den Umschlag. Nachdem er kurz auf den Brief geschaut hatte, wurde sein Gesichtsausdruck wütend und er las nach einer kurzen Stille das Ergebnis laut vor: „Lucy Becker ist zu neunundneunzig Prozent die Tochter von Isabella Pokrovsky, aber nicht die Tochter von Zac Pokrovsky." Mein Vater schaute meine Mutter sehr ernst an und ich konnte spüren, wie meine Mutter Angst bekam.

„Wie, das soll meine Tochter sein? Warum steht dann da, dass es nicht meine Tochter ist?", schrie mein angeblicher Vater mit einer sehr wütenden Stimme. Ich zuckte zusammen, als er anfing zu schreien. Auch meine Mutter zuckte zusammen und sah ihn mit tränenden und ängstlichen Augen an. „Erklär mir das mal, bitte!", schrie er meine Mutter an. Meine Mutter antwortete darauf mit einer ängstlichen und zitternden Stimme: „Als du damals in Russland warst, habe ich mich sehr einsam gefühlt und habe jemanden zum Reden gesucht. Irgendwie ist es dann passiert, aber ich wollte dich nie betrügen. Ich wollte das nicht." „Wer war es?", fragte Zac wütend. „Dein bester Freund Marco", sagte meine Mutter leise. „Ich fasse es nicht!", antwortete Zac nur und verließ das Wohnzimmer.

Meine Mutter sagte leise zu mir: „Ich habe dich sehr lieb und wollte dich auch nie weggeben, aber du solltest jetzt besser gehen." Sie stand auf und ging die Treppen hoch. Einer seiner Leute, der auch im Wohnzimmer war, kam zu mir und gab mir das Zeichen, dass ich mit ihm mitgehen sollte. Er begleitete mich bis zum Tor. In meinem Kopf war alles durcheinander. Ich fuhr erst einmal wieder ins Heim zurück, und legte mich in mein Bett. Es war alles so ein Durcheinander und ich musste meine Gedanken erst einmal sortieren, denn ich wusste nicht, was ich machen sollte.

Nach einer Woche bekam ich einen Brief ohne Absender. Ich öffnete den Brief und fand einen Zettel, der zusammengefaltet in dem Briefumschlag lag und mit einer sehr schönen Handschrift geschrieben worden war. In dem Brief stand:

Meine Liebe kleine Lucy,

es tut mir sehr leid, dass du in einem Heim aufwachsen musstest und unter diesen Umständen erfahren musstest, wer deine wirklichen Eltern sind. Ich wollte dich nie weggeben, aber es wäre viel zu gefährlich gewesen, wenn ich dich behalten hätte. Ich hoffe, dass du mir das Ganze verzeihen kannst. Dein wirklicher Vater weiß nichts von dir, da er sonst ziemlich viel Ärger bekommen hätte. Er wohnt jetzt in den USA und hat einen neuen Namen. Er hätte dich aber sehr geliebt. Wenn du etwas über deinen Vater wissen möchtest, dann erzähle ich dir etwas über ihn. Ich möchte mich auch für meinen Mann entschuldigen, dass er so ausgerastet ist, aber er mag es nicht sehr, wenn man ihn anlügt. Ich hoffe, du konntest dich von dem Schreck etwas erholen. Er hat sich auch wieder etwas beruhigt und erlaubt, dass wir uns regelmäßig sehen dürfen. Ich hoffe du möchtest dich mit mir noch treffen. Ich würde mich sehr darüber freuen. Ich habe dich sehr lieb.

Deine liebe Mutter.

Ich freute mich sehr über den Brief und wollte unbedingt meine Mutter wiedersehen. Allerdings war ich auch etwas traurig, da mein Vater in den USA lebte und ich ihn wahrscheinlich nie kennenlernen würde.

Am nächsten Tag fuhr ich zu meiner Mutter. Meine Mutter freute sich sehr, dass ich gekommen war, und wir gingen in den Garten hinaus. Ich fragte meine Mutter, wie mein Vater wäre, und sie erzählte mir sehr viel über ihn. So verging der Nachmittag und ich fuhr glücklich nach Hause, denn ich fühlte mich in dem Heim jetzt wie zuhause, da ich meine leibliche Mutter kennengelernt und sehr viel über meinen leiblichen Vater erfahren hatte. Es war anders, als ich in dem Heim ankam, es fühlte sich nicht mehr so richtig wie ein Heim an, sondern wie mein Zuhause, in dem ich wohlbehütet aufgewachsen bin. Ich dachte mir, als ich mich auf mein Bett legte, jetzt bin ich daheim.

Ich fühlte mich nicht mehr einfach nur so ins Heim abgeschoben, sondern weiß jetzt, dass meine Mutter die richtige Entscheidung für mich getroffen hatte. Ich war das Kind eines Seitensprungs, bei dem meine beiden Elternteile mit meiner Existenz Schwierigkeiten bekommen hätten.

Melanie Beljan, Luisa Konheisner
Staatliche Fachoberschule Neusäß, Vorklasse FOS

Zurück daheim!

Es war ein wunderschöner Urlaub, der sich nun dem Ende zuneigte. Ein letztes Mal liefen meine Freundin und ich hinunter an den traumhaften Strand. „Schade, dass dieser Urlaub nun schon vorbei ist", sagten wir. Wir genossen zusammen noch den letzten Blick auf das Meer. Gegen Mittag gingen Juna und ich zurück ins Hotel, holten unsere Koffer und bezahlten unseren Aufenthalt. Außerdem bedankten wir uns bei der Besitzerin für diesen wunderbaren Aufenthalt. Nun machten wir uns auf den Weg zu meinem Auto. Der Kofferraum war bis zum Rand gefüllt, was kein Wunder war, denn Juna und ich waren sehr viel shoppen gewesen. Ein paar Stunden später hielten wir an einer Raststätte und holten uns etwas zu essen. Danach setzte wir uns in mein Auto und fuhren weiter. Nach einer ganzen Weile sahen wir endlich das Ortsschild unserer Heimat.

Heimat ist ein besonderer Ort, schlägt in unseren Herzen.

Heimat ist stets dort, wo wir aufgewachsen sind.

Heimat ist ein besonderes Gefühl, kein Land ohne Grenzen, frei wie jeder sein will.

Heimat ist ein besonderes Erlebnis, welches ohne die Familie und die Lieblingsmenschen nicht existieren würde.

„Endlich zurück an diesem wunderschönen Ort", freute sich Juna. Überglücklich öffnete ich die Autotür. Kaum war ich ausgestiegen, ging die Haustür unserer WG auf und unsere Freunde kamen heraus. Schnell rannte ich zu meinem Freund Lukas und umarmte ihn. „Schön, dass ihr wieder da seit", sagte er. Währenddessen packten Juna und ihr Freund schon unsere Sachen aus. Schnell eilten Lukas und ich zu Juna und ihrem Freund und halfen mit.

Man sagt nicht umsonst: „Das Schönste an zuhause sind die kleinen Momente des Glücks und die geliebten Menschen, mit denen man sie teilt."

Julia Wimmer
Staatliche Realschule Zusmarshausen, Klasse 9b

DAHEIM

Daheim,
da fühle ich mich wohl,
da bin ich sicher,
doch das ist NICHT selbstverständlich.
Manche müssen fliehen,
wegen Krieg,
Krieg ganz in unserer Nähe,
Bomben,
Schüsse und vieles mehr,
können wir uns nicht vorstellen,
hoffentlich bleiben wir sicher DAHEIM

Leni Fischer
Staatliches Gymnasium Königsbrunn, Klasse 5f

Daheim

Daheim bedeutet für mich, dass ich mich mit meinen fünf Sinnen, wohl, sicher und geborgen fühle.

Wenn ich mich zu Hause wohlfühle, sehe ich sehr verschiedene Dinge, wie z. B. meinen Hund, meine nette Familie, mein kleines Zimmer, meine Hausfarbe und viele andere Sachen.

Auch wichtig ist das Fühlen. Ich kann glücklich, fröhlich, aufgeregt (z. B. an Weihnachten), wütend oder traurig sein. Traurigkeit ist das Gefühl, was ich am wenigsten habe.

Außerdem kann man sehr viel spüren, wie Holz, Wärme, Pflanzen, Tiere, eine Umarmung, Sonne und Regen.

Besonders betonen möchte ich auch noch, dass wir viele Ausflüge in Wälder und die Berge unternehmen, wo ich auch noch viel spüren und riechen kann.

Als nächstes berichte ich, was ich daheim rieche, höre und schmecke. Fangen wir mit dem Hören an. Zu Hause höre ich Vogelgezwitscher, Stimmen und dass alle vor Freude oft jubeln. Machen wir weiter mit dem Riechen. Daheim rieche ich selbstgemachten Kuchen und Brot, die Natur und mein Zimmer. Geschmäcke sind selbstgemachtes Essen und das Gras unseres Gartens. Die Natur ist mein zweites „Daheim".

Wenn alle diese Dinge zutreffen, dann fühle ich mich an dem Ort zu Hause.

Matthias Hedde
Grundschule Bobingen an der Singold, Klasse 4c

Ein Elfchen

Daheim
gemütlich warm
alle helfen mit
Liebe hat seinen Platz
Zuhause

Romy Reissner
Grundschule Westendorf, Klasse 1B

Angekommen

Haben wir nicht alle schon mal von einem Ort geträumt, der nur uns gehört? Von einem Daheim? Einer Stelle, wo Zeit keine Bedeutung mehr hat. Irgendwo, wo mich niemand finden konnte. Weil es mein Ort zum Entspannen ist. Wo die überfüllten Blasen mit Trauer einfach fort schwebten. Der Ort, zu dem ich eine unfassbare Verbundenheit spürte, ist fernab von hier. Dort wo das Gras smaragdgrün war und wo das Wasser so klar türkis schimmerte, dass man jede Muschel, jede Pflanze und jedes Lebewesen in seiner vollen Pracht erblicken konnte. Wo der Sand sich wie winzig kleine Wattebällchen unter den Füßen aufbauschte. Dort wo hunderte Kirschblütenbäume die Insel in einem satten Pink erstrahlen ließen. Mein Ort enthielt meine schönsten Erinnerungen, aber verbarg auch meine tiefste Trauer. Hier verarbeitete ich die Strapazen, den Kummer und Stress der letzten Jahre. Doch als ich nun dort ankam, überrollte mich ein Schauder.

Kein Laut dringt an mein Ohr, das Gras blutrot, das Wasser schmuddelig braun. Keine Wasserpflanzen und Tiere aus der Brühe zu erkennen. Der Sand sticht mir mir die Füße wund, die Kirschblüten sind verwelkt und verdorrt. Ein blickdichter Nebel macht es sich auf den Ästen gemütlich. Was war hier nur geschehen? Ich wate durch das einsame, verwahrloste Gelände. Als ich realisiere, was geschehen ist, füllen sich meine Augen mit sprudelnden Wasserfällen. Mir dringen tiefgründige Gedanken tief in meine Seele. Auf einmal macht es klick. Meine Sorgen verfolgen mich wie frisch geronnenes Blut. Irrend presche ich durch die verwelkten Kirschblüten, übers knirschende, ausgedorrte Gras und tief hinein in den dunkelgrauen Nebel. Ich sehe von einer abgrundtiefen Klippe hinab in die unantastbare Schwärze meiner Seele. Ein seltsames Gefühl beschattet mich.

Ein innerer Singsang versetzt mich in Angst und Schrecken. Irgendetwas ist hinter mir her. Ich drehe mich zaghaft um. Ein Wesen, gekleidet in eine pechschwarze Robe, schwebt geisterhaft in meine Richtung. In der Hand eine messerscharfe, blutverschmierte, glänzende Sense. Es stoppt nur Zentimeter vor meinem kreideweißen Gesicht. Langsam hebt es den Kopf.

Mein Herz erstarrt zu eiskaltem Stein, ich spüre das Blut in meinen Adern stocken. Ich taumel einen Schritt zurück. Hinter mir nichts als Leere. Ich falle. Wie in Zeitlupe, hechtet das schwarze Etwas auf mich zu, doch ich verblasse schon längst in den trauernden Tiefen meiner Seele. Dies war nun mein Zuhause, das wonach ich mein ganzes Leben suchte. Nun war ich hier angekommen.

Jana Sofie Wiedemann
International School Augsburg Gersthofen, Klasse 8H

Endlich daheim

Der Wind pfeift an mir vorbei
Kleine Regentropfen fallen vom Himmel auf mich herab
Die Wolken verfärben sich nach jeder Sekunde
Habe ich mich verlaufen?
Auf einmal höre ich Donnergebrüll
Panik steigt in mir auf
Wo bin ich?
Nun renne ich wie in einem Marathon an den Laternen entlang
Große Wassertropfen prasseln auf meine Haut
Meine Gedanken wirbeln umher

Mir wird langsam schlecht
Hoffentlich schaffe ich es
Plötzlich ist alles schwarz
Trotzdem leuchtet etwas in mir auf
Ein Gebäude ist zu erkennen
Habe ich es geschafft?
In Windeseile folge ich dem Weg
Bekannte Gesichter starren mich an
Ich eile hinein
Die Wärme begrüßt mich
Sie nehmen mich auf
Ich fühle mich wohl
Ich fühle mich sicher
Denn jetzt bin ich endlich daheim

Tina Le
Staatliches Gymnasium Königsbrunn, Klasse 7f

Ein neues Land

Hallo, ich bin Klara und ich habe eine Familie, die lange Zeit ein großes Geheimnis vor mir hatte. Aber ich erzähle die Geschichte lieber von Anfang an. Ich war in einer Schule in Meitingen in der 7. Klasse. Mein Leben war perfekt, denn ich war die Beste der Klasse, war die Beliebteste der Schule und hatte deshalb auch die meisten Freunde.

Doch eines Tages, als ich von der Schule nach Hause kam, brach eine Welt in mir zusammen. Ich hatte mich reingeschlichen um meine Mutter und meinen Vater zu erschrecken. Als ich gerade ins Wohnzimmer gehen wollte, da meine Eltern auf dem Sofa saßen, hörte ich, wie sie über einen Umzug sprachen. Als ich hörte, dass wir nicht einmal in eine Nachbarstadt, sondern gleich in ein anderes Land ziehen würden, fing ich leise an zu weinen. Als ich dachte, dass es nicht mehr schlimmer werden konnte, ging der Alptraum weiter. Wir würden nämlich nach England ziehen. Zum Glück war ich ganz gut in Englisch. Doch das interessierte mich nicht. Ich entschloss mich, so zu tun, als ob ich nichts davon gehört hätte und gerade nach Hause gekommen wäre. „Hallo Mama, hallo Papa!", rief ich. Als meine Eltern mich hörten, haben sie gleich aufgehört sich zu unterhalten.

Vier Stunden später gab es auch schon Abendessen. Es gab zwar mein Lieblingsessen, aber ich hatte keinen Hunger. Meine Mutter fragte mich zwar, wieso ich nichts aß, aber ich meinte nur, dass ich müde sei. In echt war ich immer noch geschockt und ich schlief erst nach zwei Stunden ein.

Am nächsten Morgen dachte ich, dass alles ein Alptraum sei, doch ich machte mir darüber keine Gedanken, weil ich an dem Tag Geburtstag hatte. Gleich in der Früh fuhren meine Eltern mit mir länger als zwei Stunden an einen fremden Ort. Sie meinten, dass am Ende eine große Überraschung auf mich warten würde. Erstmal freute ich mich, dass als angekamen. Doch dann sah ich, dass vor mir eine riesige Villa stand. Hinter mir parkten riesige Laster mit unseren Möbeln.

Meine Eltern sagten, dass wir nun dort wohnen würden. Die ersten drei Wochen fühlte es sich gar nicht nach zu Hause an. In der Schule war ich ganz allein und alle sprachen eine andere Sprache. Für sie war ich nur der komische Neuling.

Aber eines Tages in der großen Pause, als ich mal wieder alleine auf einer Mauer saß, kam ein Mädchen, das mich fragte, ob es sich neben mich setzen dürfte. Es stotterte jedoch beim Englisch sprechen. Als ich sie fragte aus welchem Land sie komme, sagte sie tatsächlich, dass sie aus Deutschland sei. Als ich das hörte, wusste ich, dass ich daheim war.

Anna Sofia Bühler
Grundschule Gablingen, Klasse 4b

Zuhause ist ...

Zuhause ist Familie
Zuhause ist Freunde
Zuhause ist Glücklich sein
Zuhause ist Haustiere
Zuhause sich wohlfühlen
Zuhause ist Liebe
das ist für mich Zuhause

Annika Huber
Staatliche Realschule Zusmarshausen, Klasse 7d

Heimat

Geborgenheit
die Familie,
hält immer zusammen,
ich bin immer sicher,
toll!

Juliano Reinhart
Franziskus-Schule Gersthofen, Klasse SFK 7/8

Meine Schwester

Ich bin oft bei meiner Schwester und mache mit ihr ganz viele Sachen. Wir gehen auch zur Bank. Sie macht mit mir auch lustige Sachen. Sie hilft mir auch bei meinen Hausaufgaben. Sie spielt auch mit mir. Sie guckt auch fern. Danach gehen wir zum Essen. Sie hat mir geholfen, als ich ein Baby war, und sie ist die netteste Schwester.

Ciara König
Grundschule Fischach-Langenneufnach, Klasse 2C

Schlafen

Schlafen
im Bett
ich schaue Fernsehen
und ich schnarche nicht
Nacht

Luca Hübsch
Helen-Keller-Schule Dinkelscherben, Klasse 5Gb

Daheim

Ich komme ursprünglich aus Afghanistan und dort ist mein Heimatland. Ich kann aber nicht viel über mein Heimatland sagen, weil ich es nicht wirklich kenne! Denn ich war nur als Kind in meinem Heimatland und musste dann mit meiner Familie in den Iran flüchten.
Dort bin ich groß geworden und habe die Schule besucht. Die Sprache war einfach für mich, weil ich sie schon als Kind lernte. Innerlich habe ich mich aber nicht daheim gefühlt, weil man mich nie wie die anderen Menschen in dem Land als Staatsbürger behandelt hat. Ich fühlte mich zwar sicher in dem Land, wo ich wohnte, aber es war kein Daheim für mich.
Ich habe mich öfter gefragt, ob da mein Daheim ist, wo ich dieselbe Kultur habe. Unsere Religion war gleich, die Sprache konnte ich wie meine Muttersprache oder besser gesagt, besser als meine Muttersprache.
Ich weiß nicht, wo mein Daheim ist, weil ich mich nie daheim fühlte.
Ich bin zur Schule gegangen und habe sehr hart gelernt, weil ich viele Träume für meine Zukunft hatte. Als ich mit der Schule fertig war, wollte ich studieren. Aber als Ausländer durfte ich nicht studieren, weil wir nicht die richtigen Dokumente hatten. Wir durften auch nicht in die anderen

Städte fahren, weil wir die richtigen Dokumente brauchten aber nicht hatten. Alle sechs Monate sollten die Dokument getauscht werden. Kann man sich da daheim fühlen?

Die Männer, die keine Dokumente hatten, wurden tagelang festgehalten, ohne einen Fehler gemacht oder ein Verbot gebrochen zu haben. Sie durften nicht arbeiten. Manche haben einfach schwarzgearbeitet, um die Bedürfnisse für die Familie zu erfüllen.

Ich sah die schwierige Situation und manchmal wurden wir als Ausländern bezeichnet. Da konnte ich mich nicht zuhause fühlen. Danach war ich wegen verschiedener Probleme mit meiner Familie in der Türkei. Ein neues Land, eine neue Kultur, eine ganz andere Sprache und andere Menschen. Da habe ich drei Jahre gelebt aber mich nicht zuhause gefühlt. Danach sind wir nach Deutschland geflüchtet. Mit vielen Problemen und Schwierigkeiten lebe ich weiter. Da habe ich aber keine Angst vor dem Krieg und fühle mich sicher. Aber oft sehen uns die Leute auch als Schwarzköpfe und zeigen uns so unangenehme Blicke.

Ich ignoriere aber alle und lebe mein Leben weiter, obwohl ich manchmal den Kopf voller Probleme habe. Ich kann mich hier aber auch nicht daheim fühlen, weil die anderen mich nicht so akzeptieren, wie ich bin. Ich bin glücklich, dass ich hier zur Schule gehen und meine Träume verwirklichen kann. Aber für mich ist Heimat dort, wo ich ohne Probleme und Angst leben kann. Wo die Menschen sich gegenseitig respektieren und so wie sie sind akzeptieren. Ich werde hier in Deutschland bleiben, denn vielleicht ändert sich mein Eindruck in der Zukunft. Denn Heimat bedeutet für mich inzwischen viel, was ich bis zu diesem Moment nicht wirklich von Herzen gefühlt habe.

Narjes Safari
Staatliches Berufliches Schulzentrum Neusäß, Klasse 10KiTZ

Der sicherste Ort der Welt

Daheim ist für mich, sicher sein.

Wir haben ein großes Haus und einen großen Garten. Mama und Papa passen auf uns auf. Sie passen auch auf, dass es nicht zu brennen anfängt und beschützen mich vor großen Hunden und anderen Tieren.

Wenn wir mal wegfahren, in Urlaub oder so, ist es schön, aber ich vermisse dann meine Freunde. Und dann bin ich so was von traurig, einsam und ein bisschen sauer, weil ich meine Freunde Elisa, Paula und Anna-Sophie nicht mehr sehen kann. Ich hoffe, dass ich nie meine Freunde und unseren großen Garten verlassen muss.

Mein Bruder hat gesagt, dass es Krieg gibt. Meine Mama hat mir erklärt, dass alle dort ihr Zuhause verlassen und in ein anderes Land gehen müssen. Darum haben wir ganz viele Sachen gepackt in Kartone, um den Menschen zu helfen, die jetzt kein Zuhause mehr haben.

Das macht mich sehr traurig, wenn ich daran denke, dass viele Kinder von ihrem Zuhause weg müssen, nur weil die Erwachsenen um ein Land streiten.

Antonia Dörle
Grundschule Fischach-Langenneufnach, Klasse 2c

DAHEIM

DAHEIM bin ich nie allein
Ich muss, auch nicht wein'.
DAHEIM darf ich auch raus
und sehe manchmal traurig eine tote Maus.
Die Maus war tot und meine Backen waren ganz rot. :)

Can Brunner
Franziskus-Schule Gersthofen, Klasse 4aG

Heimat

Warm,
der Pelletofen,
steht im Gang,
ich finde ihn schön,
Familie

Vincent Tomi
Franziskus-Schule Gersthofen, Klasse SFK 7/8

Das bedeutet „Daheim" für mich:

Dach über dem Kopf
Ankommen
Hilfe
Entspannung
Immer behütet
Meine Familie

Lisa Seibert
Justus-von-Liebig-Gymnasium Neusäß, Klasse 5c

Fallschirm

Lira drehte den Haustürschlüssel energisch im Schloss herum. Das laute Knacken hallte im Hausgang wider, als sie eintrat. Was war das heute wieder für ein beschissener Schultag gewesen! Sie stampfte die Treppen hinauf und drehte dabei ihren klimpernden Schlüsselbund um den Finger. Manchmal hatte sie das Gefühl, alle ihre Lehrer hätten sich gegen sie verschworen. Sie nahm den zweiten Schlüssel, den kleineren mit dem eleganteren Bart, in die Hand. Diesmal hörte sie nur ein sanftes Klicken, als sie ihn im Schloss ihrer Wohnungstür drehte. Ein kühler Luftzug kam ihr entgegen. Ihr Bruder hatte mal wieder vergessen, sein Fenster zu schließen. Sie seufzte. Anscheinend hatte ihre Familie beschlossen, gemeinsame Sache mit ihren Lehrern zu machen. Wenigstens war sie jetzt daheim. Sie schloss die Tür hinter sich und schleuderte ihre alte Schultasche über den Boden. Dann zog sie ihre Schuhe aus und ging in das Zimmer ihres Bruders. Am Boden lagen einige Zeitschriften, die der Wind wohl vom unordentlichen Schreibtisch heruntergeweht haben musste. Die würde ihr Bruder schön selbst aufräumen müssen. Eine Seite stach ihr jedoch ins Auge.

Sie zeigte einen Fallschirmspringer, der mit weit ausgebreiteten Armen durch die Luft fiel, den grünen Erdboden noch weit unter sich. Die Aussicht musste atemberaubend sein, aber mal ehrlich: Wer machte sowas denn bitte freiwillig? Das war potenzieller Selbstmord …

Ein kalter Windstoß fuhr ihr ins Gesicht und holte sie aus ihren Gedanken. Lira schlug das Fenster zu, rammte den Riegel nach unten und lief in die Küche. Hier war es ein wenig wärmer, da die Tür zum Gang meist geschlossen war. Lira fröstelte trotzdem. Sie ging nach vorne, zum einzigen Fenster im Raum, kniete sich auf den davorstehenden Stuhl und stützte ihre Ellenbogen auf dem verstaubten Sims ab. Von hier aus hatte man die beste Aussicht. Zwischen den zwei riesigen dunklen Mammutbäumen vor dem Haus hindurch, die sonst überall die Sicht verdeckten, blickte man auf das kleine Dorf am Waldrand. Lira kannte jede Straße, jede Hausnummer, jeden Baum in den Gärten in- und auswendig, denn sie lebte hier schon ihr ganzes Leben lang. Hier war sie daheim. Allein die Menschen waren ihr oft fremd. Ihre Eltern kannten alle und grüßten jeden, aber Lira konnte nicht so offen auf andere Leute zugehen. Deshalb beobachtete sie lieber den dichten Tannenwald auf dem Hügel dahinter, der auf sie immer sehr geheimnisvoll wirkte, heute sogar nahezu unheimlich, denn die grauen Februarwolken am Himmel sorgten für eine düstere Stimmung. Auch in der Wohnung schien es, als würde es bereits dämmern, dabei war es noch nicht einmal drei Uhr. Lira seufzte. Sie liebte diese Aussicht so sehr, egal wie schlecht das Wetter oder ihre Laune auch waren. Sie war ihr so vertraut … ganz im Gegenteil zum Rest ihres Alltags. Ständig änderte sich etwas, meistens zum Schlechten. Sie hatte schlechtere Noten als früher, weniger Freunde, mehr Streit mit den Eltern, mehr Verantwortung, kurz: mehr Stress. Das alles war so nervig! Sie seufzte wieder. Eigentlich wusste sie, dass es ihr gut ging, so viel besser als anderen. Besser als den meisten ihrer Freunde, den meisten Protagonisten in den Science-Fiction-Romanen, die sie so gerne las, und mit Sicherheit besser als den meisten Menschen auf dieser Erde. Und doch war es nicht genug. Sie ließ ihren Blick über die dichte Wolkenwand am Horizont gleiten. Am schlimmsten waren ihre Zukunftsängste. Ständig wurde sie mit ihnen konfrontiert. Die Leute waren so neugierig, wollten so viel wissen über Liras Wünsche, Träume und Pläne. Dabei wusste sie nicht, was sie werden wollte, da sie nicht einmal wusste, wer sie war oder wer sie jemals gewesen ist. Ihr war klar, dass sie jung war, dass sie noch Zeit hatte, und dass sowieso sicher alles gut werden würde. Doch das reichte nicht.

Sie fühlte sich wie im freien Fall, zwar mit einem Fallschirm auf dem Rücken, aber ohne zu wissen, wie sie ihn öffnen sollte. Und es ging immer weiter hinab.

Sie senkte ihren Blick wieder auf die leeren Straßen unter ihr und fuhr sich frustriert durch die Haare. Was tat sie hier eigentlich? Das war so nutzlos, sie hatte doch so viel zu tun! Sie wollte endlich aufhören mit diesen Tagträumereien, um bessere Noten zu bekommen, mehr Zeit mit ihren Freunden verbringen zu können, weniger Streit mit ihren Eltern zu führen. Doch sie konnte nicht. Der Ausblick von dem Fenster, er hatte etwas an sich, dem sie sich nicht entziehen konnte. Was war das nur? Sie saß jeden Tag hier, manchmal nur ein paar Sekunden, manchmal Stunden, immer, wenn sie nach Hause kam. Manchmal dachte sie nach, so wie heute, doch oft träumte sie nur vor sich hin, träumte sich in eine andere Welt, in der sie glücklich und hübsch und stark und eine Heldin war. Oh Gott, sie war ja so kindisch. Sie musste wirklich damit aufhören. Energisch stand sie auf und atmete einmal tief durch. Sie würde jetzt fleißig sein. Sie würde jetzt anschüren, dann die Spülmaschine ausräumen, dann in ihr Zimmer gehen und aufräumen und Hausaufgaben machen. So wie sich das gehörte.

Sie wollte endlich aufhören zu fallen. Sie wollte schweben und dabei die Aussicht genießen.

Sie seufzte wieder. Wenn es doch so einfach wäre. Irgendetwas hielt sie immer davon ab, fleißig zu sein und ihr Leben auf die Reihe zu kriegen.

Eigentlich wusste sie, dass das ihr eigener Wille war. Sie wollte sich wegträumen, weit weg von allem, was sie hier nervte, von ihren Freunden und ihrer Familie, von den ganzen Unsicherheiten und eigentlich unwichtigen Problemen, die sie doch so sehr belasteten. Sie wollte sich hinträumen an einen Ort, an dem sie sich geborgen fühlen konnte, an dem sie einfach nur sie selbst sein konnte, an dem sie daheim sein konnte. Daheim … war sie denn nicht hier daheim? Lira starrte auf den Wald, die Häuser, die Wolken. Doch, das war sie. Sie drehte sich um und ließ ihren Blick in der Küche umherschweifen. Auch hier war ihr alles so vertraut. Natürlich änderte sich manchmal etwas. Aber insgesamt blieb doch alles so, wie sie es immer gekannt hatte. Sie richtete ihren Blick wieder zurück aus dem Fenster. Das war es also, was die Aussicht für Lira so besonders machte.

Sie war Liras Fallschirm, denn sie gab ihr Sicherheit.

Sie lächelte. Endlich hatte sie es herausgefunden. Sie drehte sich um, ging ins Wohnzimmer und schürte an. Sie wusste, wann immer sie sich ein wenig verloren fühlte, würde sie wieder zum Fenster zurückkommen und den Ausblick genießen können. Dann würde sie sich vielleicht wieder besser fühlen, glücklicher sein. Und das war nicht einmal schwierig, schließlich war sie hier daheim.

Miriam Nolte
Justus-von-Liebig-Gymnasium Neusäß, Klasse Q11

Dein Alltags-Laufsteg

Du kennst mich, doch du kennst mich nicht.
Du denkst über mich, doch nicht an mich.
Du siehst mich, doch du übersiehst mich.
Gemeinsam waren wir in der 9 a.
Du bist geblieben, ich bin gegangen.
Bei dir gab es Stürme, bei mir gab es Tsunamis.
Jetzt wirfst du achtlos eine 20-Cent Münze nach mir.
Nachts feiern deine Söhne und Töchter in meinem Schlafzimmer.
Die Brunnen deiner Stadt sind meine Badewannen.
Mein Wohnzimmer ist dein Alltags-Laufsteg.
Willkommen bei mir daheim!

Hannah-Shelomith Fehling
Justus-von-Liebig-Gymnasium Neusäß, Klasse Q12

Daheim (Elfchen)

Daheim
nicht allein
ein wunderschöner Ort
jeder hat ein eigenes
Familie

Florian Hrachowina
Staatliche Realschule Neusäß, Klasse 7b

Alleine daheim

Alleine
Hinaus unmöglich, wegen Online-Unterricht und dann noch Corona.
Ekelig, sechs Stunden oder mehr am Tag in einem Stuhl sitzen, ohne raus-
zugehen.
Ich konzentriere mich nicht auf den Unterricht, sondern denke an das Le-
ben ohne Corona.
Man will raus,
Freunde treffen,
Fußball spielen.
Einfach kein Corona!

Dorian Vidovic
Staatliche Realschule Neusäß, Klasse 7b

Daheim

Daheim ist alles anders ... so ganz anders als in der Schule und auf der
Straße. So schön anders, aber auch vertraut. Ich fühle mich so sicher, so
wohl, ganz einfach ein unbeschreibliche Gefühl, das ist zu Hause. Daheim
fühle ich mich nicht allein und auch nicht klein. Daheim bin ich einfach
ich, ich werde so hingenommen wie ich bin. Darum fühle ich mich dort
auch so wohl. Dort kann ich machen, was ich will, lachen, wie ich will und
das Leben in mir spüren. Da kann ich schlafen, wo ich will, tanzen und
springen, wann ich will, und nebenzu noch etwas naschen. Daheim, da
wohnen auch Teile meiner Familie. Dort werde ich groß und stark. Wir
wohnen jetzt in einem neuen Zuhause. Auch da fühle ich mich wohl, denn
ich habe alles, was ich brauche um mich herum: Familie, Menschen, die
sich um mich sorgen, und Haustiere, die hier auch Platz haben. In meinem
neuen Heim fühle ich mich pudelwohl, daheim.

Lea Schmidt
Staatliches Gymnasium Königsbrunn, Klasse 5a

Daheim

Was ist daheim genau?
Daheim ist für mich, wo meine Familie ist. Aber das kann ganz unterschiedlich sein. Daheim kann ein Ort sein oder ein Gefühl. Viele Menschen fühlen sich daheim, wo die Familie, Freunde oder ein Haustier ist.
Daheim ist da, wo man sich wohlfühlt und vertraut.

Laurice Mayr
Helen-Keller-Schule Dinkelscherben, Klasse 8G

Zufällig ein Zuhause

Ich hatte immer das Gefühl, dass mir etwas fehlt und ich bin auf der Suche nach einem Ort, der sich für mich wie „zuhause" anfühlt. Zuhause ist nicht, wo du herkommst, sondern wo du bist. Manche von uns suchen das ganze Leben diesen Ort, andere finden es in einer Person. Was es bedeutet, ist für jeden von uns anders. Für mich ist es der Ort, an dem ich mich am wohlsten fühle, wo alle Sorgen und Probleme verschwinden, wo ich mich sicher fühle. Ich habe das Gefühl, zuhause zu sein, zufällig gefunden, als ich den Jungen kennengelernt habe, den ich liebe.

Bianca-Maria Oancea
Mittelschule Gersthofen, Klasse 9c

Daheim

Daheim ist, wo man sich geborgen fühlt
Und der Kopf sich nicht mit Sorgen füllt.
Daheim ist, wo man rummeckert
Und es nicht schlimm ist, wenn man sich nicht mit Ruhm bekleckert.
Daheim habe ich Pause und mein Kopf ist frei.

Franz Ortner
Staatliches Gymnasium Königsbrunn, Klasse 6e

Allein Daheim

Hallo, mein Name ist Nazissi, ich bin 13 Jahre alt und wohne alleine in einer zweistöckigen Villa. Ihr fragt euch jetzt bestimmt, warum. Lasst es mich euch erklären. Alles hatte angefangen, als ich noch mit meinen Eltern alleine gewohnt habe. Wr hatten eine schöne Zeit. Sie hatten immer Zeit für mich, bis meinen Mutter erfuhr, dass sie schwanger war. Ich bekam ein kleine Schwester namens Ella. Anfangs war sie süß, doch es stellte sich schnell heraus, dass sie ein kleiner Teufel war. Als sie drei Jahre alt war, hat sie im Wohnzimmer mit Filzstiften alle Wände bemalt, in dem Moment, in dem ich reinkam, schrie sie laut nach meiner Mutter. Sie sagte, dass alles ich gewesen sei, doch das stimmte nicht. Ich versuchte, es Mama zu erklären, doch sie gab mir trotzdem die Schuld. Mir wurde also das Handy weggenommen und das ging auch die nächsten Jahre weiter. Doch eines Tages hatte Ella es zu weit getrieben. Sie hatte sich mit Absicht mit einer Schere in den Finger geschnitten, rannte mit Tränen zu Mama und sagte, ich wäre es gewesen. Daraufhin gab Mama mir ein Ohrfeige. Ich rannte zu meiner Oma, die nur ein paar Häuser weiter wohnte, denn sie war die einzige, die mir glaubte. Sie gab mir eine Halskette mit einem großen Diamanten und meinte: „Wenn du diese Kette bei dir hast, pass auf, was du dir wünscht!" Zuerst dachte ich, das sei nur ein Scherz, doch es stellte sich bald heraus, dass es keiner war. Leider starb meine Oma ein paar Wochen danach, ich war am Boden zerstört. Jetzt hatte ich keinen mehr, dem ich all mein Leid erzählen konnte. Eines Tages, als wieder ein blöder Streich von Ella kam, rannte ich in mein Zimmer. Ich sagte leise zu mir: „Ich wünsche mir meine Familie wäre weg, für immer!" Danach muss ich wohl eingeschlafen sein. Am nächsten Tag, als ich aufstand, war keiner mehr im Haus. Oma hatte recht, der Diamant konnte zaubern. Anfangs war es cool, weil ich machen konnte, was ich wollte. Doch es wurde einsam im Haus. Ich vermisste die lustigen Witze von Papa oder die leckernen Pfannkuchen von Mama. Jetzt sind schon ganze vier Monate vergangen und bin ich immer noch alleine. Damit möchte ich sagen: Passt auf, was ihr euch wünscht!

Laura Walser
Staatliches Gymnasium Königsbrunn, Klasse 6c

Daheim

Daheim ist ein Ort,
da begeht niemand Mord.
Ich kann meine Gedanken frei lassen
und daraus ein Gedicht verfassen.
Daheim fühl ich mich wohl
und trink kein Alkohol.

Daheim werde ich motiviert
und es gibt keinen der mich kopiert.
Daheim werde ich geliebt,
da wo mir jeder vergibt.
Daheim ist für mich Schutz vor Kälte und Regen,
da kann ich mich frei bewegen.
Daheim ist ein Ort, wo ich schlafen kann,
und meine erste Träne über meine Backe rann.
Daheim bekomm ich jeden Tag warmes Essen,
wie ein König aus Hessen.
Daheim kann ich Spiele spielen
und auf meine Ziele zielen.
Daheim ist es fein
und es wird immer so sein.

Lorenz Ellenrieder, Miran Tuncer
Justus-von-Liebig-Gymnasium Neusäß, Klasse 5D

mi corazón

deine nähe gibt mir wärme
deine stimme gibt mir mut
und deine augen ja
sie lassen mich fliegen
ich verliere mich in ihnen
in ihnen es mi casa

Anna-Sofie Trinker
Mittelschule Gersthofen, Klasse 9c

Daheim ist es toll!

Daheim, das ist meine Familie: Mama, Papa, Pia, Leo und ich, Eva. Ich bin froh, dass wir ein großes Haus haben. Oben wohnen unsere Mieter. Ich freue mich immer sehr, wenn meine Schwester und ich hochdürfen. Denn da bekommen wir immer leckeres Essen und sie nehmen sich viel Zeit für uns, um schöne Sachen mit uns zu machen. Manchmal dürfen wir sogar mit zum Reiten. Das ist das Tollste!
Ich fühle mich aber auch total wohl daheim, wenn ich mit meinen beiden Geschwistern spiele. Da ich die Älteste bin, muss ich leider für die Kleinen öfters mal aufräumen. Dafür habe ich aber immer jemand zum Spielen. Oft gehen wir auch mit Mama und Papa spazieren. Und jetzt im Winter

sogar manchmal zum Schwimmen ins Hallenbad. Im Sommer habe ich Geburtstag. Das ist super!

Auch, wenn man eigentlich mal nicht zuhause sein möchte (wie jetzt gerade mit Corona), kann man viele schöne Sachen machen. Wir haben z. B. ganz viel Osterdekoration gebastelt, waren viel draußen beim Inlineskaten und haben Fasching daheim gefeiert mit Verkleidung, Musik und Krapfen.

Daheim ist es einfach schön!

Eva Wanner
Grundschule Fischach-Langenneufnach, Klasse 2c

Im Sommer — daheim —

Ich wache in der Früh auf.

Es ist hell und die Sonne scheint. Das motiviert mich. Ich springe aus dem Bett und freue mich auf den wunderbaren, warmen Sommertag. Daraufhin ziehe ich mich an und bringe meinen Kaninchen Klara und Flocki Futter. Als nächstes wecke ich meine Eltern auf und erinnere sie, dass wir den Pool heute aufbauen wollen.

Nach dem Frühstück holen wir die Einzelteile, die zum Pool gehören, aus dem Keller und tragen diese in den Garten. Da es nicht das erste Mal ist, dass wir das machen, dauert es gar nicht so lange bis der Pool aufgebaut ist. Danach hängen wir gleich den Wasserschlauch in den Pool und lassen ihn einlaufen. „Jay!", ich freue mich, dass der Pool endlich eingelaufen ist. Dann gehe ich ganz kurz rein, das Wasser ist aber noch viel zu kalt. Ich kann es gar nicht mehr erwarten, bis ich endlich darin planschen kann! Nun kann der Sommer erst richtig beginnen!

Ich liebe den Sommer daheim!

Isabell Schweigert
Grundschule Diedorf, Klasse 4 b

Wie mein Zuhause zu meinem Gefängnis wurde

Hasserfüllt sah er mich an. Diese Kälte in seinen Augen machte mir Angst. Langsam ließ ich mich gegen die Wand fallen, neben mir die Scherben der zertrümmerten Teller, mit denen er um sich warf. Ich lag in einem Haufen von Scherben, nichts war mehr wie früher. Als ich ihn kennenlernte, war er einer der herzlichsten Menschen, die ich je gekannt hatte. Sein Lächeln, wie er mit Kindern oder Tieren umgegangen ist, wie er am Anfang zu mir war. Niemals hätte ich gedacht, dass wir hier landen würden. Da wir relativ nah am Meer wohnten, hatten wir unser erstes Date am Meer. Er hatte alles vorbereitet, eine Decke mit Essen, eine Flasche Champagner und dazu sah er noch verdammt gut aus. Man sah ihm an, dass er aufgeregt war. Er wollte alles richtig machen und einen guten Eindruck hinterlassen. Ich nahm ihm das nicht übel, sondern fand es eigentlich süß, dass er sich so viele Sorgen machte. Wir waren fasziniert voneinander. Es fühlte sich so an, als würden wir uns schon immer kennen, so vertraut. Er kannte mich und ich kannte ihn. Keine Geheimnisse, vollstes Vertrauen. Er wurde mein Zuhause und wir zogen tatsächlich nach einer Weile zusammen. Es war wie ein Traum, wie die perfekte Liebesgeschichte, doch im echten Leben ist es nie wie in einer Geschichte oder einem Film. Eines Abends kam er sehr spät nach Hause. Irgendetwas stimmte nicht. Er war angetrunken und verhielt sich komisch. Ich wusste, mit ihm stimmte etwas nicht und er hatte wahrscheinlich einfach nur einen schlechten Tag. „Was ist los? Du kannst mit mir reden, das weißt du", wollte ich ihm helfen. Doch er wurde wütend. „Reden, immer willst du reden. Du tust so, als könntest du die Welt retten, aber das kannst du nicht. Du lebst in dieser Traumwelt, die gar nicht existiert. Wach auf!" Er warf die Vase mit den Blumen, die ich an diesem Tag gekauft hatte, gegen die Wand. Ich erschrak, er schrie so laut und ich erkannte ihn nicht wieder. Wo war dieser nette Mann, in den ich mich verliebt hatte? Ich hatte Angst vor ihm in dieser Nacht. Am nächsten Morgen jedoch, war er wieder lieb und entschuldigte sich für letzte Nacht. Er war wieder so, wie ich ihn kannte. Also glaubte ich fest, dass diese Nacht nur ein Versehen war und so etwas nie wieder passieren würde. Doch ich lag falsch. Woche für Woche wiederholte es sich und es wurde schlimmer. Er fing an, mich zu schlagen und mir zu verbieten, die Wohnung zu verlassen. Ich verlor meine Freunde und den kompletten Kontakt zur Welt. Mein Zuhause, das mir eigentlich Schutz und Liebe geben sollte, wurde mein Gefängnis voller Hass, Wut und Angst. Eigentlich dachte ich, ich sei stark und würde mir so etwas nie gefallen lassen. Aber wenn man einmal fällt, ist es schwer, sich selber wieder hochzuziehen. Außerdem machte mich diese Liebe blind. Ich hoffte so sehr, er würde eines Tages wieder so sein wie am Anfang. Doch natürlich war er nie wieder so. Ich hörte die Schlüssel die Tür aufsperren und zuckte direkt zusammen. Er hatte mal wieder einen schlechten Tag und ich bekam dies auch zu spüren. Seine Wut ließ er an mir aus, doch diesmal so heftig, dass er mich gegen den Tisch warf und ich mit meinem Kopf gegen die Tischecke fiel. Ich fasste an meinen Kopf, er tat so weh, dass ich dachte, er würde gleich explodieren. Meine Hand war voller Blut und dann verschwamm alles und ich konnte mich an nichts mehr erinnern, bis ich im Krankenhaus aufwachte. Er musste mich wohl ins Krankenhaus gebracht haben. War er vielleicht doch gut? Meine Zimmergenossin war eine ältere, sehr nette Dame, mit der ich mich gut verstand. Das war gut, da ich zur Beobachtung länger bleiben musste. Die ältere Dame, die sich als Sina vorstellte, gab mir direkt so ein wohliges Gefühl. Ich vertraute ihr von Anfang an. Sie fragte mich, warum ich hier sei. Ich hatte so ein Gefühl, dass ich ihr alles erzählen könnte. Aber ich hatte Angst, dass sie mich vielleicht verurteilen würde. Also sagte ich ihr, es sie nur ein dummer Unfall gewesen. „Ein dummer Unfall oder ein dummer Mann, der dich verletzte?", fragte sie. Ich erschrak. Woher wusste sie das? „Wie kommen Sie denn darauf?", fragte ich sie. „Es ist nicht einfach. Ich machte dasselbe durch wie du. Und nein, er wird nicht wieder so wie am Anfang." Sina erzählte mir, dass sie mich gesehen hatte, wie ich weinend einen Blumenstrauß mit roten Rosen anstarrte, den ich dann in den Müll warf, denn ich hasste die Farbe Rot, was er eigentlich wusste. Ich fing an zu weinen, und Sina nahm mich in den Arm. „Aber ich liebe ihn und was, wenn er sich wirklich irgendwann ändern würde", weinte ich. „Ich verstehe dich, aber wann sollte dieses Irgendwann sein? Es wird nie sein. Liebe ist etwas Schönes, der Zusammenhalt zweier Menschen in guten und schlechten Zeiten, aber nicht, wenn sie sich bekämpfen. Was soll er dir noch alles antun, damit du merkst, dass er nicht gut für dich ist und dich zerstört. Du kannst gehen und alles beenden. Ich bin mir sicher, du kannst das. Du bist stark, also flieh, bevor es zu spät ist." Sina hatte Recht. Ich musste weg. Sie bot mir Geld an, damit ich in einer anderen Stadt neu anfangen konnte. Zuerst wollte ich es nicht annehmen, doch sie bestand darauf. Mit den Worten, ich solle ein besseres Leben haben, als sie es hatte. Also nahm ich das Geld und zog in eine andere Stadt. Natürlich zeigte ich ihn an, denn mir war bewusst geworden, dass er so etwas nicht tun hätte dürfen. Da ich aber keine genauen Beweise hatte, bekam er keine Strafe, sondern nur ein Näherungsverbot. Lange Zeit fühlte ich mich nicht sicher, doch ich war weg und er würde mich nie finden. Mit Sina blieb ich in Kontakt und sie brachte mich auf eine Idee. Sina war mein Schutzengel. Ohne sie hätte ich es nie geschafft zu gehen. Doch was war mit den Menschen, die niemanden haben. Ich wollte diesen Menschen helfen, also organisierte ich Selbsthilfegruppen und eine online- Website, bei der man jederzeit Hilfe finden konnte. Außerdem veröffentlichte ich mein erstes Buch über häusliche Gewalt. Ich liebte es, endlich zu leben und frei zu sein. Frei von ihm. Frei von meinem Gefängnis. Es gibt immer einen Weg. Egal wie dunkel es scheint, am anderen Ende des Tunnels ist Licht.

Anna Christina Nemeth
Staatliches Gymnasium Königsbrunn, Klasse 8d

Zuhause mal anders

Briiiiing, Briiiiing. Laura Weidenheim schreckte auf. Der Wecker klingelte unbarmherzig weiter. Ja, ja, brummte das elfjährige Mädchen und drückte den Ausknopf. Sie sank wieder in ihr Kopfkissen zurück und fiel sofort in einen tiefen Schlaf. Eine Sache hatte sie vergessen, und zwar, warum der Wecker geklingelt hatte.

I Love Summer, I Love Summer, the Summer. Ich liebe den Sommer tönte das Handy eine Stunde später durch den Raum. Laura sah auf das Display, auf dem stand: Frau Birkenheim (Theaterlehrerin). Sie nahm den Anruf entgegen und auf der anderen Seite der Leitung sprach eine raue Stimme zu ihr. Laura bist du es? Wo bist du? Wir suchen dich überall! Oh, dem Mädchen fiel siedend heiß ein, dass heute die Probe für das Theaterstück der Theater-AG stattfand. Sie alle wollten für ihr Stück Summer in Starday üben. Sie selbst spielte Prinzessin Klara, die mit den beiden Kindern Leon und Marianne – die gespielt wurden von Max und Leonie – Abenteuer erlebte. Die Probe hatte vor einer halben Stunde angefangen! Ich komme sofort, ich habe verschlafen, rief sie ins Telefon und legte auf, um sich fertig zu machen.

Dreißig Minuten später saß sie auf dem Fahrrad und radelte in Richtung Schule. Sie fuhr auf den Schulhof, bremste, saß ab und lehnte das Rad an den Ständer. Laura rannte hinüber zur Turnhalle und öffnete die Tür. Sofort befand sie sich in der Eingangshalle, wo eine Tür zur Bühne führte. Sie riss sie auf. Die anderen hatten schon längst angefangen und bemerkten sie nicht. Nur eine junge Frau, die sie nicht kannte, kam auf sie zu. Hola, bist du Laura Weidenheim? Ich bin Frau Steinbock. Du bist verspätet? Ähm, ja, stammelte Laura und sah die Frau an. Wer sind sie? Ich bin eine Studentin, antwortete Frau Steinbock. Meine Heimat ist Spanien, aber ich studiere Theater und bin deshalb nach Germany gekommen. Du kannst mich übrigens duzen, ich heiße Linda. Da bist du ja. Frau Birkenheim stand plötzlich neben der Spanierin und sah Laura an. Komm jetzt, die Proben laufen schon auf Hochtouren. Sie zerrte sie zu Max und Leonie, die gerade neben der Burg von König Berthold (David) standen. Auf der anderen Seite wartete schon Lena, die allen Schauspielern half, zur richtigen Zeit am richtigen Ort zu sein. Sie winkte Laura aufgeregt zu und verschwand hinter der Burg. Laura folgte ihr. Große Kisten standen zum Draufklettern bereit. Lena half ihr hinaufzukommen. Sie wartete, bis sie hörte, wie Max und Leonie als Leon und Marianne nach ihr riefen. Dann streckte sie ihren Körper und blickte zu den Kollegen hinunter. Was führt euch zu mir?

Nach zwei Stunden war endlich alles durchgeprobt und Laura zog sich mit den anderen Mädchen in der Umkleidekabine um. Das war schnell erledigt und wenig später schlenderte sie durch die Eingangshalle zum Ausgang, als Frau Steinbock um die Ecke bog. Hello. Hola, Laura. Hola, Linda, antwortete sie überrascht. Musst du nicht mithelfen? No, no Fräulein Birkenheim hat mir für heute frei gegeben. Ich will nämlich zu diesem neuen Café. Warte kurz. Linda kramte in ihrer Tasche und zog einen Plan hervor. Hier ist es, „Café Freudenstein". Ich freue mich schon darauf. Laura horchte auf. Das kleine bunte Café am Ende der Santiano Straße war ihr absoluter Lieblingsort. Die Leiterin, Frau Freud, war die frühere beste Freundin von ihrer Tante und sehr nett. Ihre Tochter Maria war ein freches Mädchen, das in der Schule sehr schüchtern war. Nur bei ihrer Familie blühte sie auf. Laura, alles in Ordnung, riss Frau Steinbock sie aus ihren Gedanken. Ja, also, stotterte Laura, das Café ist sehr schön. Ich muss jetzt los, tschüss. Adios, antwortete Linda verwundert und sah zu, wie das Mädchen aus der Halle rannte.

Laura war denn restlichen Tag sehr eingespannt. Erst am Nachmittag erinnerte sie sich an das Café Freudenstein und beschloss, dorthin zu gehen. Den Weg kannte sie auswendig. Die Blümelstraße hinunter, dann rechts und an der nächsten Wegbiegung links. Schon war sie in der richtigen Straße. Als sie das kleine Café betrat, stieg ihr ein wunderbarer Brötchenduft in die Nase. Hinter der Theke winkte ihr Amelia zu. Laura seufzte glücklich, hier fühlte sie sich wie daheim. Der Raum war hellrot gestrichen und die rosa Sofas standen einladend da. Sie entdeckte einen freien Tisch nahe an der Bar. Sie wollte sich gerade setzen, als sie eine bekannte Stimme hörte. Laura, Laura, hallo Sie drehte sich um. Die Stimme gehörte zu Maria, die geradewegs auf sie zu rannte. Schon war sie bei ihr und umarmte sie zur Begrüßung stürmisch. Laura ließ es lachend über sich ergehen. Endlich hörte Maria auf. Ich habe dich so vermisst, seufzte sie jetzt glücklich. Laura antwortete: Ich dich auch. Hola, ich möchte bezahlen, erklang plötzlich eine freundliche Stimme hinter ihnen. Laura drehte sich um. Diese Stimme kannte sie doch! Wie sie vermutet hatte, stand da vor ihr Linda Steinbock, die nette spanische Studentin! Sie wollte gerade antworten, doch Maria war schneller. Die Bedienung kommt gleich, ich gebe Amelia, äh Frau Karsten schnell Bescheid. Und weg war sie. Linda wandte sich nun Laura zu. Hola, so schnell sieht man sich wieder. Wie geht es dir? Hola, Frau Steinbock, mir geht es gut, danke, und dir? Mir geht es gut, danke. Das freut mich zu hören, erwiderte Laura höflich. Frau Karsten kommt gleich, rief da Maria und kam wieder zu ihnen hinüber. Anschließend schaute sie fragend zwischen ihnen beiden hin und her. Habt ihr

euch unterhalten? Ja, antwortete Linda. Wir kennen uns zufällig vom Theater. Ich bin Frau Steinbock und Studentin am Theaterhauptinstitut in
Windsheim. Meine Heimat ist Spanien. Ich bin zum Studieren hier nach
Deutschland gekommen. Aha, murmelte Maria und blickte dann Laura
neugierig an. Wie heißt denn euer Stück? Sind noch Rollen frei? Es heißt
Summer in Starday und eine Mädchenrolle ist noch frei, entgegnete Laura.
Und welche Rolle bohrte Maria weiter. Die der königlichen Cousine von
mir. Sie ist ein bisschen schüchtern und heißt Fiorella von Mainburg. Erst
später erfahren wir, dass sie magische Kräfte hat und gegen das Böse
kämpft. Fiorella genannt Fiore ist sehr tierlieb und hat ein eigenes Pferd.
Das ist genau das Richtige für mich strahlte ihre Freundin. Wo kann man
sich bewerben? Nun, ich denke du kannst mal mit mir mitkommen und
dich der Chefin vorstellen, antwortete Laura zögernd. Euch noch viel
Spaß, ich muss leider los. Adios, mischte sich da Linda ein. Adios, riefen
beide Mädchen zurück und winkten zum Abschied, bis Frau Steinbock
verschwunden war.
Laura schloss die Haustür auf. Sie hatte noch stundenlang mit Maria ge-
quatscht, bis sie losmusste. Davor hatte sie noch versprochen sie morgen
mit zur Probe zu nehmen. Jetzt wollte sie nur noch ins gemütliche Bett
und schlafen, bis ihr Wecker sie aus ihren Träumen holen würde. Doch
drinnen erwarteten sie schon ihre Eltern mit ernsten Gesichtsausdrücken.
Laura, wir müssen dir etwas erzählen, begann ihre Mutter. Laura setzte
sich verwundert zu ihnen an den kleinen Esstisch. Ich und dein Vater haben einen neuen Auftrag bekommen, den wir nicht ablehnen können,
fuhr ihre Mutter weiter. Deshalb müssen wir (sie holte Luft) nach England
reisen. Diese Nachricht schlug in Laura ein wie eine Bombe. Für wie lange,
brachte sie mühsam hervor. Für fünf Monate, vielleicht sogar sechs mein
Schatz, antwortete ihr Vater leise. Was, das ist ja ein halbes Jahr lang,
schrie Laura. Muss ich dann ihn England in die Schule gehen? Nein, entgegnete ihre Mutter nun schon lauter. Wir haben nämlich nur Tickets für
zwei Personen. Deshalb wirst du so lange bei Frau Freud übernachten. Wir
starten am Freitag, damit du dich übers Wochenende einleben kannst.
Laura sprang auf. Vor einer halben Stunde war sie noch so glücklich gewesen, aber das konnte sie nicht mehr sein. Fünf oder sechs Monate ohne
Mama und Papa in einem anderen Haus. Hier in der Blümelstraße Nr. 7
war sie doch daheim! Nicht in der Santiano Str. 12. Dort war das Zuhause
von Maria, nicht von ihr. Laura stürmte in ihr Zimmer und knallte die Tür
krachend hinter sich zu. Daheim würde für die nächsten Monate Café
Freudenstein heißen.

Laura wurde wie jeden Tag von ihrem Wecker aus dem Schlaf gerissen. Bring, bring erinnerte er an die Theaterprobe. Laura seufzte, aber wenn sie diesmal pünktlich kommen wollte, musste sie jetzt aus ihrem kuschelweichen Bett steigen. Schnell frühstückte sie, wusch sich und schlüpfte in ihre Klamotten. Schon öffnete sie die Haustür und lief zu ihrem Fahrrad.

Eine Viertelstunde später stand sie vor dem Café und wartete ungeduldig auf Maria. Hello Laura, rief die ihr schon von weitem zu. Sorry, dass du warten musstest. Wir können aber sofort los. Maria schwang sich auf den Sattel und gab Gas. Laura folgte ihr etwas langsamer. Maria fragte: Haben es dir deine Eltern schon gesagt? Laura fuhr näher heran. Was? Ach, die Reise meinst du? Ja, sie haben es mir gestern Abend erzählt. Maria antwortet nichts und trat kräftiger in die Pedale. Laura hatte Mühe ihr zu folgen.

Am Theater angekommen lehnten die Mädchen ihre Fahrräder an einen Baum. Frau Birkenheim stand an der Eingangstüre und schaute erstaunt, als sie Maria bemerkte. Guten Morgen, begrüßte sie beide und sah Laura an. Wer ist dieses Mädchen? Laura antwortete, das ist meine Freundin Maria Freud. Sie interessiert sich für die Rolle von Prinzessin Fiorella. Aha, murmelte Frau Birkenheim und sah Maria an. Komm doch erstmal mit rein, sagte sie schließlich. Laura nickte und zog ihre Freundin Richtung Eingang. Drinnen zeigte sie ihr alles, die Garderobe, die Bühne, den Vorbereitungssaal und die Essensausgabe. Maria staunte, wie viele Räume es hier gab und dass die Bühne so groß war. Schließlich warteten sie, bis die anderen da waren. Als Erstes kamen Max und die pünktliche Florentina. Als nächstes Karolin, Wera, Lana, Patricia, Felix und Valentin. Anschließend kamen Annita, Ida, Moritz und Simon und zum Schluss Leonie, Sarah, Frau Steinbock und Frau Birkenheim. Die Lehrerin stellte sich vor die Reihe, die sich gebildet hatte. Guten Tag alle miteinander. Wir haben heute Maria Freud bei uns. Sie wird heute mitspielen und vielleicht die Rolle von Fiorella einnehmen. Streng dich an! Lasst uns nun die Probe beginnen. Alle auf ihre Plätze!

Nach den Proben lud Maria Laura zu sich nach Hause ein. Sie sagte: Dann kannst du dir schon einmal dein Zimmer anschauen. Laura musste sofort wieder an Freitag denken, der nicht mehr weit weg war. In drei Tagen flogen ihre Eltern bereits los! Sie brummte ein Tschüss und machte sich auf den Heimweg. Maria schaute ihr hinterher, bis sie nicht mehr zu sehen war.

Drei Stunden später stand Laura vor der Haustür der Freuds. Sie klingelte und es dauerte nicht lange, bis Maria in der Tür erschien. Hallo Laura. Komm doch rein, quasselte sie drauflos. Im Haus war es still. Meine Eltern

sind gerade arbeiten, erklärte Maria. Deshalb sind wir allein (Ihr Vater war Architekt der Firma Sonnenstrahl). Ich zeige dir dein Zimmer, wenn du willst. Gerne, murmelte Laura. Sie stiegen die Holzwendeltreppe hinauf in den 1. Stock. Oben angekommen zeigte Maria auf die hinterste Tür. Dein Reich für die nächsten sechs Monate. Die Mädchen betraten es schweigend. Drinnen holte Laura scharf Luft. Das sollte ein Gastzimmer für ein normales Mädchen sein? Das konnte nicht wahr sein. Es war ein Zimmer wie für sie gemacht. In der Ecke stand ein Schlafsofa mit kuschligen Kissen. Davor ein riesiger Kleiderschrank mit großen Flügeltüren. Hinter dem alten hölzernen Schreibtisch war ein Fenster mit Blick auf Felder und Wiesen. Es ist wunderschön, flüsterte sie andächtig. Wo habt ihr diese Einrichtung her? Das Sofa war Mamas altes Kinderbett. Der Schreibtisch ist mein alter aus der Grundschulzeit und der Kleiderschrank hat auch mir gehört. Maria zuckte mit den Schultern. Inzwischen habe ich viel modernere, weiße Sachen. Deshalb hat meine Mutter die Sachen ins Gästezimmer gestellt, damit du ein schönes Zimmer hast. Freut mich, wenn es dir gefällt. Machst du Witze? Es ist großartig, sagte Laura nun etwas lauter. Langsam freute sie sich auf die Zeit hier. So schlimm war es doch nicht, alleine ohne Eltern für fünf oder sechs Monate woanders zu wohnen. Durch das Fenster sah sie Bäume im Wind schaukeln. Es sah aus, als ob die Pflanzen ihr Mut machen wollten. Irgendwie spürte sie hier auch das Gefühl, hier bin ich daheim. Laura lachte und nahm Marias Hände. Kichernd drehten sie sich so lange im Kreis, bis ihnen schwindelig wurde.
Ende
Daheim ist kein Ort, sondern ein Gefühl der Hoffnung, Freude und Dazugehörigkeit

Antonia Türk
Grundschule Leitershofen, Klasse 4c

Daheim

Daheim riecht wie Liebe.
Daheim schmeckt wie Lasagne.
Daheim klingt wie Klaviermusik.
Daheim fühlt sich an wie eine Umarmung.
Daheim ist für mich Liebe.

Josefine Hurka
Grundschule Gessertshausen, Klasse 2b

Das schönste Gefühl der Welt

Es war einmal ein Dorf, in dem trugen alle Bewohner nur grau und schwarz. Wenn man dort jemanden grüßte, grüßte er nicht zurück, da sich jeder nur mit seinem eigenen Leben beschäftigte. Es hieß, dass in diesem Dorf alle Bürger vom Staat unterdrückt wurden. Sie bekamen kein Geld für ihre Arbeit und mussten das Wenige, was sie hatten, als Steuern an den Staat abgeben. So waren die Bewohner sehr unglücklich, stritten miteinander um ihren Besitz und beraubten sich gegenseitig.

Der Staat bestimmte über das Leben vieler Menschen im Dorf, außer über ein Mädchen namens Svenja. Sie versuchte sich dem entgegenzustellen und etwas Farbe in ihr kleines Dorf zu bringen. Doch es gelang ihr nicht, da es keine Farben in ihrem Dorf gab. Die bunten Blumen waren alle längst verwelkt und das Gras sah auch ziemlich trostlos aus.

Eines Tages hopste Svenja gut gelaunt zum Fluss, um die Kleider ihrer Familie zu waschen. Als sie gerade ein nasses Kleid wieder zurück in den Korb warf, fiel ihr Blick auf die andere Seite des Ufers. Dort wuchsen viele schöne bunte Blumen und das Gras sah saftig und gesund aus. Svenja war begeistert von den Farben und wollte unbedingt dort hinüber. Doch als sie das alte Paddelboot ihres Vaters herbeigeschleppte, kam ein Mann im schwarzen Anzug direkt auf sie zu. Er schaute sehr ernst und brummte dann mit tiefer Stimme: „Du darfst dort nicht hinüber, das ist verboten!" Svenja fragte den Mann, weshalb es denn verboten sei, doch da war er auch schon um die nächste Ecke verschwunden. Wütend marschierte sie mit dem schweren Paddelboot unter dem Arm wieder zurück nach Hause. Dort bekam sie dann auch noch Ärger von ihren Eltern, weil sie zu spät kam. Ihre Eltern schickten sie auf ihr Zimmer. Dort angekommen legte sie sich auf ihr Bett und konnte gar nicht mehr aufhören zu weinen. „Ich fühle mich hier nicht mehr wohl, ich habe Angst vor diesen schwarzen Männern, ich fühle mich schutzlos, alle sind so mit sich selbst beschäftigt. Keiner denkt an die Gemeinschaft. Fühlt sich so ein richtiges Zuhause an?", fragte sie sich und fasste den Entschluss, sich noch heute Nacht auf die andere Seite des Ufers zu wagen.

Ihre Eltern schliefen schon tief und fest, da schlich Svenja sich an deren Schlafzimmer vorbei, um wenige Minuten später am Ufer des Flusses zu stehen. In der Nacht wirkte es viel geheimnisvoller auf der anderen Seite des Ufers. Svenja zog es schon fast magisch an die andere Seite, und nachdem sie keuchend am anderen Ufer angekommen war, atmete sie einmal tief ein und legte sich ins kühle Gras. Es war, als wäre sie in eine ihrer Traumwelten hineingegangen. Sie war so in ihre Gedanken versunken, dass sie nicht merkte, wie jemand näherkam und sich neben sie setzte. „Die Welt ist ungerecht." Svenja zuckte kurz zusammen und sah ein Mädchen neben sich. „Überall gibt es Hass und Neid, Angst und Einsamkeit", fuhr das Mädchen fort. „Alle denken nur an sich! Nirgendwo kann man sich zu Hause fühlen. Nur hier, auf dieser Seite des Ufers, hier gibt es keine Angst", sagte sie leise. Svenja glaubte, sie schon einmal gesehen zu haben. „Kenn ich dich irgendwo her?", fragte sie vorsichtig. „Ja, das kann sein. Ich bin damals von zu Hause weggelaufen, da ich mich unterdrückt gefühlt habe, von der Schule und von meinen Eltern. Ich musste einfach weg und das Glück suchen. Es ging nicht anders", erzählte das Mädchen traurig. Svenja schwieg, sie wusste nicht, was sie sagen sollte, denn sie konnte das Mädchen so gut verstehen, doch es war so traurig. Plötzlich stand das Mädchen auf und Svenja erhob sich ebenfalls. Sie gingen einige Schritte am Fluss entlang und kamen dann in ein Lager, in dem unzählige Kinder ruhig schliefen. „So ähnlich wie mir ging es vielen hier. Manche wurden vernachlässigt und sogar geschlagen. Sie fühlten sich irgendwann nicht mehr geliebt und fremd in ihrem eigenen Zuhause und haben dann, so wie ich auch, das Weite gesucht", flüsterte sie. Svenja konnte es immer noch nicht glauben und im gleichen Moment merkte sie, wie viele in ihrem Dorf sich ebenso wie diese Kinder fühlen mussten. Allein gelassen, vernachlässigt und fremd in ihrem eigenen Zuhause. Als sie sich bei Sonnenaufgang wieder von dem Mädchen verabschiedete, wurde ihr bewusst, dass sie selbst nicht wusste, wie sich ein richtiges Zuhause anfühlte. Noch am selben Morgen beschloss sie, der Unterdrückung, dem Leid und der Angst den Kampf anzusagen. Sie redete freundlich mit den Menschen im Dorf und erzählte ihnen von den bunten Blumen am anderen Ufer und wie schön und glücklich das Leben sein konnte, wenn man miteinander redete und in einer Gemeinschaft zusammenlebte. Die Menschen hörten ihr zu und wurden mit der Zeit alle viel netter. Sogar die Blumen, die Wiese, die Kleidung und einfach das ganze Dorf wurden langsam bunter und bunter. Als Svenja erwachsen wurde, ging sie in die Politik und setzte sich für die Armen ein. Dabei dachte sie stets an das treue Gesicht des Mädchens. Sie wusste nicht, wie sie hieß, sie wusste nicht, wer sie war, aber genau dieses Mädchen hatte ihr gezeigt, wie wichtig es ist, ein wahres Zuhause zu haben. Denn das schönste Gefühl der Welt ist immer noch, nicht alleine dazustehen und einen Ort zu haben, an dem man sich wohlfühlen kann.

Lara Wolf
Staatliche Realschule Neusäß, Klasse 6a

Daheim

Wir reimen jetzt ein' Reim,
der handelt von „Daheim".
Wir fühlen uns geborgen,
nicht nur jeden Morgen.
Auch den restlichen Tag und die Nacht,
wenn uns der Mond anlacht.
Dort sind wir geschützt vor Gefahren,
die uns könnten Böses anhaben.
Da wir gerne in den Urlaub fahren,
muss uns keiner nach Heimweh fragen.
Sind die geliebten Menschen dort,
fühlen wir uns wie am schönsten Ort.
Auch dort sind wir geborgen
und haben keine Sorgen.
Wie wir nun alle wissen:
daheim brauchen wir keinen vermissen.
Deshalb ist's daheim am besten,
das muss niemand mehr testen!

Lina Scholler, Jolanda Meier
Leonhard-Wagner-Gymnasium Schwabmünchen, Klasse 7d

Hier sind wir doch alle ZUHAUSE – DAHEIM.

„Hier sind wir doch alle ZUHAUSE – DAHEIM. Wir sind angekommen. Wir haben hier eine Rast gefunden und hier fühlen wir uns glücklich"
Ich weiß es nicht mehr, wer die Wörter gesagt hat. War das Janina, war das Boubacar oder unser Erzieher Herr Schmidt, der uns übermüdet in schwierigen Zeiten, die wir schon hinter uns haben, unterstützt hat?
Ich heiße Moritz. Als ich 11 Jahre alt war, musste ich meinen geliebten Heimatort Büsum in Norddeutschland verlassen. Dort war ich glücklich, dort war ich daheim. Seit ich mich erinnern kann, war meine geliebte Oma Irmgard immer für mich da. Nach der Schule rannte ich zu ihr, um dort Hausaufgaben zu erledigen. Nach der Erledigung der Hausaufgaben verbrachte ich den ganzen Nachmittag im Garten. Dort gab es ein Baumhaus, das mir noch mein Opa, bevor er gestorben ist, gebaut hatte. Nachbarjunge Fritz kam immer wieder zu mir, und Oma hatte uns beide gern. Mit meiner Oma erforschten wir das Wattenmeer. Wir beobachteten Flut und Ebbe. Wir suchten verschiedene Muschelarten, beobachteten über den

Horizont ziehende Vogelschwärme. Lernen mit allen Sinnen, „Learning by doing" – war Omas Devise. Sie war für mich ein Vorbild, die wichtigste Bezugsperson, auf die ich mich immer verlassen konnte, ohne im Stich gelassen zu werden. Eines Tages kündigten die Eltern an, dass wir „demnächst" nach Bayern ziehen würden. In diesem Moment ist meine Welt zusammengebrochen „Ich bleibe lieber bei der Oma", bettelte ich. Als ich von der Oma Abschied nahm, habe ich ihr versprochen, ihr regelmäßig per WhatsApp zu schreiben und Fotos von Sachen, die ich erforscht bzw. angeschaut habe, zu schicken. „Und in den Ferien komme ich zu Dir", habe ich zum Abschied gesagt und bin schnell weinend ins Auto gesaust. Die Trennung konnte ich kaum verkraften.

Erst Monate später erfuhr ich, dass am gleichen Tag, am anderen Ende der Welt ein Junge namens Boubacar ebenso Abschied von seiner geliebten Oma nahm. „Sai gobe", hat er auf Nigerianisch in der Hausa-Sprache gesagt, was „Bis morgen, Oma" bedeutet. Im Schatten der Nacht, weinend und mit gebrochenem Herzen zog der Junge mit seiner Mama auf die teuerste und gefährlichste Reise seines Lebens. Eine Reise mit einem Flüchtlingsbot nach Europa, um auf den „Kontinent der Träume" zu gelangen.

Als wir nach Bayern kamen, war das Wetter schön. Die Eltern hatten hier ein Haus gemietet. Ich hatte keine Lust, die Umgebung oder den alten Garten zu erkunden. Ich war niedergeschlagen. Den ganzen Tag lag ich im Bett. Am Abend sagte meine Mutter, dass ich am Montag allein in die Schule gehen müsste. „Du fährst mit dem Bus Linie 53 bis zur Schule. Dann gehst du ins Klassenzimmer 201 und sagst der Lehrerin Müller, du seist der neue Schüler. Die Klassenleiterin freut sich auf dich. Ich habe mit ihr telefoniert. Alles ist geregelt." „Könntest Du mich nicht in die neue Schule hinfahren?", flehte ich sie an. „Das schaffts du doch auch allein. Du bist groß genug. Nach der Schule gehst du in die OGS und bleibst dort bis 16.00 Uhr." „Ich dachte, ich darf nach Hause kommen." „Kommt nicht in Frage", hat meine Mutter bestimmt gesagt. „Die Oma hätte mich nicht allein gelassen", dachte ich und bin eingeschlafen.

Aller Anfang ist schwer, besonders wenn man allein in eine neue Schule gehen muss. Schnell stellte ich fest, dass die Kinder hier eine „andere" Sprache sprechen, die ein wenig anders war, als die, die wir im Norden gesprochen haben. Bayerisch – die Sprache der Einheimischen. Einem anderen neuen Schüler erging es genauso wie mir. Boubacar war auch neu in der Klasse. Bayerisch war eine richtige Herausforderung für uns beide. Nach dem Unterricht brachte uns eine Klassenkameradin, Janina, in die OGS hin. Ein netter Betreuer hat uns dort herzlich empfangen. „Hallo, ich heiße Herr Schmidt und bin euer Betreuer." „Janina, erkläre bitte den

Jungs die OGS-Abläufe. Zeig ihnen bitte die Räumlichkeiten: die Leseecke, die Spielecke. Wir gehen gleich zum Essen und müssen unsere Pause genießen. Nach der Hausaufgabenzeit gehen wir in die Sporthalle!", hat der Betreuer lautstark gesagt. Die Kinder waren überglücklich und brüllten von Freunde.

Allmählich habe ich mich an die neue Umgebung angewöhnt. Auch am Wochenende traf ich mich regelmäßig mit Boubacar. Eines Tages lud uns Janina zu ihrem Geburtstag ein. Ich wusste nicht, dass Janinas Eltern einen Bio-Bauernhof hatten, wo viele verschiedene Tiere lebten. Janinas Hängebauchschwein hieß Rudiger. Es lief wie ein treuer Hund hinter ihr her. Wir staunten, als wir sahen, wie Rudiger einen Ball rollen konnte und mit Janina gespielt hat. Janinas Stiefbruder Felix hatte Fische und einen Mini-Frosch, der Rudi hieß, im Aquarium wohnte und gerne dort an der Schwimmpflanze saß. Felix konnte stundenlang von Wasserwelten erzählen. Er war älter als wir und zu seinen Lieblingsbüchern gehörte Buch von Jules Verne: „Vingt mille lieues sous les mers", zu deutsch „20.000 Tausend Meilen unter dem Meer". Er las das Buch auf Französisch und wir bewunderten das.

Die Tage vergingen. Meine Oma bekam regelmäßig Nachrichten und Fotos von mir. Sie freute sich, dass ich neue Freundschaften geschlossen hatte und mich in Bayern wie zu Hause fühlte. Wir wollten sie zu uns einladen, aber der Lockdown ist uns in die Quere gekommen.

Er hat uns alle überrollt.

Meine Eltern mussten trotz Lockdown weiterarbeiten und ich war auf mich allein gestellt. Die Regeln waren klar: Abstand halten, Masken tragen, Ansammlungen von Menschen vermeiden, und so weiter, und so fort. Meine einzige Bereicherung in dieser Zeit war der Onlineunterricht und zweimal die Woche ein OGS-Online-Kindertreff. Das war ein freiwilliges Angebot für Kinder, die sich in der Coronazeit am Nachmittag gelangweilt haben. Viele Kinder waren damals daheim gesessen und durften keine Freunde besuchen.

Mit Hilfe von Herrn Schmidts Onlineangeboten konnten wir diese Last von Coronaregeln eher ertragen. Wir haben Onlinereisen nach Panama gemacht, nach Carcassonne und viel über diese Festung Frankreichs gelernt, auch regionale Reisen und Geschichte waren angesagt. Eine Geschichte vom Weißen Ross aus Lauingen hat mich besonders interessiert. Dort werde ich meine Oma nach Corona mitnehmen, um ihr den Schimmelturm und das Weiße Ross zu zeigen. Der Betreuer Herr Schmidt hat viele Ideen gehabt. Wir haben Online-Nachspeisen vorbereitet, auch

Gymnastik gehörte dazu. Wir hatten auch Stadt-Land-Fluss gespielt. Sogar meine Oma war zu uns online eingeladen. Sie erzählte viele interessante Sachen vom Wattenmeer, von verschiedenen Schneckenarten, von unseren Ausflügen, die wir miteinander unternommen hatten. Unter anderem der Ausflug zum Grab des Adolph Freiherr von Knigge nach Bremen. Sie begeisterte die Kinder und ich war auf sie stolz.

Auch Kinder durften Onlinenachmittage moderieren. Janina erzählte von ihrem Bauernhoff, von verschiedenen Kuhrassen. Wir erfuhren, dass Kühe durchschnittlich etwa 28 Liter Milch pro Tag produzieren usw. An einem anderen Tag erzählte uns ein anderes Kind von schwarzen Löchern und Supernovae. Es waren sehr interessante Nachmittage und wir konnten sehr viel lernen.

Auch Boubacar wollte eine PowerPoint-Präsentation vorbereiten und uns etwas von Nigeria erzählen. Alle hatten sich darauf gefreut. An dem Tag hatte er sich verspätet. „Vielleicht kann er sich nicht einloggen", dachte ich. Komischerweise war Janina auch nicht da. Endlich hat Janina es geschafft sich einzuloggen:

„Rudiger ist weg!", sagte sie.

Ich konnte es kaum glauben. „Rudiger, das Hängebauchschwein, das so anhänglich war, ist weg?" Gleich danach hat sich die Mutter von Boubacar eingeloggt und sagte, Bouba sei weg. Der Betreuer war entsetzt. An dem Tag fand keine Onlinebetreuung statt. Es war keinesfalls möglich, ruhig sitzen zu bleiben, während zwei Menschen vor uns weinten. „Wir müssen doch Boubacar und Rudiger suchen", dachte ich. Die Polizei war schon benachrichtigt. Jede und jeder von uns hatte zusätzlich mit den Eltern auf eingene Faust Suchaktionen gestartet.

Was ist Boubacar passiert?

Hat er Rudiger mitgenommen?

Werden wir sie irgendwann wiedersehen?

So viele Fragen stellten wir uns, bis wir bemerkten, dass wir stundenlang und erfolglos in Kreisen gelaufen waren und keinen gefunden hatten. Auch am nächsten Tag waren sie nicht da.

Auch der Hubschrauber ist geflogen. Von Boubacar keine Spur.

Trauer hat uns gefasst.

Ich dachte, jemand hätte Boubacar entführt, ich würde ihn nie wiedersehen. Obwohl ich ein Junge bin, flossen die Tränen in dicken Strömen aus meinen Augen. Auch der OGS Betreuer, Herr Schmidt, hatte eine Suchaktion gestartet. Er hatte Boubucar im Wald gefunden. Er hatte sich in unserm OGS Baumhaus versteckt, das wir noch vor der Corona-Krise zusammengebaut hatten. Er wollte mit keinem reden. Bevor sie zur Polizeistelle gingen, erzählte Bouba dem Betreuer von der Armut in Nigeria. „Es ist sehr gefährlich, dort zur Schule zu gehen, weil immer wieder Kinder entführt werden." Die Erinnerungen kamen Stück für Stück hoch. Er hat bitterlich geweint und konnte sich nicht mehr beruhigen. Er würde seine Oma so gerne wiedersehen. Auf keinem Screen würde er sie je finden. Sie hatte noch nie ein Smartphone in der Hand gehalten. Er war neidisch, dass ich mit meiner Oma per WhatsApp Kontakt halten konnte. Er war neidisch, als meine Oma den Onlinetreffen beigetreten ist … Er wusste, dass er das mit seiner Großmutter nicht nachmachen konnte. Seine Trauer war unerträglich, so dass er beschloss, vor dieser wegzurennen – wortwörtlich. Die Mutter strahlte vor Glück, als ihr Sohn gemeinsam mit der Polizei und den Betreuern an der Haustüre stand.

Nach einer Woche gingen wir zusammen spazieren. Wir lagen an einem Bauernhof und sahen Rudiger. „Mein Schweinchen lebt!", schrie Janina. Es stellte sich heraus, dass Rudiger nicht nur eine Herzensdame, sondern auch ein neues Zuhause gefunden hatte. Wir durften ihn regelmäßig besuchen. Wir vermuteten, Rudiger wird Vater und alle freuen sich.

Ich bin froh, dass ich hier in Bayern Freunde gefunden habe, auch einen Ort, wo ich zuhause bin, wo ich gerne zurückkehren kann. Hier kann ich frei ausatmen und die Frische genießen.

Ja.

So fühlt sich ein Zuhause an.

„Hier sind wir doch alle ZUHAUSE – DAHEIM. Wir sind angekommen. Wir haben hier eine Rast gefunden und hier fühlen wir uns glücklich." – Hier in Deutschland – hat Moritz in seinem Tagebuch geschrieben.

Agnes Beier, Katharina Schmidt, Abigeal Babatunde, Moritz Theil
Paul-Klee-Gymnasium Gersthofen, Klasse 6c OGS

Daheim ist kein Ort, sondern ein Gefühl

Die Schwestern Lea und Sarah lebten zusammen mit ihren Eltern in einem kleinen Häuschen. Sie waren sehr glücklich und waren sich sicher, dass es nirgends so schön sein kann wie daheim. Eines Tages bekam der Vater eine bessere Stelle als Handwerker in einer anderen Stadt angeboten. Die ganze Familie sollte umziehen, aber Sarah, die kleinere der beiden Schwestern, wollte nicht, sie hatte große Angst davor. Sie fasste den Entschluss wegzulaufen und erst dann wiederzukommen, wenn die Stelle bereits vergeben war. So wollte sie den Umzug der Familie verhindern. Mitten in der Nacht stand Sarah auf, packte in ihren Rucksack Proviant, ihren Teddybären und eine Taschenlampe und lief in den Wald zu einem Unterschlupf, den sie mit ihrer Schwester gebaut hatte. Als Lea in der Früh aufwachte, erschrak sie fürchterlich! Ihre kleine Schwester lag nicht mehr in ihrem Bett. Die ganze Familie war außer sich vor Sorge. Mama und Papa riefen sofort die Polizei an und suchten überall nach ihrer kleinen Tochter. Auf einmal hatte Lea eine Idee, wo ihre kleine Schwester sein könnte. Sie lief in den Wald zu ihrem Versteck und war überglücklich, als sie ihre kleine Schwester in ihrem gemeinsamen Versteck fand! Glücklich fielen sie einander in die Arme. Sarah erklärte ihrer Schwester, warum sie weggelaufen sei. Lea verstand Sarahs Sorgen und versuchte sie zu beruhigen! Sie sagte ihr: „Daheim ist kein Ort, sondern es ist überall da, wo wir mit unserer Familie zusammen sind!" Die Mädchen rannten nach Hause, wo ihre Eltern sie überglücklich in die Arme schlossen. In diesem Moment verstand Sarah, was ihre große Schwester ihr versucht hatte zu erklären.

Hannah Wildegger
Grundschule Diedorf, Klasse 3a

Meine Familie

Mein Bruder ist etwas Besonderes und mein anderer Bruder auch. Ich helfe meinem kleinen Bruder oft. Ich helfe ihm mit dem Zähneputzen und beim Toilette gehen. Damit will ich sagen, dass ich hilfsbereit bin. Leider hat mein kleiner Bruder eine Behinderung. Aber wir schaffen das gemeinsam. Mein anderer Bruder hat ADHS und das Tourette-Syndrom, trotzdem habe ich ihn lieb.

Josephine, Sofia Huber
Grundschule Fischach-Langenneufnach, Klasse 2c

بيتي السري — Mein Zuhause, mein Geheimnis

Ich bin hier zurückgekommen, ich bin vor der Tür meines Zuhauses das ich seit Jahren nicht besucht habe. Ich vermisse alles, aber auch nichts. Ich liebe, was dort passiert ist und meine Erlebnisse, aber auch nicht alle. Ich will reingehen, aber irgendwie kann ich nicht. Ich habe große Angst. Angst, dass alles sich nochmal wiederholt. Ich will vergessen, was passiert ist, aber ich kann nicht.
Ich vermisse meine Erlebnisse mit meine Eltern. Mein altes, schönes Zimmer. Ich hatte immer Angst, aber jetzt muss ich alles vergessen, aber wie soll ich das machen? Ich habe die Tür aufgemacht und bin reingegangen und meine Hände zittern. Alles ist irgendwie anders, aber auch nicht. In

meinem Zimmer sind noch die schönen Bilder an der Wand. Ich gehe näher ran. Es ist sehr leise. Ich schau mir das Foto an und auf dem Foto sind meine Oma, mein Opa, mein Vater, meine Mutter und alle anderen und ich auch. Ich fasse das Foto an und meine Hände zittern … Es fällt aus meiner Hand … Ich setze mich auf den Boden. Ich will das Foto wieder nehmen und anschauen, aber Glassplitter schneiden in meinen Finger. Er blutet. Dennoch fasse ich das Foto an, nehme es mit Tränen und rote Tropfen auf. Ich will rausgehen, mir wird schwindlig … Ich kann nichts sehen. Mir wird schwarz vor Augen. Ich höre nichts mehr – nur das Rauschen des Windes.

Israa Asaad
Mittelschule Gersthofen, Klasse 9c

Heim- und ankommen

Als ich neulich mit meiner Familie spazieren war, waren wir alle richtig froh, wieder daheim zu sein. Draußen war es kalt und windig, drinnen dagegen warm und kuschelig. Wir schauten einen Film an und machten uns alle einen Tee, um uns aufzuwärmen. Es war so schön, wieder daheim zu sein.

Ella Huber
Staatliches Gymnasium Königsbrunn, Klasse 7f

Zuhause für mich

Zeit für sich selbst
Unvergessliche Ereignisse
Home sweet home
Ausschlafen am Wochenende
Unterrichtspause
Super Essen
Erinnerungen

Ella Huber, Anna Oppawsky
Staatliches Gymnasium Königsbrunn, Klasse 7f

Daheim hat viele Gesichter

Für meine Urgroßmutter war daheim der kleine Bauernhof in Polen, auf dem sie geboren und aufgewachsen war. Die Kriegswirren vor mehr als 80 Jahren brachten sie weit weg davon. Der Eiserne Vorhang und der

Kalte Krieg machten es lange unmöglich und schließlich nur mit Auflagen und Hürden möglich, dorthin zu reisen. Als der Eiserne Vorhang fiel, war meine Urgroßmutter zu alt, um die lange Reise auf sich zu nehmen. Sie war nur noch wenige Male dort gewesen. Obwohl sie viele Jahrzehnte in Deutschland lebte und ihre eigene Familie hier hatte, blieb der kleine Bauernhof in Polen ihr Zuhause.

Meine Großmutter lebt seit mehr als 70 Jahren in der kleinen Stadt in Baden-Württemberg, in der sie geboren und aufgewachsen ist. Sie zog nie weg. An diesem Ort sind ihre Wurzeln und dort fand ihr ganzes Leben statt. Alle Veränderungen im Lauf der Zeit hat sie miterlebt und sie kennt viele Leute. Hier ist ihr Daheim.

Meine Mama wollte immer etwas Neues sehen und erleben. Sie war neugierig auf die Welt und die Menschen, denen man begegnen kann. Mit 19 ist sie von zuhause ausgezogen. Sie lebte und arbeitete auch ein paar Jahre im Ausland. Sie sagt: „Man kann überall zuhause sein! Man fühlt sich dort wohl, wo die Menschen sind, die man liebt." Sie ist daheim, wo mein Papa und ich sind.

Für mich ist daheim unser Haus mit dem großen Garten, in dem ich mit meinen Eltern, meiner Tante und meinem Onkel wohne. Mein Zimmer mit allen meinen Lieblingsbüchern, Kuscheltieren und meinem heimeligen Hochbett gehören ebenfalls dazu. Hier fühle ich mich geborgen und sicher. Zuhause bin ich glücklich und fühle mich wohl. Meine Straße, in der auch mein bester Freund wohnt, der nahe gelegene Bach, in dem wir spielen, unser Geheimversteck haben und unser „Räuberlager" bauen, ist für mich auch daheim. Zu Hause muss man keine Angst haben, alles ist vertraut.

Gerade müssen viele Kinder ihre Heimat verlassen. Sie fliehen vor Krieg und Gewalt. Niemand weiß, ob und wann sie zurückgehen können. Falls sie zurückkommen, ist ihr Zuhause vielleicht gar nicht mehr da, weil es ein Opfer der Zerstörung wurde.

Ich wünsche mir für uns alle, dass kein Kind sein Daheim gezwungenermaßen verlassen muss, sondern nur freiwillig, wenn es in die Welt hinaus möchte, um etwas zu erleben und jederzeit nach Hause zurückkehren kann.

Benedikt Amesreiter
Grundschule Täfertingen, Klasse 4a

Daheim

Wenn ich im Garten die Blumen betrachte, dann fühle ich mich daheim. Wenn ich meine Oma und meinen Opa besuche, dann fühle ich mich daheim.

Wenn ich auf meinem Sofa liege, dann fühle ich mich daheim.
Daheim riecht wie Blumen.
Daheim schmeckt wie Dampfnudeln.
Daheim fühlt sich weich an.
Daheim ist für mich einfach toll.

Laura Böheim
Grundschule Gessertshausen, Klasse 2b

Mein neuer Freund

Früher dachte ich immer, mein Zuhause wäre der langweiligste Ort der Welt. Was hätte ich hier schon machen können? Hausaufgaben? Mein einziger Gedanke war: „Einfach nur raus hier, etwas erleben, Spaß haben!"
Alles begann mit einem Spaziergang durch den Park. Mit meinen laut aufgedrehten AirPods lief ich verträumt durch den wunderschönen Park. Das Wetter war herrlich und ich traf mich in ein paar Minuten mit meinen Freundinnen im coolsten Cafe der Stadt. Als ich schon die Umrisse des Cafes erkannte, entdeckte ich plötzlich einen am Boden zusammengekauerten Mann, der zitternd ein dreckiges Blatt Papier mit der Aufschrift „Bitte eine Spende, obdachlos" in der Hand hielt. Der Anblick des Mannes ließ mich erschaudern. Seine Klamotten waren von Dreck übersät, alt und komplett zerfetzt. Einerseits wollte ich einfach an ihm vorbeigehen, in der Hoffnung, dass ich ihn nie wieder sehe, aber andererseits tat er mir leid. Vor ihm stand eine aus dem Müll gefischte Dose. Bis jetzt hatte er nur eine ekelhafte Bananenschale gesammelt. Wie ferngesteuert holte ich eine Münze aus der Tasche und warf sie ihm in die Dose. Der Obdachlose faltete seine Hände und sprach mir seinen Dank aus. Das fand ich irgendwie gruselig.
Als ich am Cafe ankam, waren meine Freundinnen nirgends zu sehen, sie mussten schon drin sein. Wir unterhielten uns nun schon seit etwa einer Stunde, aber ich war einfach nicht bei der Sache. Die ganze Zeit schweiften meine Gedanken ab zu dem alten Mann im Park. Wie konnte er so leben?
Als mich mein Handyton aus den Gedanken riss, bemerkte ich, dass es schon acht Uhr war. Ich nahm einen Riesenumweg nach Hause, der mich eine halbe Stunde länger brauchen ließ, nur um dem Obdachlosen nicht mehr zu begegnen. Abends konnte ich auch nicht einschlafen, immer wieder sah ich die zittrigen, dreckigen Hände des Mannes vor mir. Mit meinem Lieblingsbuch versuchte ich mich ein bisschen abzulenken.

Am nächsten Morgen weckten mich die vielen Blaulichter und Sirenen. Erstaunlich schnell war ich auf dem Schulweg. Es interessierte mich brennend, warum so viele Polizisten unterwegs waren. Undeutliche Rufe und Schreie hörte ich von überall her. Plötzlich liefen Hunderte Menschen vor mir über die Straße und riefen im Chor „Helft uns, lasst uns nicht sterben!" Ich blieb wie angewurzelt stehen. Dann erkannte ich, dass das eine Demonstration von allen Obdachlosen der Stadt war. Aus der Menschenmenge winkte mir jemand zu, es war der Obdachlose von gestern. Ich winkte lächelnd zurück.

Auch an diesem Abend dachte ich wieder lange darüber nach, wie schrecklich es sein musste, obdachlos zu sein. Kein warmes Bett in der Nacht, keine Dusche am Abend, kein Kühlschrank vollgefüllt mit Lebensmitteln. Ich wollte dem Mann helfen, nein, ich musste etwas tun.

Auf dem Weg zur Schule entschied ich mich diesmal, an der Stelle, wo der Obdachlose gesessen hatte, vorbeizugehen. Er saß am gewohnten Platz. Ich sprach ihn etwas schüchtern an. Ich wollte wissen, was er mit dem Geld, dass er bekommt, machte. Scheinbar erfreut, erzählte er mir viele Dinge, auch die Geschichte, wie er obdachlos geworden war. Ich setzte mich neben ihn und hörte zu. Mir wurde bewusst, was er für schreckliche Dinge durchgemacht haben musste. Sein Name war John.

In den nächsten Tagen besuchte ich John immer wieder mal, brachte ihm ein paar leckere Sandwiches und ein paar ordentliche Klammotten. Es schien, als freute er sich über meinen Besuch und er plauderte stets ein paar Worte mit mir.

Entschlossen erzählte ich alles meinen Freundinnen. Sie waren plötzlich sehr hilfsbereit. In der Nähe hatte die Tante einer Freundin eine kleine Wohnung frei. Diese wollte sie dem Obdachlosen kostenlos zur Verfügung stellen, wenn er dafür bei ihr im Garten ein paar Arbeiten erledigte. John war überglücklich, als ich ihm die Nachricht überbrachte, dass er nun in ein warmes gemütliches Zimmer ziehen konnte.

Alles war bereit, wir konnten loslegen. Den ganzen Tag hatten meine Freundinnen und ich damit verbracht, Schilder zu entwerfen, riesige Plakate, die wir überall in der Stadt aufhängten. Dutzende Menschen riefen darauf hin bei uns an, um eine Spende abzugeben. Im Haus der Tante gab es eine leere Garage. Dorthin brachten die Leute ihre Spenden und wir luden die Obdachlosen ein, sich ein paar brauchbare Sachen abzuholen. John kannte sie fast alle und wusste auch, wo sie sich aufhielten. Von den Geldspenden kauften wir Essen und Getränke.

Als ich abends zu Hause ankam, war ich müde, erschöpft und glücklich. „Wir haben vielen Menschen geholfen", dachte ich. Plötzlich wurde mir bewusst, dass mein Zuhause der schönste Ort der Welt war. Mein Zuhause war ein heiliger Ort, und viele Obdachlose wären froh darüber gewesen. Nie wieder beschwerte ich mich über mein Zuhause, denn ohne dieses hätte ich kein schönes Leben! An diesem Abend schlief ich sofort ein.

Nina Müller
Staatliches Gymnasium Königsbrunn, Klasse 7F

Der sicherste Ort zuhause

Wo ist er hier nur reingeraten, dachte er sich. Da lag er nun mit einer Kugel im Bein, in der Schulter und im Arm im heißen Wüstensand. Um ihn herum standen zwei weitere Soldaten und ein Mediziner. Er hörte nur noch ein lautes Piepsen und das Knallen von Waffen und Granaten. Wäre er doch nur daheim geblieben, hätte auf seine Eltern gehört und Medizin studiert. Er war gut und ehrgeizig in der Schule und entschied sich trotzdem dafür, Soldat zu werden. Doch nun war er hier. Es war so ein schlechtes Gefühl für ihn, in der Wüste verwundet und bewegungsunfähig zu liegen. Er fühlte sich nicht sicher und hatte schon mit seinem Leben abgeschlossen.

Doch heute, zwanzig Jahre später, sitzt er hier bei sich daheim, vor dem Kamin auf dem Sofa. Nach dem Einsatz änderte sich sein Leben komplett und wurde extrem schwer. Doch nun hat er es überstanden. Er ist zuhause und fühlt sich wohl und sicher. Doch heute hat er alles, was er im Einsatz erlebt und gesehen hat, verdrängt, nur die Narben und die Urkunden an der Wand erinnern ihn an die Situation in der Wüste und daran, dass es kein besseres Gefühl gibt, als daheim zu sein.

Moritz Tögel
Staatliches Gymnasium Königsbrunn, Klasse 8d

Daheim

Daheim
schrieb ich einen kleinen Reim:
Zuhaus'
war ich mit einer großen Maus.
In der Früh saß sie noch in ihrem Loch
und hielt Ausschau nach dem Koch.
Durch die Rolladenritzen,
sah sie erste Sonnenstrahlen blitzen.
Sie ging hinaus auf die blumigen Wiesen

und empfand die Menschen als Riesen.
Am Abend kam sie von ihrem Ausflug zurück
und dachte sich: „Mensch, heut' hatte ich ein riesiges Glück."
Zurück in ihrem Raum,
schlief sie ein und hatte einen schönen Traum.

Ben Bär
Staatliches Gymnasium Königsbrunn, Klasse 5f

Definition

Daheim.
Was ist das?
Ist es die Familie, die dort auf dich wartet?
Der Ort, an dem du schläfst und isst?
Oder der Ort, wo du sein kannst, wer du wirklich bist.
Der Ort, an dem du an alle schmerzhaften Dinge in deinem Leben erinnert
wirst?
Jeder kann seine eigene Bedeutung für dieses Wort finden.
Ein Wort der Wärme, der Kälte, der Freude oder Trauer.
Warum dieses positive Wort auch negativ sein kann?
Dass musst du im Laufe deines Lebens erfahren.
Aber vergiss nicht, Daheim ist der Ort, an den du zurückkehrst, egal wie
oft sich dieser Ort ändert, oder wie leer es sich anfühlen wird.

Cindy Draxler
Staatliche Realschule Zusmarshausen, Klasse 10b

Wilkommen daheim

Wir wollen Euch ein Geschenk bringen, damit ihr Euch immer wohl fühlt
hier.
Euer Kummer und Eure Sorgen bleiben stets vor der Tür.
Wir geben Euch ein frisches Brot und eine kleine Packung Salz,
damit ihr hier im Haus nie verhungert.
Wir wollen mit Euch befreundet sein und keinen Streit haben, denn ihr
seid besonders und bleibt auch besonders.
Jeder Mensch ist auf eine andere Art und Weise besonders und deswegen
sagen wir
bleibt doch bitte hier.

Wenn ihr mal nicht wisst, ob ihr Euch wohl fühlt, dann fragt doch einfach Euer Herz, denn da wo das Herz wohnt, wohnst auch du.

Mayra Avci
Mittelschule Schwabmünchen, Klasse 6c

Gedicht Elfchen

Daheim
vertraut, warm
trinke heißen Kakao
viel Zeit miteinander verbringen
Kuschelzeit

Mia Sophie Öttl
Staatliche Realschule Neusäß, Klasse 7b

Home sweet home

„Ich will nicht!!!", schrie ich so laut, dass ich meine Stimme verlor. Meine Mutter blickte mich nur stumm an und sagte nichts. Ihre Augen wanderten von meinem Gesicht, bis zu meinen Füßen und wieder zurück. Dann ergriff sie endlich das Wort: „Du bist dreizehn Jahre alt und weigerst dich, den Hof sauberzumachen?" Den letzten Teil des Satzes schrie sie. „Du bist alt genug, um so eine Aufgabe zu übernehmen." „Ich hasse es daheim! Immer muss ich irgendetwas an diesem verdammten Bauernhof in diesem verdammten Minidorf machen! Wieso können wir nicht in Dubai, Las Vegas oder Moskau wohnen? Wieso müssen wir unbedingt in diesem abgelegenen, einsamen Kaff leben, wo du mir auch noch immer sagst, was ich tun und lassen soll?" Meine Mutter wollte etwas erwidern, doch ich war schon weg, rannte in mein Zimmer, knallte die Tür so fest zu, dass sie fast aus den Angeln fiel und schmiss mich aufs Bett. Nach ein paar Minuten stand ich auf, fuhr den Computer hoch, öffnete eine Tüte Chips mit der Geschmacksrichtung „Orientalisch" und fing an, mein Lieblings-Game zu spielen. Genauso lief es sieben Tage hintereinander, jede Woche. Erstmal der Streit, dann ging ich auf mein Zimmer und dann zockte ich. Und so ging das auch weiter. Bis zum letzten Donnerstag. Diesmal war der Streit noch schlimmer als normal. Es ging natürlich wie immer um das gleiche Thema. Ich bin so ausgerastet, dass ich meinen Teller auf den Boden schmiss. Danach stürmte ich wieder in mein Zimmer und schmiss mich auf mein Bett. Ich lag, lag und lag. Sobald ich mich wieder aufrichten wollte, hörte ich ein undefinierbares Geräusch aus meinem Schrank. Es war ein so schriller Laut, dass ich glaubte, ich werde taub. Weil ich das Geräusch nicht mehr aushalten konnte, riss ich die Schranktür auf und sah hinein. Sofort verstummte das Geräusch. Zwischen meinen Kleidern sah ich ein kleines, rundes hell leuchtendes Ding, etwa so groß wie eine 0,3l Coladose. Als ich das Ding rausholen wollte, zog es mich plötzlich in sich rein. Ich hatte mich so erschrocken, dass ich meine Umgebung nicht wahrnehmen konnte. Und plötzlich stand ich in einem engen, schlecht ausgestatteten Raum, etwa so groß, wie eine Abstellkammer. Wie aus dem Nichts, tauchte vor mir eine Aufschrift auf. Darauf stand: PEKING, CHINA, 16. Mai 2021. Die Aufschrift verschwand so schnell, wie sie gekommen war. Jetzt nahm ich auch endlich Menschen in dem Raum wahr.

Mir fiel auf, dass es viel zu viele Menschen auf zu kleinem Raum waren. Anscheinend konnten die anderen Menschen mich nicht sehen, denn sie gingen an mir vorbei, ohne mich zu bemerken. In dem Raum war es kalt. Die Heizung war nicht eingeschalten, denn es gab überhaupt keine Heizung. Die Leute in dem Raum spielten Karten oder saßen reglos da. Mehr konnte man in diesem Raum nicht machen. Ich bemerkte, dass alle Menschen abgemagert und traurig aussahen. Diese Leute hassten es, daheim zu sein, so wie ich, nur dass sie es viel schlimmer hatten. Plötzlich sah ich alles nur noch verschwommen, und ehe ich mich versah, stand ich schon an einem anderen Ort. Alles war grau und überall waren alte unrenovierte Häuser. Wie schon zuvor, tauchte wieder eine Aufschrift vor mir auf: Tschernobyl, Ukraine, 26. April 1986. Danach verschwand die Aufschrift wieder und Menschen tauchten auf. Ich sah weinende Frauen, mit ihren kleinen Kindern, die nichts verstanden. Sie wurden auf Transporter geschickt, mit denen sie evakuiert wurden. Diese Leute mussten den Ort verlassen, an dem sie daheim waren. Dann verschwamm alles wieder vor mir und ich war an einem anderen Ort. Alles war wieder grau. Es rauchte überall und es roch nach Gas. In diesem Moment verstand ich, wo ich war. Vor mir tauchte die Aufschrift auf und meine schlimmsten Befürchtungen wurden war. AUSCHWITZ, POLEN, 14. FEBRUAR 1941. Ein Lastwagen fuhr auf das Gelände. Soldaten stiegen aus und öffneten die hinteren Türen. Man hörte Klagerufe und Menschen stiegen aus. Alle standen angekettet in einer Reihe und dann gingen sie los. Eine Frau stolperte und ein Soldat hob sofort seine Waffe. Die Frau flehte um Hilfe, doch niemand wollte sie hören. Gerade, als er abdrücken wollte, schrie ich: „Stopp! Stopp! Aufhören!", und ich stand wieder in meinem Zimmer. Sofort rannte ich runter in die Küche. Meine Mutter war noch dort. Ich schrie ihr zu: „Mama! Mama!", ich umarmte sie und flüsterte: „Mama, du wirst mir niemals glauben, was

gerade war! Bitte gib mir irgendeine Aufgabe. Ich liebe es daheim zu sein!
Ich liebe es so sehr!"

Arthur Peil
Staatliches Gymnasium Königsbrunn, Klasse 8d

Daheim

Daheim ist, wenn man in seinem Zimmer sitzt und liest;
daheim ist, wenn man mit den Eltern im Esszimmer zu Abend isst;
daheim ist, wenn man Freunde zu sich nach Hause einlädt.
Und doch ist „Daheim" kein Gebäude, kein eigenes Haus und keine Wohnung.
Daheim kann vieles sein, ein Ort, ein Hobby, ein Gegenstand oder eine Person.
Daheim ist vielfältig.
Daheim ist Geborgenheit, man fühlt sich wohl daheim. Spielabende mit den Eltern oder Geschwistern, mit Freunden ausgehen oder mit dem/r besten Freund/in lachen.
Aber auch in Erinnerungen schwelgen, Omas Kette betrachten oder sich in seinem Zimmer unter der warmen Decke zu verkriechen, das vermittelt daheim.
Daheim ist nichts, was einem aufgezwungen wird, nichts in das man hineingeboren wird;
daheim ist, was man sich aussucht, man wählt daheim. Es kann bei Familie und Blut beginnen, muss es aber nicht, es kann so weit darüber hinausgehen.
Daheim hat keine Grenzen;
daheim wird nicht davon bestimmt, dass es hier beginnt und dort endet, nein, daheim kann überall sein.
Denn daheim ist vor allem ein Gefühl.
Daheim ist Liebe.

Celina Sechi
Leonhard-Wagner-Gymnasium Schwabmünchen, Klasse 10A

Daheim sein – nicht definierbar

Daheim sein ist für jeden etwas anderes, deshalb kann man es nicht mit einer Definition verallgemeinern.
Wenn ich meinen kleinen Bruder fragen würde, würde er sagen, sein Daheim ist bei uns zu Hause, also in unserem Haus.

Wenn ich jedoch meine kleine Schwester fragen würde, die fünf Jahre älter ist, würde sie sagen, dort wo ihre Familie ist, sie meint damit unseren Ort, an dem unser Haus steht und an dem ihre Familie lebt.

Nun ist es so, dass die beiden sechs und elf sind, ich bin fast vierzehn und für mich ist es etwas ganz anderes …

Für mich ist mein Zuhause dort, wo ich mit meiner Familie wohne, wo ich etwas zu essen bekomme und wo ich manchmal sehr von meiner Mutter oder meinen Geschwistern genervt werde und sie dennoch liebhabe, daheim ist aber etwas ganz anderes für mich …

Ich fühle mich daheim, wenn ich mich sicher fühle und den ganzen Stress vergesse, wo ich lachen kann … für mich ist es eine kleine Gruppe von Freunden, die ich jeden Tag in der Schule sehe und mit denen ich über alles reden kann, obwohl ich Menschen eigentlich nicht so wirklich mag, und es hasse, über private Dinge zu reden.

Ich denke, ich habe in meinem Text sehr gut deutlich gemacht, dass jeder Mensch die Welt mit anderen Augen sieht und ein eigenes daheim hat.

Miriam Otto
Leonhard-Wagner-Realschule Schwabmünchen, Klasse 8f

Daheim

Daheim ist für mich das Zuhause, wo ich mich wohlfühle und wo ich vom Stress entlastet bin. Daheim bedeutet für mich auch mein Heimatort, wo ich geboren und aufgewachsen bin. Ich verbinde das Wort „Daheim" auch mit meiner Familie. An meinem Ort und mit meiner Familie fühle ich mich sicher und glücklich, was für jeden Menschen ganz wichtig ist. In meiner Wohnung leben jetzt unsere Freunde aus der Ukraine, die ihr „Daheim" verloren haben. Meine Mama ist Ukrainerin und wir kennen viele Menschen aus der Ukraine, die vor dem Krieg fliehen. Ich weiß nicht, ob sie jemals ihr Daheim in einem fremden Land finden können, denn das ist etwas, was man von Geburt an im Herzen trägt und es ist gegen nichts austauschbar.

Kirill Pitzl
Staatliches Gymnasium Königsbrunn, Klasse 6e

Hans und Franz

Es war einmal ein einsamer Hase auf einer Wiese. Er war sehr einsam, weil er keine Freunde hatte. Seine Mama hat ihn Hans genannt. Doch dann sieht er ein braunes Fell und sieht ein Hasengesicht. Er läuft auf einmal los und will den Hasen nach seinem Namen fragen. „Wie heißt du?", fragte Hans. „Mein Name ist Franz. Wollen wir Freunde sein?" Da sagte Hans „Ja" zu Franz. So machten Hans und Franz es sich in Hans' Bau gemütlich. Ende!

Moritz Fischer
Grundschule Fischach-Langenneufnach, Klasse 3c

Verschwundenes Zuhause

Ich bin gerade eingeschlafen, als ein lauter Krach ertönt. Sofort schrecke ich auf und erblicke durch mein schmales Fenster das brennende und zerstörte Nachbarhaus, das Dach ist halb heruntergefallen und die Fenster sind eingeschlagen.

Männer, Frauen und Kinder rennen aus dem glühenden Gebäude, einer der Männer trägt ein blutüberströmtes Mädchen im Arm. Doch ich habe nicht viel Zeit nachzudenken, denn mein Vater kommt in mein Zimmer gestürzt, packt mich am Arm und zieht mich aus unserem alten Haus heraus.

Die Straßen sind überfüllt mit fliehenden Menschenmassen, mehrere Bomben treffen auf die Stadt und die Masse schreit, weint und rennen hektisch davon.

Der Gestank von Rauch und Feuer brennt in meiner Nase und meine Augen tränen. Mein Vater ergreift meine Hand noch fester und zieht mich mit, denn alle hier wollen in ein Auto kommen, um in Richtung Kolumbien zu flüchten, ebenso ich und mein Dad.

Doch nun ist mein „Daheim" zerstört und verblasst langsam

Julia Mengersen
Staatliches Gymnasium Königsbrunn, Klasse 8d

Endlich ist es soweit!

Es war der letzte Schultag vor den Sommerferien. Und nicht nur der letzte vor den Sommerferien, sondern mein letzter überhaupt, denn ich hatte dieses Jahr mein Abi geschrieben und bin jetzt mit der Schule fertig. Ich weiß noch nicht, was ich studieren will, deshalb mache ich erstmal ein Jahr Pause und genieße das Leben! Mein Plan ist es, mit meinen besten Freunden für ein halbes Jahr Portugal zu erkunden, am Strand zu liegen und zu chillen. Einfach mal weg von zu Hause.

Am Montag geht unser Flug um 9.30 Uhr. Ich hatte gerade mal zwei Tage Zeit, um meine Koffer zu packen. Am Sonntag fand noch eine große Abschiedsfeier mit meiner Familie, meinen Verwandten und Freunde statt. Endlich war der große Tag gekommen. Ich war total aufgeregt und konnte die ganze Nacht nicht schlafen. Meine Eltern fuhren mich zum Flughafen, an dem wir uns alle am Eingang um 8.00 Uhr trafen. Dort angekommen, stieg ich aus dem Auto und sah mich um. Wir standen vor der Eingangstür des Münchner Flughafens, als plötzlich meine Freundin Marie mir kreischend entgegenrannte. Freudig fielen wir uns in die Arme und begrüßten uns. Dann öffnete ich den Kofferraum und mein Vater half mir, meine zwei riesigen Koffer herauszuholen. Ich hatte so viel eingepackt und mich zehnmal umentschieden, was ich mitnehmen wollte und was nicht. Jetzt ging ich zu meinen Eltern um mich von Ihnen zu verabschieden. Meine Mutter hatte Tränen in den Augen. Ich umarmte sie und sie sagte: „Pass gut auf dich auf! Wir werden dich vermissen!" „Das mache ich, Mama! Und ich werde euch auch immer Fotos schicken", sagte ich. Dann nahm ich meine beiden Koffer, hakte mich bei meiner Freundin unter und wir gingen los. Nach einigen Metern drehte ich mich nochmal um und schaute zu meinen Eltern zurück. Sie standen winkend am Auto. Ich winkte ihnen noch einmal zu, bevor ich schließlich in dem riesigen Flughafen verschwand. Dort warteten auch schon die Anderen und wir fielen uns alle überglücklich um den Hals. Jetzt konnte endlich die Reise beginnen. Zuerst gaben wir unsere Koffer auf und gingen dann durch die Sicherheitskontrolle. Da wir noch etwas Zeit hatten, schlenderten wir noch ein bisschen durch die Einkaufsläden. Auf der Anzeigentafel, auf der die Flüge angezeigt wurden, sahen wir, dass unseren Flug auf Gate K Nummer 26 starten würde. Wir beschlossen, uns langsam auf den Weg dorthin zu machen. Dort angekommen setzten wir uns auf die Stühle und warteten, bis unser Flug zum Boarding aufgerufen wurde. Da kam auch schon die Durchsage und wir durften an Bord. Wir waren insgesamt acht Personen und saßen beieinander. Nach einer gefühlten Ewigkeit ging es dann endlich los und die Stewards begannen, die Sicherheitsregeln zu erklären. Langsam bewegte sich auch das Flugzeug. Ein kleiner Transporter brachte es zur Startbahn. Dann ging es auch schon los und das Flugzeug begann an Geschwindigkeit aufzunehmen und ich wurde gegen meinen Sitz gedrückt. Mir war es ziemlich mulmig zumute und ich hatte einen großen Druck auf den Ohren. Dann begaben wir uns endlich in die Lüfte und hoben ab. Der Pilot begrüßte uns und sagte, dass der Flug ca. drei Stunden dauern würde. Ich blickte aus dem Fenster und sah die immer kleiner werdende Landschaft unter mir vorbeiziehen, bis wir schließlich die Wolkendecke durchbrachen und unter uns nur noch Weiß zu sehen war. Die Wolken sahen aus wie Zuckerwatte und ich hätte am liebsten ein Stück davon abgebissen oder mich hineingelegt. Dann steckte ich mir meine Kopfhörer in die Ohren und schloss die Augen. Ich musste wohl eingeschlafen sein, denn irgendwann bohrte mir meine Freundin in die Seite und ich schreckte auf. Sie deutete mir, aus dem Fenster zu schauen und mir blieb der Mund offen stehen. Unter uns war der große, schimmernd blaue, von der Sonne angestrahlte Ozean. Der Pilot machte eine Durchsage, dass wir uns gerade über dem Atlantischen Ozean befänden und jetzt Kurs auf Portugal aufnähmen. Wir würden noch ca. zwanzig Minuten in der Luft sein. Ich schaute immer noch aus dem Fenster, da ich mich von diesem atemberaubenden Anblick einfach nicht loslösen konnte. Nach einiger Zeit kam Land in Sicht und wir waren kurz vor Portugal. Die Anschnallgurte über den Sitzen leuchteten auf und ich schloss meinen Gurt. Jetzt kam eine weitere Durchsage, dass wir jetzt zur Landung ansetzen. Wir sanken immer tiefer und tiefer hinab, bis ich den Tower vom Flughafen und die Landebahn erblickte. Ein Scheppern ging durch das Flugzeug und wir hatten wieder festen Boden unter den Füßen. Endlich war das Flugzeug geparkt und die Türen öffneten sich. Ich musste mich erst recken und strecken, als ich aufstand, denn mir tat vom vielen Sitzen schon alles weh. Als wir endlich aus dem Flugzeug ausgestiegen waren, schnappte ich erstmal nach Luft. Mir war gar nicht aufgefallen, wie stickig die Luft im Flugzeug geesen war. Dann gingen wir alle zur Kofferausgabe, um unser Gepäck zu holen. Als alle schließlich ihre Koffer hatten, gingen wir hinaus aus dem Flughafen und atmeten portugiesische Luft ein. Wir waren alle zum ersten Mal in Portugal. Zuerst mussten wir zum Autoverleih laufen, der gleich neben dem Flughafen lag. Mit unserem vielen Gepäck war das aber gar nicht so einfach. Als wir es dann aber endlich geschafft hatten, ging Tom, einer von meinen Freunden, zum Autovermittler und fragte nach unserem reservierten VW Bus. Der Bus war wirklich groß und wir hatten darin auch alle gut Platz. Mit dem vielen Gepäck sah das schon anders aus. Nach ca. zwanzig Minuten Ein- und wieder Ausräumen waren schließlich alle Gepäckstücke verstaut und es konnte losgehen. Wir wechselten uns mit dem Fahren ab. Als Erstes begann Franzi den riesigen VW Bus durch die portugiesischen Straßen zu schippern. Unser erstes Ziel war unser Ferienhaus in Albufeira, das direkt am Meer lag. Nach eineinhalb Stunden Fahrt kamen wir endlich an. Es war wie im Paradies. Als wir das Haus betraten, kam man zuerst in einen langen Flur, von dem mehrere Türen abzweigten. Es gab eine Küche, ein Esszimmer und ein Wohnzimmer, von dem direkt eine Terrasse nach draußen führte. Von dort aus waren es nur ca. fünfzehn Meter bis zum Strand. Dann führte auch noch eine Treppe nach oben zu den Schlafzimmern. Es waren zwei Zimmer mit jeweils vier Betten. In beiden Zimmern gab es eine Fensterfront, durch die man das Meer sehen konnte, sogar wenn man im Bett lag. Dazu gab es noch drei Bäder die alle sehr liebevoll mit Muscheln und Mosaik verziert waren. In einem war sogar eine Badewanne mit direktem Meerblick. Das tollste aber war die Dachterrasse. Von dort aus hatte man einen atemberaubenden Blick über den ganzen Strand und das Meer. Wir zogen schnell alle unsere Badesachen an und rannten los zum Strand. Möwen flogen schreiend über unsere Köpfe und der Geruch von salziger Meeresluft schwappte uns entgegen. Der Sand war so heiß, dass man kaum drauf laufen konnte. Deshalb schmissen wir während dem Laufen unsere Sachen in den Sand und stürzten uns in die Fluten. Das Meer war angenehm kühl und ich genoss es, wie die Sonne mir ins Gesicht strahlte und ich sachte in den Wellen auf und ab schaukelte. Es war ein traumhaft schöner Moment. Danach lieferten wir uns eine riesige Wasserschlacht, bis wir uns erschöpft in den Sand fallen ließen. Nachdem wir uns alle ein wenig ausgeruht hatten, beschlossen wir, uns zum Abendessen Pizza zu bestellen und sie dann am Strand zu essen und den Sonnenuntergang anzuschauen. Wir holten uns die Pizza bei einem Italiener in der Nähe und machten es uns am Strand gemütlich. Sie Sonne sank immer tiefer und tiefer und langsam färbten sich die Wolken rosa und wurden mit der Zeit immer dunkler. Mittlerweile war der Himmel komplett rot gefärbt und das Meer schimmerte und es spiegelten sich die roten Wolken darin. So etwas Schönes hatte ich in meinem ganzen Leben noch nicht gesehen. Ich konnte es kaum fassen, dass das wirklich passierte, da es einfach so traumhaft war. Ich kam aus dem Staunen nicht mehr heraus und konnte mich nicht sattsehen. Allmählich versank die Sonne im Meer und das schimmernde Rot verschwand langsam und ging in das tiefe dunkle Schwarz der Nacht über. Die ersten Sterne blitzten auf und ich freute mich riesig auf die bevorstehende Zeit. Als wir uns endlich von dem Anblick losgelöst hatten, überlegten wir, was wir jetzt noch machen könnten. Die meisten wollten noch am Strand entlang laufen und die Sterne anschauen. Alle waren einverstanden und so liefen wir los. Wir liefen und liefen. Währenddessen redeten wir miteinander und hatten einfach nur Spaß. Plötzlich blieb Lisa, meine Freundin stehen und sagte: „Leute, ich kann nicht mehr!" Erst dann fiel mir auf, dass auch meine Füße schon schmerzten und ich total kaputt von der langen Reise war. Wir schauten uns um. Es war kaum etwas zu sehen, bis auf ein paar Lichter in der Ferne, die von einer großen

Stadt stammten. „Wisst ihr eigentlich, wo wir sind?", fragte ich die anderen. Alle antworteten mit einem einstimmigen „Nein!". Toll, dachte ich mir. Ich war total müde und wollte nichts lieber, als einfach nur schlafen, aber nein, wir waren irgendwo am Strand zwischen Albufeira und Evaristo, mitten in der Pampa. „Ich glaube, wir sind ganz schön weit gelaufen", sagte Tom. „Ja, wir haben total die Zeit vergessen und sind einfach immer weitergelaufen", antwortete Timo. „Hat irgendjemand sein Handy dabei?", fragte Marie. Wir schüttelten alle den Kopf. Die Handys lagen alle in unserem Haus. Ich war kurz vor dem Verzweifeln. Da uns nichts anderes übrigblieb, beschlossen wir, einfach am Strand wieder zurückzulaufen, in die Richtung, aus der wir gekommen waren. Langsam setzten wir uns alle in Bewegung. Keiner hatte so wirklich Lust darauf, den ganzen Weg wieder zurückzulaufen. Da uns aber nichts anderes übrig blieb, rissen wir uns zusammen und marschierten los. Den größten Teil der Strecke redete kaum jemand etwas und jeder hing seinen Gedanken nach. Als wir eine halbe Stunde gelaufen waren, blieben wir stehen, um kurz durchzuschnaufen. Dann gingen wir wieder weiter. Meine Beine wurden bei jedem Schritt schwerer und schwerer. Ich war kurz davor, mich einfach in den Sand zu legen und nie wieder aufzustehen. Den anderen ging es ähnlich. Wir liefen und liefen. Ab und zu schwappte eine kleine Welle über meine Füße und kühlte sie ein wenig ab. Außer dem Rauschen der Wellen war nichts zu hören. Eigentlich wäre es so schön gewesen, da die Sterne wunderschön glitzerten und der große Vollmond sich auf der Wasseroberfläche spiegelte. Ich musste für einen Moment stehenbleiben, um ihn zu genießen und festzuhalten. Danach hatte ich wieder ein bisschen mehr Energie und stapfte voller Elan voran. Nach einer gefühlten Ewigkeit sah ich in der Ferne endlich unser Haus stehen. Ich ließ einen Jubelschrei los und beschleunigte noch einmal meine Schritte. Die anderen taten es mir gleich. Wir kamen immer näher und näher. Die letzten dreißg Meter bis zum Haus, nahmen wir unsere letzten Kräfte zusammen und sprinteten direkt darauf zu. Plötzlich blieb Timo abrupt stehen, so dass wir alle ineinander liefen. Timo zeigte mit seiner Hand auf die Haustür. Da sah ich es: Die Haustür war weit geöffnet und es führte eine Spur aus nassem Sand hinein. Ich erschrak! Waren das etwa Einbrecher? Langsam bekam ich Angst. Ich rückte, so nahe es ging, an meine Freundin heran und hakte mich bei ihr unter. Tom gab uns ein Zeichen leise zu sein. Dann signalisierte er uns, ihm zu folgen. Wir schlichen auf Zehenspitzen aneinander gekauert bis zur Haustüre. Tom gab ein Zeichen, dass die andere Hälfte von uns auf die andere Seite der Tür gehen sollte. Mir lief es eiskalt den Rücken hinunter. Ich rückte noch ein Stückchen näher an meine Freundin.

Bei „drei" wollten wir alle gemeinsam in das Haus stürmen. Ich hatte Angst, was uns dort wohl erwarten würde. Es gab jetzt kein Zurück mehr. Tom begann mit den Fingern runter zu zählen: „Drei, zwei, eins!" Wir rannten los und stürmten durch die Haustür. Ich ließ einen lauten Schrei von mir, denn der Anblick, der mir entgegenkam, war entsetzlich! Unser komplettes Haus war verwüstet. Alles war umgeschmissen und zerwühlt. Zudem verlief eine Spur aus einer Mischung von Sand und Schlamm durch das komplette Haus. In der Küche entdeckten wir dann die Übeltäter: Es waren wilde Hunde, die sich ihre Bäuche mit unserem leckeren Essen vollschlugen. Als diese uns bemerkten, stürmten sie bellend aus dem Haus und waren im nächsten Augenblick auch schon in der Dunkelheit verschwunden. Jetzt war ich völlig fertig und musste mich erstmal von dem riesigen Schrecken erholen. Ich wäre niemals auf die Idee gekommen, dass es hier Wildhunde gebe und dass die auch in ein Haus hineingehen und alles verwüsten. Wir räumten kurz das größte Chaos beiseite und beschlossen erstmal, ins Bett zu gehen, um uns von dem anstrengenden Tag und dem Schrecken zu erholen. Alle gingen hoch in ihre Betten. Obwohl ich hundemüde war, konnte ich trotzdem nicht einschlafen. Der Schreck saß mir noch ganz schön in den Gliedern. Ich starrte an die Zimmerdecke, und in diesem Moment wünschte ich mir nichts sehnlicher, als daheim zu sein, in meinem eigenen, kuscheligen Bett zu liegen und meine Familie um mich zu haben. Daheim, wo ich mich geborgen und sicher fühlte. In diesem Moment fiel mir erst auf, wie wichtig es war, ein schönes Zuhause zu haben, indem man sich wohlfühlt und gerne ist. Das war mir früher noch nie so bewusst gewesen. Mit diesen Gedanken schlief ich dann schließlich ein.

Am nächsten Morgen wurde ich vom Kitzeln der Sonnenstrahlen, die mir direkt ins Gesicht schienen, geweckt. Irgendwie tat mir alles weh. Ich streckte und reckte mich erstmal ausgiebig. Dann blickte ich aus dem Fenster. Es war ein wunderschöner Sommertag. Die Sonne strahlte und das Meer glitzerte türkisblau in der Sonne. Die anderen wachten auch gerade nach und nach auf. Wir standen alle gemeinsam auf. Als wir die Treppe nach unten gingen, kam uns das Chaos entgegen. Ich hatte ganz verdrängt, was gestern passiert war, doch jetzt blickte ich der Wahrheit direkt ins Gesicht. Seit gestern Nacht hatte sich nichts verändert. Wir beschlossen, zuerst draußen auf unserer schönen Dachterrasse zu frühstücken und dann mit den Aufräumarbeiten zu beginnen. Zum Frühstück gab es nur noch Reste, die uns die Hunde noch übrig gelassen hatten: ein bisschen Brot, Obst, Gemüse und Kekse. Anschließend teilten wir uns in vier Gruppen ein. Jede Gruppe übernahm ein Zimmer. Marie und ich nahmen uns die Küche vor. Wir begannen den größten Dreck wegzuräumen, danach schrubbten wir solange, bis alles wieder glänzte. Es dauerte fast eineinhalb Stunden, jedoch hatte sich die Arbeit gelohnt. Die Küche war blitzblank und strahlte in ihrem Glanz. Nach dieser harten Arbeit entschlossen wir uns, einen entspannten und gemütlichen Tag nur am Strand zu verbringen und baden zu gehen.

Mittlerweile hatte ich mich wieder komplett vom gestrigen Schrecken erholt.

Ich freute mich auf die restliche Zeit, mit vielen weiteren Erlebnissen, gemeinsam mit meinen Freunden hier in Portugal.

Sophia Rau
Staatliches Gymnasium Königsbrunn, Klasse 8d

Highlight wird zum gruseligen (Brief)

Hallo Oma,

hier ist dein Enkel, der Felix! Ich muss dir unbedingt was erzählen: Mama und Papa gingen letztens in eine Disco. Ich freute mich sehr, weil ich endlich wieder allein daheim war! :) Und ich wollte unbedingt mal das neue Computer-Spiel spielen. Also fragte ich Mama, ob ich Computer spielen dürfe. Mama sagte: „Ja, du darfst." Ich freute mich so sehr, und ließ mir das nicht zweimal sagen. Ich spielte den ganzen Abend Computer. Das neue Zombie-Spiel war so cool! Aber plötzlich wackelte mein Laptop! Ich wusste auch nicht, was gerade passierte! Ein Zombie kam plötzlich aus meinem Computer heraus! Er sah mich ganz gruselig an und fragte: „Hast du Angst?" Ich konnte nicht antworten. Es verschlug mir die Sprache! Aber ich schluckte einmal und stotterte: „Jjjaa ..." – „Guuuttt", antwortete er, und schaute mich böse an. Plötzlich sprang er auf, und verwüstete unser ganzes gemütliches Haus. Er warf die schönen Schränke, Vasen, Spiegel Stühle, und sogar noch Tische um! Es war wie in einem Albtraum! Plötzlich packte mich der Zombie, und brachte mich tief in den Wald. Dort warteten noch viiieeeelll mehr Zombies! Einer fauchte mich an: „Du bist unsere Beute!" Ein anderer sagte zu mir: „Wir fressen dich gleich", und wieder ein anderer schrie: „Deine Finger werde ich nacheinander abbeißen!" Ich hatte solche Angst. Erstens um mich, und zweitens um mein Zuhause! Doch als sie loslegen wollten, hörte ich meinen Namen rufen. Irgendwie kam mir diese Stimme sehr bekannt vor: „FELIX!! FEEELLLIIIIIXXX!" Ich wachte erschrocken auf. Das war mein Vater! „Komm Felix! Du musst zur

Schule!" Ich war so erleichtert, dass es nur ein schlechter Traum gewesen war. :)

Nie wieder werde ich alleine daheim am Computer spielen ... das verspreche ich!

Was hast du zuletzt geträumt, Oma?

Dein Felix <3

Laura Hasse
Staatliches Gymnasium Königsbrunn, Klasse 5f

Erste Hilfe bei Heimatlosigkeit

1. Koche der Person ihr Lieblingsessen
2. Sorge für Stresslosigkeit im Umfeld
3. Finde einen Platz für vertraute Gegenstände der Person
4. Lass sie sich aussprechen
5. Gib der Person das Gefühl von Willkommensein

Josefine Ammann, Anna Bader
Staatliches Gymnasium Königsbrunn, Klasse 6c

Wie ein Regenbogen

Wie ein Regenbogen,
lebt nur, wenn die Sonne scheint, lacht nur, wenn es Regen weint.
Wild gemischt, passt nicht zusammen,
und doch das Gefühl von Heimat erlangen.
Wie ein Regenbogen, das sind wir, nur wir vier.
Wie ein Regenbogen,
anders als der Plastikboden, fühl mich hier nicht hingezogen.
Ein Haus auf vier Rädern,
mit Schränken und Wänden, mit Tischen und Bänken.
Und doch nicht Heimat, doch nicht Heim, hier fühle ich mich nur allein.
Wie ein Regenbogen,
Regen braucht Sonne, ich brauche euch.
Bei euch bin ich daheim,
fühl' mich groß, nicht klein.
Diese Familie, die ist mein.

Ella Dobrindt
Leonhard-Wagner-Gymnasium Schwabmünchen, Klasse 8a

Daheim

Daheim ist man frei,
kann lachen, malen, schrei'n,
auch Zelten im Garten und Rätsel erraten.
In unsrem großen Garten kann man lachen und auch ratschen.
Im Sommer ist es heiß, dann hüpfen wir in den Teich.
Am Abend machen wir Lagerfeuer
und erzählen uns von gruseligen Ungeheuern.
DAHEIM WILL MAN SEIN, DA IST'S SO FEIN!

Julia Sorgewitz, Sarah Staudacher
Justus-von-Liebig-Gymnasium Neusäß, Klasse 5d

Daheim

Zuhause ist für mich, wo ich mich wohlfühle, wo meine Familie ist. Man fühlt sich wohl, man ist mit seiner Familie zusammen Marlon, Mama, Papa sind alle meine Familie. Das heißt, wenn ich bei ihnen bin, fühle ich mich gut und stark. Es gibt auch noch ander Orte, die für mich „daheim" bedeuten, der sogenannte Kiesweg, dort laufe ich, seitdem ich sechs bin, zur Schule. Das heißt, auf diesem Weg habe ich schon sehr viel erlebt, wie auch gesehen. Vor fünf Jahren bin ich das letzte Mal mit meinem besten Freund zur Schule gelaufen, seitdem nie wieder, da er auf eine andere Schule gewechselt ist. „Daheim" ist ebenfalls das Maifest in Horgauergreut, wo man fast jedes Jahr vom 30. auf den 1. Mai das Maifest feiert. „Daheim" ist auch mein Zimmer, denn dort kann ich mich zurückziehen, wenn es mir nicht gutgeht oder wenn ich einfach ein bisschen Ruhe brauche. Das heißt, man kann sich auch nur mit ganz kleinen Mitteln zuhause fühlen. Aber der wichtigste Ort ist der Ort Horgau. Das ist einfach der schönste Ort, den es gibt. Er hat alles, was man braucht: gute Luft, Bäume, Einkaufsläden, Tankstellen, Bäcker und sogar einen Frisör, das ist für ein so kleines Dorf nicht selbstverständlich. Es gibt aber auch ein paar nicht so schöne Dinge in Horgau, wie zum Beispiel, dass viel Müll in der Roth liegt (ein kleiner Bach in Horgau). Aber auch noch ein schöner Ort ist mein Garten. Im Sommer mit Freunden im Garten sein und was machen, ist super toll.
Das ist meine „Heimat".

Vincent Pahr
Mittelschule Zusmarshausen, Klasse 9b

137

Wo bin ich daheim?

Ich dachte darüber nach, was die Bedeutung von „daheim" mir wirklich bedeutete. Was ist „daheim"? Das Haus, in dem man wohnt? Der Ort, in dem man wohnt? Aber wenn man darüber nachdenkt, ist daheim da, wo du dich wohlfühlst.

Meine Vorstellung von „daheim" war immer ein kuscheliges Haus, vielleicht sogar mit einem angezündeten Kamin. Ich wohnte in einer kleinen Wohnung, zusammen mit meiner Mutter und meinen zwei kleinen Brüdern. Es war immer eng, und ich, die Älteste, hatte es immer schwer. Ich musste oft auf meine Brüder aufpassen, mehrmals im Haushalt helfen, anstatt in die Schule zu gehen. Ich half gerne, jedoch hätte ich auch gerne Zeit in der Schule verbracht, so wie jedes andere Kind in meinem Alter.

Es war ein Montagmorgen, ich half meiner Mutter im Haushalt. Meine Aufgabe war, den kleinen, engen, staubigen Flur zu wischen. Es standen überfüllte Mülltüten, große Schränke und Vasen herum. Ich mochte es, den Flur zu wischen, ich entdeckte so viel Neues. Jedoch musste ich schauen, dass der Flur blitzblank sauber war. Ich holte mir einen Wischmop und machte mich an die Arbeit. Ich putze über und unter den großen Regalen. Hinter und vor den Mülltüten. Schließlich musste ich noch hinten, in dem Teil vom Flur, mit dem wir eigentlich nichts zu tun hatten, wischen. Hier stand eine Familienvase, sie war wunderschön, prächtig, zauberhaft. Sie lächelte mich jedes Mal an, wenn ich an ihr vorbeilief. Ich ging vorsichtig an dem kleinen Holzschränkchen vorbei, auf dem sie platziert war. Ich sah meine Nachbarin aus dem Fenster, sie goss gerade ihre Pflanzen. Auf einmal fühlte ich einen Gegenstand an dem Stock von dem Wischmop. Ich sah, wie der kleine Hocker leicht kippte. Anstatt nach der Vase zu greifen, stand ich wie angewurzelt da. Ich wusste genau, dass, wenn ich jetzt nichts machte, es Konsequenzen geben würde. Plötzlich passierte es. Die schöne Familienvase prallte auf den Boden. Sie zerbrach in tausend Teile. Ich hörte, wie meine Mutter aus der Küche rannte, sie blieb erschrocken stehen, als sie sah, wie ich neben kleinen Vasenstückchen stand. Meine Augen füllten sich langsam mit Tränen, denn in diesem Moment wusste ich, dass ich meine Mutter zutiefst verletzt hatte. Ich stand immer noch wie angewurzelt da und wünschte so sehr, dass ich vom Erdboden verschluckt werden könnte.

Meine Mutter eilte auf mich zu und zerrte mich von der Vase weg. „Bitte sei nicht sauer, es war ein Versehen!", jammerte ich, als meine Mutter sich neben den zerbrochen Stückchen niederließ. Sie nahm ein paar Scherben

in die Hand und sah mich an. Langsam stand sie wieder auf, sie sagte etwas, aber ich konnte es nicht verstehen, denn nicht nur ich war am Weinen, meine Mutter genauso. Sie kam auf mich zu und blieb vor mir stehen. Was jetzt passierte, konnte ich nicht richtig wahrnehmen. Ich spürte einen prallen Schlag auf meiner nackten Wange. Erneut spürte ich einen spitzen Schmerz. Meine Mutter verschwand in ihr Zimmer. Ein Wasserfall von Tränen floss an meinem Gesicht herunter. Ein schnelles Klopfen ertönte. Als ich die Tür öffnete, sah ich meine Nachbarin.
Die blonde Frau trat in unsere kleine Wohnung. Sie nahm mich in den Arm und sagte, dass sie angeblich alles gesehen habe und dass es ihr unfassbar leid täte. „Wo ist deine Mutter?", fragte sie mitfühlend. Ich zeigte auf die Zimmertür. Ich habe nicht alles mitbekommen, doch am Ende von diesem Tag saß ich auf dem beigen Sofa meiner Nachbarin, neben dem Kamin, in dem das Feuer sanft knisterte. Ich hatte endlich Zeit, mich einfach zu entspannen, ohne Hausarbeit, ohne irgendwas. Endlich fühlte es sich so an wie mein kleines perfektes Zuhause.

Marie Schneider
International School Augsburg Gersthofen, Klasse 8H

Daheim

Daheim ist für mich dort – wo ich liebe.
Wo ich eine schöne Heimat kriege,
wo ich in Gedanken über den Wolken fliege,
wo ich alles Schlechte auf die Seite schiebe,
wo ich alles wieder gerade biege,
wo ich die schlechte Zeit besiege –
Daheim ist für mich dort – wo ich liebe!

Fiona Stechele
Staatliches Gymnasium Königsbrunn, Klasse 6c

Guter Ort

Daheim bedeutet für mich: Ich habe eine Wohnung und eine Mama und einen Papa. An diesem Ort fühle ich mich sicher und geborgen. Ich bin nicht arm, ich habe immer verschiedene Getränke, eine Schublade voll mit Süßigkeiten und einen Kühlschrank voll mit Lebensmitteln. Mir geht es richtig gut und ich bin gesund.
Aber in anderen Ländern gibt es nicht so viel zu essen, weil es z. B. entweder zu viel regnet oder viel zu wenig regnet. Es gibt aber auch Länder, da

sind die Leute einfach zu arm, um sich ein Essen leisten zu können. Das macht mich sehr traurig.

Katharina Utler
Grundschule Fischach-Langenneufnach, Klasse 4a

DAHEIM

Daheim bedeutet für mich Geborgenheit, Sicherheit und Liebe.
Daheim ist für mich der Ort, wo ich sein kann, wie ich bin.
Daheim sind meine Familie und ich glücklich.
Daheim ist der Ort, wo mein Hund und ich super spielen können.
Daheim ist für mich der Ort, wo ich hingehe, wenn ich traurig bin, und wo ich Probleme besprechen kann.
Daheim ist der Platz, an dem ich zur Ruhe komme.
Das ist für mich daheim!

Chiara Griesbauer
Staatliches Gymnasium Königsbrunn, Klasse 5a

Ein Pferd erzählt von seinem Leben

Hallo, ich bin Abendstern und bin ein prachtvoller, schwarzer Hengst mit einem Stern auf der Stirn. Ich habe eine sehr große Herde und eine wunderschöne Stute an meiner Seite. Ich möchte euch mein Leben von Anfang an erzählen.

An einem wunderschönen Sonnenabend wurde ich geboren. Es war keine Wolke am Himmel und man konnte schon die Sterne sehen. Als ich geboren wurde, erschien der Abendstern am Himmel, und so bekam ich auch den Namen Abendstern. Ich lebte ein ganzes Jahr mit fünf weiteren Fohlen in der Herde. Es waren noch drei Hengste und zwei Stuten. Jeden Tag haben wir zusammen gespielt und sind um die Wette gerannt. Ich war immer schneller und bei den Kämpfen zwischen uns Junghengsten habe ich immer gewonnen.

Als wir alle ein Jahr alt waren, wurden wir vier Junghengste von der Herde getrennt und wir suchten uns einen neuen Platz. Wir fanden auf unserem Weg noch fünf weitere Junghengste, die auf der Suche nach einer Junghengstgruppe waren. Wir vereinten uns zu einer Herde. Wie es in jeder Herde ist, kämpften die Hengste darum, wer der stärkere ist und die Herde leitet. Genauso haben wir es auch gemacht, und ich habe gewonnen. Ich muss jetzt auf die Herde aufpassen, bei Gefahr die Herde warnen und anführen. Es ist eine sehr wichtige Aufgabe, denn jeder aus der Herde verlässt sich auf den Anführer. Wir zogen in der Steppe hin und her und lebten unser Junghengstleben. Als wir fünf Jahre alt waren, trennten wir uns wieder und jeder bildete seine eigene Herde.

Nach einigen Tagen fand ich eine junge Stute, die sich von ihrer Herde etwas distanziert hatte. Sie war eine reinweiße Stute und hatte wunderschöne Augen, ihr Name war Leika. Ich habe mich sofort in sie verliebt. Die Stute hatte mich bemerkt und schaute mich interessiert an. Ich glaube, sie hatte sich auch in mich verliebt. Ich stand hinter einem Gebüsch, damit mich ihr Anführer nicht so schnell erkennen konnte. Am nächsten Tag kam die Stute wieder an den Platz zurück, an dem sie gestern gestanden hatte. Sie kam ein Stückchen näher und wir standen fast Nase an Nase. Sie hatte sich auch in mich verliebt und wir galoppierten zusammen zu ihrer Herde. Nachdem wir angekommen sind, stellte sich der Anführer schützend vor die junge Stute und seine restliche Herde.

Es war ein älterer Hengst. Er stieg immer wieder vor mir und ich stieg auch, um ihm das Zeichen zu geben, dass ich um die Stute kämpfen würde. Wir kämpften und nach ein paar Minuten senkte er den Kopf, um zu zeigen, dass ich gewonnen hatte. Die Stute kam zu mir gelaufen und wir verließen die Herde gemeinsam, um unsere eigene Herde zu gründen.

Im Sommer bekamen wir unser erstes Fohlen namens Fenja. Leika wurde die Leitstute und ich wurde zum Anführer. Wir trafen immer wieder auf andere Herden und ich kämpfte gegen die anderen Anführer und gewann immer mal wieder. Wir bekamen dann immer neue Stuten, aber manchmal haben wir auch welche verloren. Meine Herde vergrößerte sich immer mehr und jedes Jahr verließen uns zwischen drei bis fünf Junghengste. Ich habe meine Familie und meine Herde und bin jetzt endlich daheim.

Melanie Beljan
Staatliche Fachoberschule Neusäß, Klasse Vorklasse FOS

Daheim

Daheim, dort fühlt man sich wohl,
Dort kann ich, ich selbst sein.
Dort, wo die Familie ist, wo man lacht und wo man weint,
Dort fühlt sich der Mensch daheim.

Anna Mayr
Staatliches Gymnasium Königsbrunn, Klasse 5 f

Rezept zu einem Daheim-Kuchen

Zutaten:
- 3 Esslöffel Lob
- 500 ml Höflichkeit
- 200 g Dankbarkeit
- 500 g Freude
- 1000 g Lächeln
- 570 g Persönlichkeit
- 7 Esslöffel Liebe
- 50 g Geborgenheit

Zubereitung:
Dankbarkeit und Höflichkeit in eine Schüssel geben und mit Lächeln unterrühren. Anschließend die Freude und die Persönlichkeit mischen und mit Liebe und Geborgenheit in die Schüssel geben. Als nächstes Lob einfügen und alles rühren. Den Ofen auf 50 % Gemütlichkeit und 50 % Trost für 15 Minuten vorheizen. Dann den Teig reingeben und nach 25 Minuten wieder rausholen. Fertig!

Gurleen Kaur Gill
Staatliches Gymnasium Königsbrunn, Klasse 6c

Trier

Ich, Du, Wir
Wir zusammen hier
Wir reisen um die Welt
Trotz unserem wenigen Geld
Bleiben nirgends, wo es uns nicht hält
Ich, Du, Wir
Du bist hier
Neben mir
Mein Zuhause
Egal, wohin ich laufe
Ich, Du, Wir
Bald stehen wir auf Papier
Im Standesamt von Trier
Können alles schaffen
Und zusammen lachen

Emma Kammerer, Elena Bucher, Luisa Diepold
Leonhard-Wagner-Gymnasium Schwabmünchen, Klasse 8a

Luft

Luft
Allein bin ich
Luft für dich.
Einsamkeit und Trauer
Ist ein kalter Schauer.
Meine Sicht
Ist ‚ne Geschicht'
Wie ein Pfahl
Im dunklen Tal.
Du verabscheust mich
Und ekelst dich.
Doch ich bin lieb
Und kein Dieb.
Aber niemand weiß
Wie ich heiß'.
Jetzt siehst du mal, wie das ist,
Wenn man ein Straßenhund ist

Tanja Laccone
Staatliches Gymnasium Königsbrunn, Klasse 6c

Gedicht Elfchen

Daheim
schön, gemütlich
schauen einen Film
ich liebe es zuhause
Fröhlichkeit

Valentina Schroth
Staatliche Realschule Neusäß, Klasse 7b

Daheim

Daheim, zuhaus?
Was ist das? Ein Haus?
Oder ein Zelt?
Geht es nur um Luxus und Geld?
Oder geht es doch um die Menschen, die an dich denken,
Dich an deinem Geburtstag beschenken?

Die du lieb hast,
Mit denen du weinst und lachst?

Sara Richter
Staatliches Gymnasium Königsbrunn, Klasse 6e

Wieder daheim

Nun ist es schon sieben Jahre her, dass wir aus unserem Land geflohen sind. Ich war damals erst sieben Jahre alt. Ich weiß bloß noch, dass alles sehr laut gewesen ist und ich viel geweint habe. Seitdem wohne ich mit meinen Eltern und meiner kleinen Schwester im Flüchtlingslager. Heute war ein besonderer Tag. Wir hatten nämlich vor ein paar Wochen die Nachricht bekommen, dass der Krieg vorbei sei und wir endlich wieder nach Hause könnten. Unser Haus war zwar wahrscheinlich kaputt, doch dieser Ort war trotzdem immer noch mein Zuhause und der Gedanke, wieder dort zu sein, war wunderbar. Endlich wieder daheim. Meine Koffer hatte ich schon gestern gepackt und heute ging es los. Meine kleine Schwester war bisher noch nie in unserem Land gewesen. Deswegen war sie wahrscheinlich noch aufgeregter als ich. „Jasmin! Los komm", rief meine Mama. Nun ging es wirklich wieder nach Hause. Also dann, Koffer in die Hand, in den Bus einsteigen, ins Flugzeug und dann endlich wieder daheim. Die Busfahrt ging ziemlich schnell und als wir im Flugzeug waren, konnten wir noch den Sonnenuntergang sehen. Ich verschlief eigentlich fast den ganzen Flug, und als wir angekommen waren, war es schon Mittag. Der nächste Bus brachte uns dann in das kleine Dorf, in dem wir gelebt hatten. Es erinnerte nichts mehr an früher. Es lagen überall nur Schutt und kaputte Bretter herum. War das wirklich mein Zuhause? Im Flüchtlingslager hatte ich noch gedacht, es ist egal, wie kaputt alles ist, es wird sich immer anfühlen wie zu Hause. Doch das war nicht so. Es war alles nur noch ein einziger Trümmerhaufen. Wollte ich hier wirklich leben? Die Busfahrerin war hier mit ausgestiegen, weil das die letzte Haltestelle war. Sie meinte: „Die Aufräumarbeiten beginnen morgen. Bis dahin schlafen alle in den Zelten dort drüben. Bald stehen hier auch wieder Häuser." Und so war es auch. Als ich am nächsten Tag aufwachte, hörte ich schon den Lärm der Aufräumarbeiten. Von überall hörte man Hämmer und Bohrmaschinen. Und am Abend stand schon ein kleiner Unterstand. Was auch gut war, denn am Abend begann es, fürchterlich zu regnen. Alle nahmen schnell die Zelte und zogen sie unter den Unterstand. Und schon kam der erste Donner. Meine kleine Schwester Nisrin, hatte große Angst vor Gewittern. Sie begann zu weinen. Meine Mutter holte ein arabisches Märchenbuch aus ihrer Tasche und begann, ihr daraus vorzulesen. Nach zwei Monate stand das erste Haus. Es war ziemlich groß, so dass ziemlich viele aus dem Dorf schon einziehen konnten. Es gab zwar pro Familie nur ein Zimmer, aber wir waren froh, endlich wieder ein Dach über dem Kopf zu haben. Ich hatte seit mehreren Jahren kein richtiges Dach mehr über dem Kopf gehabt. Die erste Nacht war irgendwie ein komisches Gefühl. In einem Zelt hörst du fast jedes einzelne Geräusch. Und in einem Haus hörst du fast nichts, im Gegensatz zu einem Zelt. Doch trotzdem hatte ich das erste Mal wieder das Gefühl, ein bisschen daheim zu sein. Jetzt, ein halbes Jahr später, haben wir endlich wieder unser ganz eigenes Haus. Ich habe sogar mein eigenes Zimmer, genau wie Nisrin. Und auch im Dorf war alles wieder aufgebaut. Selbst der kleine Laden verkaufte wieder seine Waren. Unser Haus war wunderschön. Wir hatten wieder ein Zuhause und waren endlich wieder daheim.

Laura Nahhas
Leonhard-Wagner-Gymnasium Schwabmünchen, Klasse 5e

Zuhause

SCHLAFEN
PUTZEN
IMMER FÜREINANDER DA
ESSEN
LESEN
ERINNERUNGN
NUDELN ESSEN

Fabio Armbrust
Helen-Keller-Schule Dinkelscherben, Klasse 5GA

Eva ist auf der Welt

Meine Schwester kam im Krankenhaus zur Welt. Sie durfte erst nach zwei Tagen zu uns kommen. An Evas erstem Tag zuhause war es daheim echt schön. Wir haben Evas Taufe auch zuhause gefeiert. Meine Cousinen und Cousins sind gekommen und wir sind in den Pool und haben Kuchen gegessen. Es war ein Schokoladenkuchen in Regenbogenform. Dann haben

wir alle zusammen gespielt. Wir waren draußen in unserem Garten und
sind gehüpft, gerutscht und haben geschaukelt.

Marie Repasky
Grundschule Ustersbach, Klasse 2a

Daheim

Was bedeutet daheim?
Was kann daheim sein?
Wo kann daheim sein?
Für daheim gibt es keine Definition.
Daheim kann ein Gefühl sein, ein Haus, eine Stadt oder auch Menschen.
Daheim ist, wo du, du selbst sein kannst.
Daheim ist dort, wo die Menschen sind, die dir wichtig sind und am Herzen liegen.
Daheim ist der Ort, an den du dich zurücksehnst, wenn du weit weg bist.
Jeder hat ein Daheim, auch wenn es einem manchmal nicht bewusst ist,
wo es gerade ist.

Rebekka Fendt
Staatliche Realschule Zusmarshausen, Klasse 9b

Gedicht für „daheim"

Daheim ist, wo man sich geborgen fühlt
und in Erinnerung wühlt.
An einem Ort, wo man sicher ist
und seine Sorgen vergisst.
Daheim ist, wenn man gern dorthin zurückkehrt
und seine Familie verehrt.
Es ist eine Heimat,
wo man Familie und Freunde hat.
Daheim ist
Und das ist offensichtlich klar,
ein Ort, wo du gerne bist
und glücklich Jahr für Jahr.

Melanie Beljan
Staatliche Fachoberschule Neusäß, Klasse Vorklasse FOS

Nicht wiederzuerkennen

Meine Familie und ich hatten solange Angst hiervor. Wochenlang haben wir gezittert. Ich hatte so viel Hoffnung, dass es nie geschieht. Aber ich wurde enttäuscht, heute ist es passiert.

Unser Land wurde gestürmt. Unsere Heimat wird eingenommen. Die Nachrichten verkünden es in diesem Moment: Der Taliban ist in Afghanistan. Afghanistan gehört dem Taliban. Die Soldaten sind hier. Meine Eltern neben mir erstarren. Meine Geschwister sind zu jung um zu verstehen was gerade passiert, merken aber, dass etwas ganz und gar nicht stimmt. Sie sehen mich mit großen Augen an. „Nila, was ist los?", fragt mich der ältere meiner zwei jüngeren Brüder. Was soll ich darauf antworten? Ich will ihnen nicht antworten. Die Wahrheit kann ich ihnen wohl kaum sagen, sie werden es früh genug erfahren müssen, es selbst erleben.

Ich beruhige mich selbst. Es gibt keine gute Antwort, also schweige ich.

Bedeutungsvoll sieht mich mein Vater an. „Wir müssen nach Hause", sagt er, während er schon losläuft. Er wird immer schneller, sprintet schon fast. Die Leute neben uns ebenfalls. Alle stürmen nach Hause, um sich in Sicherheit zu bringen. Mutter und ich mit den Kleinen an den Händen kommen kaum hinterher. Endlich zu Hause angekommen verriegelt Vater die Tür und Mutter bringt die Kinder umgehend ins Bett. Die beiden sind so verwirrt, dass sie ihr ohne Widerspruch folgen.

Danach versammeln wir uns am Küchentisch. Niemand sagt etwas, ich bin starr vor Angst. Schweigend sitzen wir da, bis Mutter anfängt zu weinen. Vater tröstet sie. Ich kann es nicht, bin nicht wirklich zu einer Reaktion fähig.

Ich habe kein Gefühl mehr für Zeit. Sie vergeht rasend schnell und gleichzeitig in Zeitlupe.

Mein Land ist nicht wiederzuerkennen. Soldaten sind auf den Straßen, zu jeder Zeit. Sie sind bewaffnet und immerzu eine offene Drohung: Wer den Regeln nicht folgt, wird Folgen spüren. Wer nicht tut, was sie wollen, ist hier nicht willkommen.

Mein Leben ist nicht wiederzuerkennen. Meine Träume von akademischem Erfolg wurden in wenigen Tagen zerstört. Ich darf nicht mehr zur Schule gehen, obwohl ich gut war. Mutter darf nicht mehr arbeiten, weshalb Vater kaum noch zuhause ist. Fast schon wahnhaft versucht er, Mutters Lohn auszugleichen. Er erträgt es nicht, mich und Mutter so zu sehen, so abhängig, so hilflos.

Keine Frau darf den öffentlichen Verkehr noch alleine benutzen oder ohne einen Mann auf die Straßen gehen. Als wären wir nur ein Accessoire für einen Mann. Ich bin keine Person mehr, ich bin eine Frau. Und daran werde ich jeden Moment erinnert.

Und plötzlich hasse ich es so sehr, eine zu sein. So abhängig zu sein, so behandelt zu werden, nur wegen meines Geschlechts. Als hätte ich entschieden, kein Mann zu sein, nicht dieselben Privilegien genießen zu wollen. Die eigentliche Frage ist: Wer hat entschieden, dass ich deswegen weniger wert bin? Beschützt werden muss? Ich sicherlich nicht.

Ich kann nichts tun, ich bin machtlos. Bin ein Objekt, dazu verdammt still zu sitzen und zu warten.

Jeden morgen vor dem Spiegel, wenn ich überprüfen muss, ob meine Kleidung der Kleiderordnung entspricht, erinnere ich mich wieder daran, wer Macht hat: der Taliban, Männer. Von einem Tag auf den anderen habe ich mich in Denkweisen wiedergefunden, die ich als veraltet empfand, aber sie sind wieder Realität geworden. Meine Freundinnen, Mütter, Großmütter und selbst kleine Mädchen leiden tagtäglich darunter. Ich will mein Daheim zurück, aber ich weiß nicht wie.

Vanessa Pertl
Staatliches Gymnasium Königsbrunn, Klasse 11b

Daheim

Daheim, in den „eigenen vier Wänden", dort wo man sich auskennt und sich wohlfühlt. Für mich umfasst der Begriff aber nicht nur die eigene Wohnung oder das eigene Haus, für mich hat er ebenfalls etwas mit der Heimatstadt oder dem Heimatort zu tun.

An einem Ort, an dem man großgeworden ist, oder sich im Alter niedergelassen hat. Dort ist einem stets alles vertraut, die Nachbarn oder die besten Freunde, die im Haus oder um die Ecke wohnen.

Man selbst trägt zum Beispiel durch das Mitwirken in einem örtlichen Verein dazu bei, dass dieser weiterhin trotz weniger Mitglieder oder geringer Beliebtheit erhalten bleibt. So wird zusätzlich das Zusammenleben gestärkt.

Mir bedeutet diese Art des Zusammenlebens sehr viel, da ich finde dass es zu alledem, was uns in einem normalen Alltag beschäftigt, ebenfalls ein wichtiger Aspekt ist.

Auch ist das Gefühl von Sicherheit ein wichtiger Faktor, der dazu beiträgt, sich zuhause wohlzufühlen. Ich bin froh darüber, in einem friedlichen Umfeld aufwachsen zu können. Ein Umfeld frei von jeder Gewalt und Auseinandersetzung, zu dem ich aber keine normalen kleineren Streitigkeiten in der Familie und unter Geschwistern dazuzählen möchte, denn diese scheinen ja auf irgendeine Weise einfach dazuzugehören.

Das Zuhause scheint wie eine Insel, auf die ich aus dem Alltag zurückkehren kann. Wenn es mir einmal nicht allzu gut geht, ist immer jemand da, der mich aufmuntert oder mich unterstützt.

Gerne verbringe ich viel Zeit im Garten um meine Begeisterung an der Gartengestaltung auszuleben, oder ziehe mich in eine ruhige Ecke des Hauses zurück, um ein Buch zu lesen. All diese Orte und Möglichkeiten schätze ich an meinem Zuhause sehr und hoffe, dass sich daran so schnell nichts ändern wird.

Auch tut es gut, nach einer langen Weile wieder nach Hause zurückzukehren nachdem man sehr lange vereist oder abwesend war. Dann kehrt man an den Ort zurück, an dem man sich am wohlsten fühlt. „Ich bin wieder Zuhause!"

Jonathan Hübner
Mittelschule Gersthofen, Klasse 8bM

Ein Wichtel daheim

„Sommerferien", seufzte Lena. „So langweilig." Sie wollte unbedingt in den Urlaub fahren, ans Meer, doch ihre Mutter meinte: „Lass uns doch zu Hause bleiben und eine schöne Zeit mit der Familie verbringen." Doch Lena würde es nicht schöne Zeit nennen, sondern eher Zeit mit einer arroganten großen Schwester und zwei nervigen kleinen Brüdern. Außerdem auch einer kleinen Schwester, die gerade erst ein Jahr alt war. Lena saß beleidigt an ihrem Schreibtisch und knabberte an ihrem Stift, da kam ihre Mutter ins Zimmer. „Willst du auch welche?", fragte sie mit einem Teller voller Kekse in der Hand, doch Lena sah sie nicht mal an. „Ich stell sie dir mal auf dein Bett, falls du doch Hunger bekommst." Kurz nachdem sie die Tür schloss, ließ Lena sich auf ihr Bett plumpsen. Dabei hüpfte auch der Teller in die Luft. Erschrocken sah sie einen Keks unter ihr Bett kullern. Lena sah nach und wunderte sich, dass sie ihn am Boden nicht fand. Misstrauisch wandte sich Lena wieder ihrem Beleidigtsein zu. Nach einiger Zeit wurde es ihr langweilig, also beschloss sie herauszufinden, was es mit dem verschwundenen Keks auf sich hatte. Sie entschied, eine Falle zu bauen. Lena kippte die Kuscheltiere aus dem großen Korb und legte ihn umgedreht neben ihr Bett, ein Holzbaustein ihres Bruders hielt den Korb offen. Daran band sie ein Stück Schnur und wenn sie sah, dass etwas unter dem Korb war, musste sie nur am Ende ziehen und der Korb fiel um. Sie legte ihren letzten Keks in die Falle und wartete. Es wurde schon spät und

Lena war kurz davor einzuschlafen, doch dann sah sie aus dem Augenwinkel, dass etwas gerade dabei war, sich den Keks zu schnappen. Plötzlich war sie hellwach und zog an der Schnur. Lena hätte eigentlich mit einer Maus gerechnet, doch was sie sah, hatte keine Ähnlichkeit mit einer Maus. Stattdessen fing sie ein kleines Wesen, das so ähnlich aussah wie ein kleiner Mensch. Es hatte einen langen Bart und eine kleine, rote Zipfelmütze, die seine Augen verdeckte, eine tiefe Stimme, die gar nicht zu dem kleinen Körper passte und eine große runde Nase. Das Wesen schrie laut: „Hilfe!" Es war ein kleiner Wichtel, der ihren Keks gegessen hatte. Lena erschrak so sehr, dass sie fast nach hinten umkippte. „Lass mich frei!", bat der Wichtel und klang dabei sehr verzweifelt. Lena hatte sich wieder etwas beruhigt und ging mit ihrem Gesicht etwas weiter zu dem Korb, um vorsichtig durch die Löcher zu gucken. Auch der Wichtel kam näher zu ihr und schnaubte: „Lass mich endlich frei!" Sie hob den Korb in die Höhe. Flink hüpfte der Wicht aus seinem Gefängnis. Lena bemerkte, wie der Wichtel sich in Richtung des Bettes bewegte und stellte sich ihm in den Weg. „Halt!", rief sie aufgeregt. „Hier geblieben!" Als Lena das Bett etwas von der Wand wegschob, staunte sie. Dort war ein mit Pilzen und Moos bewachsenes Tor. Es stand einen Spalt offen. Lena öffnete es vollständig und blickte hinein, doch da war nichts, nur ein schwarzer Raum. „Halt ein, du machst es kaputt!", grummelte der Kleine. Lena sah, dass die Tür schon etwas beschädigt war. „Wieso ist diese Tür so wichtig? Ist ja sowieso nichts dahinter!", stellte Lena fest. „Kein leerer Raum, du kannst es mit deinen schlechten Augen einfach nur nicht sehen", entgegnete der Wichtel etwas herablassend. Er zog eine kleine rote Zipfelmütze aus seiner winzigen Hosentasche. „Setz sie auf!", befahl er und deutete auf die Mütze. Lena nahm sie und wollte wissen, warum sie das tun sollte. Währenddessen setzte sie das Hütchen auf und bevor sie eine Antwort bekam, passierte es: Sie schrumpfte! Lena fühlte sich winzig und wurde ängstlich. Jetzt konnte sie dem Wichtel in die Augen sehen, wenn diese nicht von seiner Mütze verdeckt worden wären. „Du brauchst keine Angst zu haben", brummelte der Wichtel freundlich. „Ich heiße Brim." Und wo vorher ein leerer Raum gewesen war, erkannte sie eine wunderschöne Landschaft. Grüne Wiesen, Sonnenblumenfelder und einen mächtigen Wald. Sie lief durch das Tor, und der Wichtel folgte ihr. Sie kamen an einen Weg aus Stein, der zu einem seltsamen Dorf führte. Die Häuser waren aus Pilzen mit kleinen Türen und Fenstern. Der Stiel des Pilzes war der Wohnbereich. Die Pilzkappen sahen aus wie Dächer. Dort lebten die Wichtel. Lena freute sich über den Anblick der kleinen Häuschen. „Wie kann das nur sein?", murmelte sie. Lena hatte etwas Angst vor dem Wald, doch sie war neugierig und ging hinein. Sie lief einen Weg entlang, der immer schmaler wurde, bis er auf einmal ganz verschwand. Als Lena sich umsah, fiel ihr ein glitzernder See auf. Der See hatte auf sie eine hypnotische Wirkung. Lena stand die ganze Zeit am Ufer und blickte auf das schimmernde Wasser. Als sie wieder zu sich kam, bemerkte sie, dass Brim gar nicht mehr bei ihr war. Sie wurde ängstlich und blickte panisch um sich. Es war schon dunkel und Lena konnte nur noch die Umrisse der Bäume sehen. Sie versuchte, den schmalen Weg wiederzufinden, doch sie sah nichts mehr. Panisch rannte sie in der Hoffnung herum, dass sie in Richtung Waldrand laufen würde. Doch anstatt aus dem Wald hinaus zu rennen, gelangte sie immer weiter in ihn hinein. Sie raste an Bäumen vorbei und ihr schlugen dünne Äste ins Gesicht. Sie kniff ihre Augen zusammen, während sie in die Dunkelheit sauste. Dann passierte es: Ihr Fuß blieb in einer großen Wurzel stecken und sie knallte auf den Boden. Lena wagte es nicht, sich zu bewegen, und hoffte, dass sie bald von Brim gefunden würde. Wie versteinert lag sie dort und sah aus der Ferne ein leuchtendes Augenpaar, das sie verfolgte. Langsam kroch das Ungeheuer zu ihr. „Hallo!", rief Lena eine bekannte Stimme zu. Lena war sehr erleichtert, es war die Stimme von Brim! Das Ungeheuer war Brim, der sie schon gesucht hatte und das leuchtend rote Augenpaar war eine Laterne, die Brim dabei hatte. „Ich will nach Hause", murmelte sie erschöpft. Brim war etwas traurig, weil Lena schon gehen wollte. Zusammen verließen sie den Wald und gingen wieder den Steinweg entlang. Lena hatte Heimweh und wollte unbedingt wieder nach Hause. Brim brachte Lena zu einem riesigen Felsen, aus dem einige Türen ragten. Zu jeder Tür gab es eine steile Treppe. Der Felsen war so groß, dass er gar nicht zu der eher flachen Landschaft passte. Sie gingen eine Treppe hinauf und kamen an einer Tür an, die genauso aussah, wie die Tür in Lenas Zimmer. Brim kam noch ein Stück mit. Als sie in Lenas Zimmer angekommen waren, verabschiedeten sie sich voneinander. Als Lena in ihr Zimmer lief, zog Brim ihr die Mütze vom Kopf und sie wurde wieder groß. Sie wunderte sich, drehte sich zur Tür um und stellte fest, dass die Tür nicht mehr da war. Lena fragte sich, ob das alles nur ein Traum gewesen war, doch das konnte nicht sein. Sie hätte nicht gedacht, dass es bei ihr daheim ein Wichtelland gab. Es ist zwar schön, manchmal in anderen Welten zu sein, doch daheim ist es immer noch am schönsten.

Romy Dietrich
Mittelschule Diedorf, Klasse 6a

Daheim

Daheim ist ein Ort, wo man sich geborgen fühlt. Auch wenn es manchmal nicht so scheint. Es ist ein Ort, wo man seine Träume leben kann. Wo man mit seiner Familie glücklich ist, und wo man sein Leben lebt. Manche Menschen haben nicht so ein Leben wie wir. Sie leben auf der Straße, ohne ein Dach über dem Kopf zu haben. Wir sind froh, dass wir ein eigenes Haus haben, wo wir glücklich drin leben können. Ein eigenes Zimmer mit einem Bett, wo wir drin schlafen können und uns wohlfühlen. Am Abend bringen uns unsere Eltern ins Bett, wir schlafen friedlich ein und müssen keine Angst haben, dass irgendwas passieren wird. Man wird von ganzem Herzen geliebt und respektiert. Man bekommt jeden Tag zu essen, und wenn es draußen regnet und stürmt, sitzen wir im warmen Haus und schauen nach draußen dem nassen Regen zu. Und das macht daheim aus.

Maja Schmitz, Helena Gänsicke
Leonhard-Wagner-Gymnasium Schwabmünchen, Klasse 5e

Auf + Ab

12.03.2020
Liebes Tagebuch,
heute Vormittag in der Schulpause kamen meine Freunde und ich auf das Thema „Daheim". Ein Begriff, aber viele verschiedene und individuelle Bedeutungen, wie sich herausstellte. Ich habe vielleicht eine etwas oberflächliche Sichtweise darauf, aber ich definiere mein Daheim mit dem Haus, in dem meine Eltern, mein Bruder und ich hausen.

04.10.2020
Liebes Tagebuch,
genau eine Woche ist es jetzt her. Mein Bruder ist nach Wien umgezogen … ich vermisse ihn schon jetzt. Weißt du noch, als ich dir von meiner persönlichen Definition von „Daheim" erzählte? Dieser Umzug ist der Auslöser für meine nun veränderte Sicht bzw. Wahrnehmung auf das ganze Thema. Als mein Bruder noch mit mir unter einem Dach lebte, war er immer ein großer Teil meines „Daheims". Seitdem er seinen eigenen Wohnort besitzt, soll er nicht mehr Teil dessen sein? Völliger Quatsch, natürlich ist er noch ein Teil davon und dieses kann man mir auch nicht mehr nehmen.

28.01.2021

Liebes Tagebuch,

ich bin am Ende meiner Kräfte … meine ganze Welt wurde auf den Kopf gestellt. Ich weiß nicht, wie ich das überstehen kann und an was ich mich jetzt noch festhalten soll. Gestern Abend erfuhren meine Eltern und ich durch einen Anruf, dass mein Bruder bei einem Unfall ums Leben kam. Mir fehlen die Worte ebenso der Lebenswille … er ist einfach nicht mehr da.

16.01.2022

Liebes Tagebuch,

es ist bis heute noch super schwierig für mich, aber nach einiger Zeit realisierte ich, dass selbst wenn ich meinen Bruder nicht mehr vor mir stehen habe oder ihn umarmen kann, das Gefühl vom „Daheimsein" in mir aufbrodelt, wenn ich vor seinem Grab stehe. „Ist sein Grab ein neuer Teil meines ‚Daheims'?", frage ich mich viel zu oft. Nein, es ist einzig und allein der Gedanke an ihn, der besonders dort wie ein Blitz in meinen Kopf einschlägt. Ich habe bis heute noch nicht gelernt, mit dem Tod meines Bruders umzugehen, aber dafür, dass er – egal wie immer – mein Daheim bleibt.

Benita Bülow
Justus-von-Liebig-Gymnasium Neusäß, Klasse Q11

Brief an Daheim

Liebes Daheim,

nun bin ich fort. Manchmal bereue ich es immer noch, dass ich einfach so gegangen bin. Doch ich konnte es einfach nicht mehr aushalten, mich Tag für Tag nach Hause zu schleifen. Jeden Tag aufs Neue angeschrien zu werden und mich danach gestresst in mein Zimmer zu verkrümeln. Die Liebe, die ich früher für diesen Ort empfunden habe, war fort. Der Zeitpunkt war da, dich zu verlassen. Ich möchte einen Neuanfang starten. Wenn ich nach Hause gehe, will ich mich darauf freuen können, doch mit dir ging das nicht mehr. Ich will mich an dem Ort wohlfühlen. Dies möchte ich mein wahres Daheim nennen, kein Ort, an dem ich mit Ketten gefesselt bin und mir größte Mühe geben muss, diese zu lockern, damit ich Luft zum Atmen haben kann. Deswegen habe ich mich losgerissen.

Lysann Winter
Staatliches Gymnasium Königsbrunn, Klasse 9d

Mama, ich bleib heute mal daheim ...

Nachrichten im Fernseher

Sprecher im Greenscreen (Tagesschau-Design)

„Guten Abend meine Damen und Herren, ich begrüße Sie zur Tagesschau. Das Neuartige Sars-Cov-2 Virus aus China, auch genannt Corona, ist nun auch in Deutschland angekommen. Nachdem es mehrere Fälle in Firmen gab, wurden nun weitere Fälle auch in Krankenhäusern und bei Hausärzten gemeldet. Der Bundestag hat gestern einen Krisenstab einberufen, um über die aktuelle Lage zu diskutieren und mögliche Maßnahmen zu beschließen. Seit gestern Abend tagen die Abgeordneten im Ausschuss, morgen sollen auf einer Pressekonferenz die Ergebnisse präsentiert werden. Wie gefährlich das Virus ist und welche Folgen es auf unsere Gesellschaft haben könnte, darüber sind sich Forscher noch im Unklaren."

Kamera zeigt Protagonist 1 mit Eltern vor dem Fernseher. Nachrichten laufen im Hintergrund weiter.

Vater: „Das wird genauso sein wie die letzten Male. Zuerst gibt es große Panik, jeder redet nur noch über den Supergau und nach paar Wochen hat es schon wieder jeder vergessen."

Mutter: „Ich hab das Gefühl, dass es dieses Mal anders wird. Ich hab gestern mal zur Sicherheit ein paar Masken bestellt, nur zur Sicherheit, falls – ..."

Vater: „Glaubst du wirklich, dass nötig ist? Aber ja, natürlich schmeißt du das Geld, was ich für uns verdiene, wieder für so einen Scheiß raus!"

Mutter: „Du weißt doch gar nicht, wie gefährlich das Virus ist. Es ist nur zu unserer Sicherheit!"

Vater (aggressiver): „Selbst wenn wir uns anstecken, die Grippe haben wir auch überlebt! Ich trag doch nicht so ein Ding, was wahrscheinlich eh nix bringt!"

Mutter: „Dein wievieltes Bier ist das jetzt?"

Vater (laut): „Was geht dich das an?"

Protagonist 1 verlässt den Raum und geht in sein Zimmer. Im Hintergrund streiten die Eltern weiter.

Er spielt am Handy ein Spiel. Es blinkt eine Nachricht von Protagonistin 2 auf.

P2: „Hast du's schon gehört? Wir haben vielleicht ab morgen keine Schule für paar Wochen! Kam gerade ein Elternbrief rein. Wird morgen von der Regierung bekanntgegeben."

P1: „Wie geil! Dann schreiben wir die Mathe-Klausur diese Woche nicht mehr!"

P2: „Mega. Wie geht's dir? Alles okay?"

P1: „Ganz okay. Das alltägliche Streitprogramm meiner Eltern eben."

P2: „Ich hab dir gesagt du kannst jederzeit ein paar Tage bei uns schlafen, wenn du Abstand brauchst."

P1: „Alles gut, danke. Bin's ja gewöhnt. Sehen wir uns morgen in Deutsch?"

P2: „Wenn du nicht schon wieder krank machst, safe. Bis dann!"

P1 legt sein Handy weg und zockt.

Blende

Klassenzimmer

Schüler und Lehrer betreten das Klassenzimmer.

Lehrer: „Nehmt bitte Platz, es gibt etwas, was ich mit euch besprechen muss."

Schüler nehmen Platz. Ruhe kehrt ein.

Lehrer: „Ich glaube, ihr alle seid wenigstens ein bisschen über die aktuelle Lage informiert. Heute wird bekanntgegeben, ob wir weiterhin normal Unterricht haben werden. Falls das nicht der Fall sein sollte, bitte ich diejenigen, die ihr Mebis noch nicht eingerichtet haben, das so bald wie möglich zu tun, weil das vorerst unsere beste Kommunikationsmöglichkeit ist."

Schüler 1(ruft rein): „Schreiben wir dann die Klausur?"

Lehrer: „Die Klausur wird verschoben-"

Lautes Jubeln im Klassenzimmer, welches vom Durchsagengong unterbrochen wird.

Stimme: „Schönen guten Morgen, es folgt eine wichtige Durchsage. Aufgrund der neuen Beschlüsse der Regierung wird der Unterricht in den nächsten Wochen von zuhause aus stattfinden. Die Schüler werden gebeten, sich nach Hause zu begeben und soziale Kontakte zu meiden. Vielen Dank."

Lehrer: „Also, ihr habt's gehört, ab nach Hause."

Schüler verlassen laut das Klassenzimmer. Kamera fokussiert auf Protagonist 1 und Protagonistin 2 im Laufen (Gimble-Kamera)

P2: „Willst du heute Abend was machen? Haben ja jetzt so gut wie keine Schule."

P1: „Ja klar, wann kannst du?"

P2: „Weiß ich noch nicht genau, wir schreiben einfach spontan."

P1: „Okay bis dann."

Blende

Draußen am Treffpunkt

P2 wartet auf P1 und schaut ungeduldig aufs Handy. P1 kommt um die Ecke mit einer Wunde im Gesicht

P2: „Da bist du ja endlich! Hast mich um 20 Minuten versetzt. Hättest mir auch schreiben – Oh Gott was ist passiert?!"

P1: „Bin vor lauter Stress die Treppe runtergefallen, aber es ist alles okay. Sorry, dass ich dir nicht Bescheid gesagt hab."

P2: „Alles gut, kannst ja nix dafür. Krass, dass du dir nichts gebrochen hast."

P1: „Ja …" (macht sich eine Zigarette an)

P2: „Seit wann rauchst du?"

P1: „Ist doch egal."

P2: „Ist wirklich alles okay? Du wirkst so abwesend."

P1 (energisch): „Ja, wirklich alles okay. Bin noch bisschen neben der Spur wegen dem Sturz."

P2: „Okay wenn du meinst …"

Blende

Zimmer von P2

Zwei Wochen später

P2 liegt auf dem Bett. Handy vibriert.

Nachricht von P1: „Hey, du hast doch mal gesagt, dass ich für paar Tage bei dir schlafen könnte, oder?"

P2: „Jä, klar, muss das nur noch mit meinen Eltern abklären. Was ist los?"

P1: „Erklär ich dir, wenn ich bei dir bin."

P2 steht auf.

P2 (rufend): „Mama? Kann der (…) für paar Tage bei uns wohnen?"

(Stimme außerhalb des Zimmers: „Ja klar!"

P2 geht wieder ans Handy

P2: „Ja, du darfst. Wann bist du da?"

P1: „Jetzt."

P2 geht ans Fenster. Unten steht P1 und winkt.

Schnitt

Haustür

P2 macht die Tür auf. P1 steht davor mit einer Tasche und einem blauen Auge.

P2 (erschrocken): „Was ist passiert?! Wieso hast du ein blaues Auge?"

P1: „Alles gut, ich erklärs dir in Ruhe -"

P2: „Musst du zum Arzt? Soll ich dir ein Kühlpack holen?"

P1: „Nein, es ist wirklich alles okay. Kann ich -"

P2: „Mama! Holst du bitte ein Kühlpack?"

P1: „Wofür denn, mein Schatz?"

Mutter tritt an die Tür.

Mutter: „Hallo (…). Was ist denn mit dir passiert?"

P1 (genervt): „Kann ich bitte erstmal reinkommen?"

P2: „Oh, ja klar, sorry, komm rein."

P1 betritt das Haus. Mutter holt ein Kühlpack aus der Küche.

P2: „Kannst du mir jetzt bitte mal erzählen, was passiert ist?"

P1 (seufzend): „Mein Vater ist seit zwei Wochen arbeitslos, seitdem trinkt er noch mehr als sonst. Ich hab versucht mich zwischen ihn und meine Mutter zu stellen, da hat er -"

P1 beginnt zu weinen

Mutter: „Er hat dich geschlagen?"

P1 nickt.

P2: „Oh man (…)."

P1: „Danach bin ich in mein Zimmer und ich hab nur noch gehört, wie sich meine Eltern anschreien. Hab dann ein paar Sachen gepackt und bin weg."

P2: „Und deine Mutter?"

P1: „Ich weiß nicht, er hat ihr noch nie etwas getan, aber momentan ist es wirklich schlimm. Ich musste einfach raus."

P2: „Verständlich. Geh schon mal hoch und pack deine Sachen aus."

P1 (verwundert): „Bei dir im Zimmer?"

P2 (lächelnd): „Im Gästezimmer. Das Zimmer daneben."

P1 verlässt das Zimmer.

Mutter (zu P2): „Ich kenne den Blick."

P2 (errötet): „Welchen Blick?"

P2 verlässt das Zimmer. Mutter lächelt im Hintergrund.

Im Gästezimmer

P1 packt seine Sachen aus. P2 betritt das Zimmer.

P2: „Wie geht's dir jetzt eigentlich?"

P1: „Naja wie solls mir gehen? Bin gerade von Zuhause abgehauen und weiß nicht wie's meiner Mutter geht …"

P2: „Kannst du ihr nicht schreiben?"

P1: „Doch schon … Um ehrlich zu sein, möchte ich aber gar nicht wissen, was passiert ist, als ich gegangen bin."

Alexander Volkert
Justus-von-Liebig-Gymnasium Neusäß, Klasse Q11

Daheim

Daheim
bei dir
fühl mich wohl

bleibe forever bei dir
Nähe

Annika Ballesteros, Lenja Krieger
Staatliche Realschule Zusmarshausen, Klasse 9b

Unser liebevolles Irrenhaus

Bei den meisten Familien ist es geordnet und mit strengen Regeln, bei uns ist das schon immer anders. Wir sind eine einzigartige Familie, wir sind sehr lustig und verstehen Spaß. Wir bleiben manchmal lange zusammen draußen, und erleben coole Sachen. Wir sind eine Familie die spontan und liebevoll ist und einen guten Humor hat. Meine Eltern sind zwar getrennt, aber ich habe einen Stiefvater, den ich genauso dolle lieb habe wie meinen Bruder und meine Mama. Wir schaffen alles zusammen, wir reden miteinander über alles.

Unsere Regeln sind: Nicht lügen, miteinander reden, zusammenhalten. Wir haben zusammen schon viel durchgemacht. Wir sind eine Art von Familie, die sich um 3 Uhr in der Früh noch Rührei mit Nudeln macht.

Wir sind von unserem alten Zuhause weggezogen zu unserem jetzigen. Der Umzug war ein neuer Weg und ein großer gemeinsamer Schritt. Natürlich vermisse ich manchmal mein altes Zuhause und meine Freunde, aber ich habe viele neue Freunde, ein wunderschönes neues Zuhause und neue schöne Erinnerungen. Ich liebe mein Zuhause und die Menschen, die mit mir in diesem liebevollen Irrenhaus leben.

Marie Südekum
Mittelschule Schwabmünchen, Klasse 6c

Omas kleines Geheiminis an mich

Mein Name ist Milia. Ich bin vierzehn Jahre alt und wohne mit meinen Eltern und meiner kleinen Schwester Josefin in der Nähe von Hamburg.

Vor fünf Monaten ist meine Oma Hilde gestorben und hat meiner Mutter ihr Haus in Langenhagen vererbt. Also mussten wir dorthin ziehen. Ich wollte nicht dorthin. Aber Papa hat dort in der Nähe einen besser bezahlten Job als Steuerberater gefunden und meine Mama bekam eine Arbeitsstelle an meiner neuen Schule.

Meine Matratze ist das Einzige, was noch in meinem Zimmer liegt. Es heißt nun, Abschied nehmen. „Tschüss, mein altes Zuhause und meine Freunde." An einem Freitagnachmittag geht es los, wir setzen uns in unser

Auto. Alles ist voller Kartons und Klamotten. Mich beschleicht das Gefühl der Angst vor dem Neuen.

Ich sehe die Landschaft vorbeiziehen. Es dauert eine gefühlte Ewigkeit, bis Papa in einen gepflasterten Hof einbiegt und vor einer Garage anhält. Wir sind da. Ich war schon lange nicht mehr bei meiner Oma. Zwischen der Garage und dem Haus führt ein kleiner Weg in den Garten. Was für ein schöner Garten. Ich ließ mich auf einen der verrosteten Stühle nieder, er war auch etwas warm. Ich genoss die Wärme der Abendsonne auf meinem Gesicht.

Da hörte ich die Stimme meiner Mama: „Schätzchen, komm und schau dir an, was wir die letzten Wochen alles gemacht haben." Ich erhob mich und ging langsam zur Haustür, dort blätterte die rote Farbe bereits ab. Das kann ja heiter werden, dachte ich mir.

Wir gingen zusammen rein und sie zeigte mir mein Zimmer, das Bad, das Zimmer von Josefin, die Küche, das Schlafzimmer meiner Eltern und die anderen Räume. Sie erzählte stolz, dass Oma unbedingt wollte, dass ich dieses Zimmer bekomme.

Sie sagte, ich soll in mein Zimmer gehen und mich einrichten und erstmal ankommen. Ich ging rein und atmete die leicht muffelige Luft ein.

Das alte Regal von Oma stand noch drin. Das kann hierbleiben, dachte ich mir, schaut ja eigentlich ganz hübsch aus. Dann öffnete ich das Fenster. Draußen folgten die Möbelpacker eifrig den Anweisungen meiner Mama. Sie winkte zu mir hoch. Müde von den vielen Eindrücken ließ ich mich auf mein Sofa fallen und schlief auch gleich ein.

Am nächsten Tag wollte ich die Gegend erkunden und lief durch die Straßen. Von weitem kamen zwei Kinder auf mich zu. Wir sprachen und lachten viel miteinander. Die beiden, Paula und Max, brachten mich nach Hause und dort gingen wir in mein Zimmer. Mama brachte uns Kekse und Limo aufs Zimmer und wir genossen die gemeinsame Zeit.

Max wollte gerade ein Buch herausholen, doch es ging eine geheime Wand auf. Dahinter stand ein Medizinschränkchen mit kleinen Ampullen mit Flüssigkeiten – sie hatten alle eine andere Farbe. Daneben stand ein kleiner Tisch mit Rezepten. Paula und ich sahen uns mit großen Augen an. Max war schon in der kleinen Apotheke verschwunden. Wir folgten ihm. Die kleinen Ampullen waren mit „Zucker des Glücks" oder „Öl des Vertrauens" gefüllt. Paula nahm sich das Rezeptbuch vom Tisch und fing an, darin zu blättern. Sie laß die Überschriften der Rezepte laut vor: „Das-wird-schon-wieder-Auflauf", „Freudekuchen", „Plätzchen des Glücks". Wir schauten uns noch etwas in dem kleinen Raum um und freuten uns sehr, über das Gefundene. Max meinte, dass es besser sei, wenn wir unser Geheimnis für uns behielten. Also schlossen wir die Geheimtür wieder und die Zwei gingen nach Hause.

Die Wochen in unserer neuen Heimat vergingen und waren voller Unruhe und Ärger. Mein Vater verlor nach kurzer Zeit wieder seinen Job, und Josefin machte jeden Morgen einen mega Aufstand, weil sie nicht in den neuen Kindergarten wollte. Die Stimmung bei uns im Haus war sehr angespannt und mies.

Eines Tages erzählte ich Paula und Max von unserer Situation zu Hause. Paula hatte die Idee, dass wir doch mal die Plätzchen des Glücks ausprobieren sollten. Also legten wir los. Wir besorgten alle Zutaten und legten in unsere Küche mit den Plätzchen los. Meine Familie freute sich über die kleinen leckeren Gebäckstücke und noch lauwarm wurden alle verputzt.

Es vergingen ein paar Tage und Josefin fand im Kindergarten eine neue Freundin und schon war das Drama morgens beendet. Mein Vater bekam einen Anruf von einer angesehenen Kanzlei in Hannover und sie vereinbarten einen Termin zum Vorstellungsgespräch. Mit großer Freude erzählte ich meinen Freunden von den Veränderungen.

Als mich meine Mutter abends ins Bett brachte, fragte ich sie: „Mama, warum wollte Oma, dass ich genau dieses Zimmer hier bekomme?"

Sie schüttelte den Kopf. Dann legte ich mich in mein Bett und dachte an meine Oma. „Da hast du dir bestimmt was dabei gedacht, nicht wahr", sagte ich mit einem Lächeln in die Dunkelheit. Ich war überglücklich. Alles hatte sich zum Guten gewendet. Mir wurde klar, dass Manches im Leben einfach Zeit braucht und alles gut wird. Da wurde mir klar, daheim ist kein Ort, daheim ist ein Gefühl.

Mariella Schmid
Staatliche Realschule Neusäß, Klasse 7B

Ein neues Zuhause für Teddy

Hallo, ich bin Teddy und ich bin ein altes schmuddeliges Teddybärchen. Ich habe leider kein Zuhause mehr, weil meine alte Familie mich verkauft hat.

Und nun sitze ich hier einsam mit Büchern und anderen Sachen auf einem Flohmarktstand. Ich hoffe, dass ich bald ein neues Zuhause finde bei Leuten, die mich lieb haben. Es sind schon viele Leute an mir vorbeigelaufen und haben aber immer etwas anderes gekauft. Sogar meinen besten Freund Bubi haben sie mir weggenommen. Seitdem bin ich sehr einsam und alleine. Es verging Tag für Tag und keiner wollte mich haben.

Aber an jenem Tag war es anders! Kurz nach dreizehn Uhr begann der Flohmarkt so wie jeden Tag. Es war wie immer alles gleich. Jeder guckte mich an, aber ich wurde nie gekauft. Doch da kam ein kleines Mädchen vorbei. Ich hatte die Hoffnung zwar schon aufgegeben, doch da zeigte sie auf mich und ich freute mich so sehr! Doch als aus ihrem Mund dann das Wort: „Iiiiih", kam, war ich traurig, ich war sooo traurig und innerlich sehr verletzt. So etwas passierte oft, dass die Leute mich auslachen, oder gemein zu mir sind. Als das Mädchen nun weg ging, war ich sehr enttäuscht, weil dass wahrscheinlich meine letzte Hoffnung gewesen war. Aber nein, so war es nicht.

Ganz spät am Abend, als der Flohmarkt schon abgebaut wurde, kam eine alte Dame mit ihrem Enkelkind. Sie schaute die Bücher an, aber sie kaufte keines davon. Als sie mich einsam sitzen sah, nahm sie mich in ihre warmen Hände und fragte: „Wieviel Geld wollen Sie für diesen süßen Teddybär haben?" Ich war glücklich als mich endlich jemand haben wollte. Der Verkäufer antwortete beschäftigt: „Ach, nehmen Sie ihn doch einfach mit, den will eh keiner haben. Ich bin froh, wenn er weg ist!" Es war zwar nicht nett, was er sagte, aber das war mir in diesem Moment egal.

Die alte Damen nahm mich mit nach Hause. Sie wusch mich zärtlich mit warmen Wasser und Seife. Es war so wundervoll. Und ich freute mich an diesem Tag so sehr, endlich ein neues Zuhause gefunden zu haben. Ich wurde trocken gerubbelt und kam auf ein weiches Kissen. Von dem kleinen Mädchen wurde ich zugedeckt und so sehr geliebt wie noch nie zuvor. Am nächsten Morgen kam das Mädchen in das Zimmer, wo ich lag. Und es redete mit mir: „Guten Morgen, Teddy, hast du gut geschlafen?" Es war wunderschön, so eine Frage gestellt zu kriegen. Sie konnte mich zwar nicht hören, aber ich sagte sehr glücklich: „Ja"

Sie nahm mich überallhin mit und erklärte mir viel tagein tagaus. Ich konnte mir kein schöneres Leben als dieses vorstellen. Es war zwar am Anfang nicht perfekt, aber es gab zwei Personen, die es jetzt perfekt machten. Ich bin überglücklich, dass sie mich ausgesucht hatten!

Anja Geiger
Mittelschule Schwabmünchen, Klasse 6c

Daheim ist, wo dein Herz ist

Daheim,
ein Ort, an dem ich sein kann, wie ich bin. An dem ich mich nicht verstellen muss. Ein Ort an dem ich mich angenommen, geborgen, geliebt und gewollt fühle. An dem man Zuflucht vor der Welt findet. An dem die lauten

Stimmen im Inneren leiser werden. Ein Ort, wo du nicht lange überlegst, was die Personen von dir halten könnten, denn du liebst diese Personen und im Inneren hast du auch die Zuversicht, dass diese Personen dich genauso lieben. Doch wo ist dieses daheim? Nachdenklich laufe ich durch den Park und immer wieder stelle ich mir die Frage, wo ist daheim? In meiner Kindheit sagten mir viele, daheim ist, wo deine Familie ist. Doch was ist mit den Menschen, die nie eine Familie hatten? Was ist mit den Menschen, die nie von ihrer Familie angenommen wurden oder sogar von ihr verstoßen worden sind, verstoßen aus Enttäuschung, da man die Erwartungen der Familie nicht erfüllen konnte. Verstoßen, weil man ihrer Meinung nach nie hätte existieren dürfen. Was ist mit den Menschen, die so etwas wie Geborgenheit oder Liebe nie von ihrer Familie bekommen hatten und einfach den Kontakt zueinander abgebrochen hatten? Was ist mit den Menschen, die ihre Liebsten, die ihnen besonders wichtig waren, durch den Tod verloren hatten? Ich dachte weiter nach. Daheim könnte auch einfach dein Zuhause sein. In seinem Zuhause fühlt man sich auch daheim. Zuhause hast du ein warmes, gemütliches Bett. Du bist vor Kälte und Regen geschützt. Du hast genug Kleidung, was zu essen, sauberes Wasser und kannst warm duschen gehen. Doch was ist mit den Menschen, die kein Zuhause haben? Was ist mit den Menschen, die Tag und Nacht draußen bei Regen, Kälte, Hitze und Sturm leben? Was ist mit den Menschen, die nichts zu essen haben? Die aus bestimmten Gründen auf die schiefe Bahn gerieten und nun auf der Straße leben und betteln müssen, damit sie überleben? Was ist mit den Menschen, die nichts dafür können, dass sie nun auf der Straße leben? Fühlen sich diese Menschen denn wirklich daheim? Diese Gedanken kreisten immer wieder in meinem Kopf und so langsam fange ich wirklich an zu glauben, dass es sowas wie daheim gar nicht gibt. Wo ist nur Daheim? Während ich ziellos weiterlief, erinnerte ich mich an meinen Opa, der immer für mich da war, er war so etwas wie Heimat für mich, er war immer für mich da, bei ihm habe ich mich so geborgen, sicher, wertvoll und geliebt gefühlt. Doch die Realität verpasste mir einen harten Schlag, indem sie mir zeigte, dass kein Mensch für immer bleibt. Jeder von uns ist vergänglich und alles hat irgendwann sein Ende. Früher betete mein Opa oft mit mir. Er erzählte mir von Gott und sagte mir, dass Gott immer bei mir sei, dass er mich nie verlassen würde und das seine Liebe zu uns Menschen unendlich groß sei. Er sagte mir das so oft und früher glaubte ich das auch. Doch mit der Zeit verlor ich meinen Glauben an Gott und fand das alles, was mir mein Opa von Gott erzählte, nur ein Märchen war. Ich blieb einen kurzen Moment stehen und schaute in den Himmel. Ich sah, wie ein Schwarm Vögel am Himmel an mir vorbeiflog. Währenddessen kreisten immer noch die Gedanken in meinem Kopf herum. Es erschien eine neue Erinnerung in meinem Kopf in der ich mit meinem Opa im Garten war. Ich fragte damals meinen Opa, wo Gott eigentlich sei. Denn schließlich könnten wir ihn nicht sehen und auch nicht anfassen. Mein Opa lächelte mich wie immer freundlich an und sagte zu mir, dass Gott immer bei mir sei, selbst wenn wir ihn nicht sehen könnten. Er verlässt mich nicht, selbst wenn ich ihn verlassen würde. Mein Opa sagte noch dazu, selbst wenn ich mich von Gott entfernen würde, wäre er nur ein Gebet weit von mir entfernt. Ich lächelte, als ich an die damalige Zeit zurückdachte. Gott ist nur ein Gebet von mir entfernt, hallte es wie ein Echo durch meinen Kopf. Ich lief weiter und dachte in Gedanken: „Gott, wo ist eigentlich daheim?" Diese Worte waren für mich schon ein Gebet und ehrlich gesagt, hoffte ich auf eine Antwort. Eine Antwort, die meine Gedanken zum Schweigen brachten und alle meine Fragen beantwortete. Doch es passierte nichts. Rein gar nichts. Nach kurzer Zeit verschwand die Hoffnung auf eine Antwort und ich lief mit gesenktem Kopf weiter. Ich lief an vielen Straßenlaternen vorbei, die alle mit Stickern beklebt waren. Hauptsächlich Sticker mit politischen Aussagen. Doch als ich an einer bestimmten Straßenlaterne vorbeilief, bekam ich das starke Bedürfnis, mir die Sticker genauer anzusehen. Kaum hatte ich mir das gedacht, lenkten mich meine Füße schon automatisch zu der Straßenlaterne. Mir fiel ein etwas kleinerer, runder Sticker besonders ins Auge, der auch schon etwas älter aussah. Als ich mir den Sticker allerdings durchlas, war ich erst einmal sehr verwundert und kam einen Moment nicht mit der Situation klar. Auf dem Zettel stand „Daheim ist, wo dein Herz ist." Immer wieder las ich mir den Sticker durch und fragte mich, ob das jetzt die Antwort von Gott war? Ich setzte mich auf eine Bank, die am Wegesrand stand und dachte nach. Daheim ist, wo dein Herz ist, hörte ich nun immer wieder in meinem Kopf. Ich dachte ab jetzt nur noch über diese Worte nach und es kamen nun andere Erinnerungen hoch. Ich sah, wie ich damals mit meinen zwei Geschwistern in unserer Küche gestand hatte und wir zusammen Kekse backten. Doch am Ende sah die Küche aus, wie ein Schweinestall und wir mussten an dem Tag so oft lachen, besonders lustig war auch das meine Schwester das Zucker mit Salz verwechselt hatte und die Kekse letztendlich ungenießbar waren. Nun sah ich mich wieder als kleines Mädchen. Ich durfte über die Sommerferien bei meiner Tante und meinen Onkel übernachten. Es war so schön, bei ihnen zu sein. Gleich nach der Erinnerung sah ich meine Freunde, wir waren damals noch in der Grundschule und bauten gerade einen Schneemann. Ich sah plötzlich so viele Situationen aus meinem Leben, Situationen mit meinen besten

Freunden, mit meinen Verwandten und sogar mit meinen Haustieren. Und zum Schluss sah ich mich als Kind, wie ich zu Gott betete, es kamen Erinnerungen davon, wie Gott meine Gebete erhörte und wie ich es geliebt hatte, über Gott zu sprechen. Es kamen Erinnerungen, wie ich und mein Opa zusammen vor dem Schlafengehen beteten und sogar sangen. Nun verstand ich es, und ich wusste, wo daheim war. Daheim war, wo mein Herz ist. Es gibt immer Menschen, bei denen ich mich daheim fühle wie zum Beispiel meine Familie, Freunde oder sogar meine Haustiere, es kann aber genauso gut mein Lieblingsort sein oder Orte, an denen besondere Erinnerungen entstanden sind. Und ich weiß auch, dass man, solange man dieses „Daheim" noch hat, die Zeit mit seinen Liebsten genießen sollte, denn wir sind alle vergänglich und leben hier auf Erden nicht ewig. Und ich weiß dank meinem Opa und dank Gott, dass selbst, wenn mich alle verlassen sollten, selbst wenn ich denken sollte, dass mich niemand so annimmt, wie ich bin, dass selbst, wenn mich alle hassen würden, selbst dann wüsste ich, dass Gott mich niemals verlassen wird und mich durch und durch liebt. Also, wo ist nun daheim? Daheim ist da, wo dein Herz ist, bei deiner Familie, bei deinen Freunden, bei deinen Haustieren, an deinen Lieblingsorten oder auch einfach in Gottes Gegenwart. Daheim ist da, wo dein Herz ist!

Emilia Amedov
Staatliches Berufliches Schulzentrum Neusäß, Klasse 10KiTZ

Daheim

Daheim fühle ich mich wohl. Ich hüpfe gerne mit meiner Freundin und meinen Brüdern auf dem Trampolin herum. Manchmal spiele ich auch mit Martins Kicker, wenn jemand mitspielt. Draußen schaukle ich gerne mit meiner und Alexanders Schiffschaukel. Mit meinen Freunden hüpfe ich auch gerne mit meinen Springseilen. Sehr gerne male ich daheim, ich kann nämlich sehr gut malen. Im Winter waren wir schon oft im Hallenbad. Morgen machen wir mit meinen Cousinen eine Faschingsfeier.

Tamara Wanner
Grundschule Fischach-Langenneufnach, Klasse 2c

Daheim

Daheim
Daheim ist für mich:
Ein Ort, an dem ich glücklich bin.

Ein Ort, an dem ich Freunde habe.
Ein Ort, an dem ich mich wohlfühle.
Ein Ort, an dem ich Spaß haben kann.
Ein Ort, an dem es Geborgenheit gibt.
Ein Ort, an dem ich Ruhe und Chaos habe.
Ein Ort, an dem ich gerne Geschenke mache.
Ein Ort, an dem ich lerne, anderen zu helfen.
Ein Ort, an dem ich gut behandelt und akzeptiert werde.
Ein Ort, an dem ich mich auf den nächsten Tag freuen kann.
Ein Ort, wo ich mir den Bauch vollschlagen kann.
Ein Ort, der keinen Anfang und kein Ende hat.
Ein Ort mit Liebe.
Ein Ort ohne Feindschaft.
Ein Ort, an dem ich daheim bin.

Timon Vollmer
Staatliches Gymnasium Königsbrunn, Klasse 5f

Gedicht Elfchen

Daheim
gemütlich, warm
ich mache Tee
ich fühle mich zufrieden
Geborgenheit

Ceren Aydin
Staatliche Realschule Neusäß, Klasse 7b

Mir wird klar

Ich schließe meine Augen
Und höre das beruhigende Rauschen des Meeres
Und rieche dessen frische Leere
Und schmecke den Hauch von Salz
Und fühle meinen Freund, die Freiheit, wie damals.
Ich schließe meine Augen
Und höre das freudige Lachen meiner Familie
Und rieche den Duft meiner Lilie
Und schmecke ihren selbstgemachten Holundersaft
Und fühle Kraft.
Ich schließe meine Augen.

Mir wird klar, ich kann nicht ohne das Meer.
Mir wird klar, ich kann nicht ohne meinen bunten Familiensturm.
Mir wird klar, ohne wäre mein Leben schwer.
Der Schlüssel zum Glück: mein Leuchtturm

Julia Borner, Lea Huber
Leonhard-Wagner-Gymnasium Schwabmünchen, Klasse 8a

Meine Heimat

Meine Heimat ist ein toller Ort,
ich hoffe wir ziehen niemals fort.
Ringsherum sind Wiesen und Wälder,
Bäche, Flüsse, und Felder.
Es ist nie langweilig beim Spazierengehen,
Pferde, Kühe und Schafe kann man hier sehen.
Und ganz früh am Morgen, da kräht der Hahn:
„Kikeriki", so fängt unser Tag an.
Zum Spielen und Toben haben wir hier viel Platz,
meine Heimat ist ein großer Schatz.

Emily McClure
Grundschule Welden, Klasse 4 b

Es reicht mir!

Corona ist ein Dreck.
Nervende Aufgaben nur daheim,
wann mag das wohl zu Ende sein?
Die Aufgaben sind viel zu viel,
Die offene Schule ist das Ziel.
Die Kinder vermissen ihre Freizeit sehr
und Oma und Opa noch viel mehr.
Daheim mussten wir nun sitzen,
und über den Hausaufgaben schwitzen.
Wir schreiben viele Stunden
und bekommen an den Fingern Wunden.
Als die Schule wieder starten durfte,
mussten wir wieder eine Woche warten!
Ich bin gespannt, wie lange uns der Virus noch in Atem hält.

Denn am Ende kommt zustande,
dass das Zuhause uns jeden Tag vors Auge fällt!

Yakub Uzun
Staatliches Gymnasium Königsbrunn, Klasse 8d

Daheim

Daheim bedeutet für mich Zuhause,
mit Verwandten zusammen sein,
mit Eltern zusammen sein,
wo man wohnt,
wo es sicher ist,
wo es warm ist,
wo es manchmal Streit gibt,
wo geräumt wird,
wo es Essen gibt,
wo man spielt
und wo einer (oder mehrere) kommt(en).

Niklas Brand
Grundschule Meitingen, Klasse 3 B

Daheim

Es ist ein Ort an dem man sich frei fühlen kann oder darf.
Es ist ein Ort an dem du dich ausruhen darfst und man sich schützt.
Ich kann meine Freunde einladen und Gefühle haben. Zum Beispiel: Man
darf weinen, fröhlich sein, aber auch Wut haben. Es macht ein gutes Ge-
fühl „Daheim zu sein".
Wenn ich oder du in den Garten gehe/st, ist es schön. Endlich frische Luft!
Daheim kann man auch lieben. Zum Beispiel: Habe ich meine/n Mama,
Bruder, Schwester und meine zwei Katzen Teo und Eddi lieb und darauf
bin ich stolz.
Die Franziskus Schule ist für mich auch „daheim".

Raphael Hofmann
Franziskus-Schule Gersthofen, Klasse 4aG

Daheim

24.2.2022

Ich stehe auf, dann ziehe ich mich an und gehe runter zum Essen. Nach dem Essen gehe ich ins Bad und putze meine Zähne. Dann kämme ich meine Haare. Danach macht Mama meine Brotzeit und dabei ziehe ich im Gang meine Jacke, meine Schuhe und meine Mütze mit den Handschuhen an und laufe zu Amelie.

Mit Amelie laufe ich über die Hauptstraße zur Bushaltestelle. Dann holt uns in Kürze der Bus und fährt uns in die Schule. In der Schule haben wir Unterricht. Nach dem Unterricht gibts Brotzeitpause, nach der Brotzeitpause ist wieder Unterricht und dann endlich ist große Pause. Nach der großen Pause haben wir wieder Unterricht und dann haben wir endlich Schule aus. Nach dem Unterricht gehe ich in die OGTS, mache Hausaufgabe, spiele etwas und dann holt uns auch schon der Bus um 15:55. Nach der Busfahrt bin ich zuhause. Um 18:00 Uhr gibt es Abendessen. Später putze ich meine Zähne, mache mein Spiel weiter und um 8:00 Uhr gehe ich ins Bett.

Das war mein Tagesablauf

ENDE

Emilia Arcadu
Grundschule Altenmünster, Klasse 4b

Die Schattenseiten von zu Hause

Früher dachte ich immer, dass zu Hause der beste Ort meines Lebens sei. Jedes Mal freute ich mich, wenn ich nach Hause kam. Meine Familie zu sehen, mit Freunden Spaß zu haben, spazieren zu gehen oder eine Shopping Runde mit meiner Mutter zu machen. Das beste Gefühl aber war immer, sich bequeme Sachen anzuziehen, ins Bett zu legen und einen Film zu schauen. Es wäre schön, diese Freude auf daheim immer noch zu haben, aber wer hätte denn denken können, dass es sich so entwickelt? Als Corona auch Deutschland traf und die Inzidenzzahlen immer höher stiegen, wurden wir für ca. fünf Wochen nach Hause geschickt. Wir alle freuten uns, da wir diese Wochen als Ferien sahen, in denen man sich erholen und viel Zeit mit seinen Freunden verbringen konnte. Es war ein zu schöner Traum, um wahr zu sein, denn wir bekamen täglich von den Lehrern Aufgaben, die wir erledigen sollten. In den darauffolgenden Tagen wurde uns verboten rauszugehen, sich mit Freunden zu treffen. Nur um einkaufen oder arbeiten zu gehen durfte man das Haus verlassen. Sogar Familienbesuche wurden gestrichen. Und da begann mein Albtraum. Plötzlich tauchten die negativen Seiten auf, die ich früher nie bemerkt hatte, und die Tage zu Hause wurden immer schlimmer. Ich hatte das Gefühl, die Decke würde mir auf den Kopf fallen. Die Wochen zogen sich immer mehr in die Länge, so dass Sekunden zu Minuten wurden, Minuten zu Stunden und Stunden zu Tagen. Die Eltern zu hören, wie sie sich die ganze Zeit stritten, kein positiver Wortaustausch mehr, nur noch Gemecker und Tränen. Das einzige Thema war nur noch Corona, egal wo man hinhörte. Corona war das Hauptthema. Ich merkte selbst, wie ich mich in dieser ganzen Zeit veränderte, keine Lust mehr zu irgendwas hatte, ein paar Kilos zunahm und meine Freude weniger wurde. Mein Daheim, das ich früher wie den Himmel ansah, entpuppte sich als ein grausames Gefängnis, aus dem man nicht entkommen konnte. Viele vergossen Tausende von Tränen, da sie ihre geliebten Menschen verloren. Andere entwickelten Depressionen, vergruben sich und weinten in sich hinein. Auch ich war nicht ganz davon ausgeschlossen, immer weitere Niederlagen zu sehen, meine Familie noch mehr streiten zu sehen. Und der Stress der Schule, die versuchte, uns noch alles für das nächste Schuljahr beizubringen, weshalb wir unendlich viele Aufgaben bekamen, die wir alle bis zum nächsten Tag fertig zu machen hatten, kam obendrauf. Noch nie litt ich unter solchem Stress ohne Abwechslung, und dann auch noch als Einzelkind. Die Langeweile tötete mich. Ich wollte nur noch raus, weg von zu Hause, dem Ort, von dem ich dachte, er sei der beste. Jede einzelne Minute die gleichen vier Wände zu sehen, die gleichen Menschen, den gleichen Alltag. Mittlerweile sitze ich nicht mehr zu Hause fest, was mich sehr erleichtert, aber wer weiß wie lange noch.

Louisa-Valerie Huget
Staatliches Gymnasium Königsbrunn, Klasse 8d

Mittendrin

Der Umzugswagen rollte rasch über den Kiesweg. Die grauen Steine glitzerten in der Sonne. Wir starrten konzentriert das große Haus an. Unser neues Haus. Die weißen Wände strahlten uns entgegen. Ein pechschwarzes Auto stand in der offenen Garage. Vier große, starke Männer marschierten immer wieder an mir vorbei. Hin und her, hin und her. Große, weiße Kisten füllten unser riesiges Haus auf. Ich entdeckte in einer Kiste mein altes grünes Mannschaftstrikot. Ich schaute weiter. In einer von den Kisten fand ich meinen alten Fußball und holte ihn gleich heraus. Wie wunderbar und vertraut fühlte es sich an, diesen Fußball in meiner Hand zu halten. Den Ball hatte ich zur Fußball-Europameisterschaft 2012 bekommen, und auf einmal erinnerte ich mich, wie Spanien damals Meister wurde ... Jetzt war ich aber hier, in unserem neuen Heim, in England. Ich trat in den Flur. Weiße Wände und braune Holzböden. Wie würde es hier werden? Wie würde mein Zimmer aussehen? Wie würde meine Schule sein? Ich war ja noch nie in einer Schule gewesen und hier, in England, musste ich schon mit fünf Jahren in die Schule! Würde ich überhaupt Freunde finden? Würde ich hier daheim sein?

In den nächsten Wochen wurde unser Haus immer wohnlicher und gemütlicher. Meine Legos, meine Eisenbahn, meine Stofftiere hatten einen Platz in meinem so schönen Zimmer gefunden. Mein so geliebtes, grünes Mannschaftstrikot hatte ich sorgfältig in die oberste Schublade meiner neuen Holzkommode geräumt.

In der Schule kannte ich mich nach und nach auch schon etwas besser aus. Daddy holte mich freitags stets ab und das war immer der Höhepunkt der Woche! Als wir eines Freitags über die mächtige Wiese zum Auto spazierten, erkannte ich auf der großen, grünen Wiese Jungs aus meiner Klasse, die Fußball spielten. Nie hatte ich sie zuvor hier spielen sehen. Zu schüchtern schaute ich ihnen von der Ferne zu. Einer sah mich an und rief: „Hey, spielst du mit?!"

Ich traute mich nicht. Alles war noch so fremd und ich kannte sie eigentlich noch nicht, all diese Jungs aus meiner Klasse. Plötzlich stand ich wie eingefroren da. Mehr Augen guckten mich an und mehr Stimmen riefen mir entgegen. Die Angst vor Fehlern floss durch mein Blut. Ein Junge gab mir den Ball. Ich konnte mich immer noch nicht bewegen. Ich hatte all meinen Mut verloren. Mir wurde noch schlechter. Daddy schaute mich an und ermunterte mich: „Mach doch mit! Du spielst doch so gerne Fußball!" Der Junge kam mit einem roten Ball auf mich zu und auf einmal war ich mittendrin: Es fühlte sich toll an! Ich war Teil vom Spiel.

Zweimal pro Wochen trainierte ich mit den Jungs. Stolz trug ich immer mein grünes Trikot und gab nun alles für meine neue Mannschaft. Wie toll fand ich, dass auch hier das Trikot grün war. So hatte ich auf dem Feld ein neues, grünes Fußballtrikot an, und daheim noch mein altes, grünes Trikot. Natürlich feuerte ich mein Team bei jedem Spiel an: „Come on! Du schaffst es! Du gewinnst heute!" Auch in den Schulpausen trafen wir uns täglich zum Spielen. Meine Mitschüler zählten stets auf mich. Das freute mich. Ich war einer von ihnen geworden.

Eines Tages, bei einem Auswärtsspiel, bei dem ich auf dem Bank saß, schaute ich mein grünes, englisches Trikot an, schaute dann meine Mitspieler an. Sie alle waren lustig, sie alle waren herzlich, auch wenn der eine oder der andere mich manchmal ärgerte. Doch auf einmal dachte ich nach: „Ich bin angekommen. In einer tollen Mannschaft und in einer tollen Schule."

Das fühlte sich gut an. Ich war angekommen. Dank des Fußballs war ich mittendrin. Mitten in meinem neuen Daheim.

Pierre Dowling
International School Augsburg Gersthofen, Klasse 8H

Daheim

Daheim spiele ich oft Fussball.
Daheim streichle ich meinen Hund Bonnie.
Daheim fühle ich mich am wohlsten.
Daheim spiele ich oft Tischkicker.
Daheim esse ich am liebsten Nudeln mit Tomatensoße.
Daheim nach den Hausaufgaben gehe ich zu meinem Freund Jamie zum Spielen.

Jonathan Frank
Grundschule Fischach-Langenneufnach, Klasse 2c

Hawaii

Maria, 13 Jahre alt, zog kurz vor den Sommerferien nach Riederau, ein kleines Dorf in der Nähe von München. Ihr Vater fand einen neuen Job als Manager, weshalb sie zum vierten Mal umziehen mussten. Sie hasste es, immer wieder umzuziehen und immer wieder neue Freunde finden zu müssen, doch sie fand in kürzester Zeit eine beste Freundin.
Maria verließ gerade das Schulgebäude, daneben ihre beste Freundin Lena. KLINGELINGELING.
Maria hob ab: „Hallo Mama, was gibt's?" Das Telefonat war nach einigen Sekunden zu Ende. „Komm sofort nach Hause, wir müssen reden!", antwortete Marias Mutter mit einer leisen Stimme. Was sie mit ihr wohl bereden mochte? War etwas passiert? Hatte sie ihre Sechs in Physik gesehen? Viele Fragen schossen ihr durch den Kopf, doch sie konnte sich einfach keine Antwort zu diesem Telefonat geben. Die Spannung stieg. Sie zog ihren Haustürschlüssel hervor und schloss die Tür auf. Als Maria das Wohnzimmer betrat, sah sie Mama und Papa nebeneinander stehen, ganz

eng aneinander Schulter an Schulter. Beide schauten mich an, als ob sie etwas verbergen würden. „Raus mit der Sprache, warum sollte ich so schnellst wie möglich hierher kommen?", fragte Maria ihre Eltern. Keine Antwort. Es war mucksmäuschenstill im Raum. Ihre Eltern schauten sich an, als ob sie darauf warten würden, dass der andere etwas sagt. Doch dann begann Marias Vater zu reden: „Maria, du musst wissen …" Sofort unterbrach Marias Mutter. „Wir ziehen um!" Es kam aus ihrem Mund geschossen wie eine Pistole.

Sie stand wie versteinert da und es war noch stiller als zuvor. Innerlich zerbrach sie in diesem Moment, sie versuchte, die Tränen zurückzuhalten, doch da flossen sie daher, eine nach den anderen. Ganz langsam ging sie zwei Schritte zurück und rannte aus dem Haus und schlug voller Wucht die Tür hinter mir zu. „Maria!", hörte sie ihre Mutter hinter sich her rufen, doch sie ignorierte sie. Sie wäre am liebsten von zu Hause weggerannt und hätte sich irgendwo versteckt, so dass sie nicht hätte gehen müssen. Sie korrigierte ihr altes Zuhause.

Zwei Tage später war schon alles fertig gepackt, bereit zum Umziehen. Das fünfte Mal. Dieses Mal nach Hawaii, eigentlich jeder Traum von einem Mädchen. Doch für sie war der Umzug der größte Horror. Ihr Zuhause war hier in Riederau, sie hatte noch nie das Gefühl gehabt, daheim zu sein, bis zu diesem Zeitpunkt als sie nach Riederau gezogen waren und sie endlich mal eine beste Freundin gefunden hatte.

Magdalena Jehle
International School Augsburg Gersthofen, Klasse 8H

DAHEIM

Dort, wo ich wohne.
Alles vertraut.
Hier fühle ich mich wohl.
Ein Ort zum Wohlfühlen.
Immer jemand da.
Mein Zuhause.

Sophie Helwig
Staatliche Realschule Neusäß, Klasse 5a

Meine Haustiere

Haus
Aufmerksamkeit

Unfassbar
Süß
Tierliebe
Intelligent
Reagieren
Energie

Selena Weber
Helen-Keller-Schule Dinkelscherben, Klasse 5Ga

Ein Gedicht des Daheimseins

Daheim, das kann überall sein.
Ein Ort, ein Haus,
dort wo Geborgenheit
die Einsamkeit besiegt,
wo die Liebe dich in ihren
Armen wiegt.
Daheim, das kann alles sein,
nicht nur ein Haus allein,
vielleicht wo Katz und Maus sich lieben,
wo gute Erinnerungen die Angst vertrieben,
wo Menschen sind und du nicht mehr allein,
ja, vielleicht ist das Daheim.

Anna Bader
Staatliches Gymnasium Königsbrunn, Klasse 6c

Meine Heimat

Frühling
Mein Reich des grünen Glücks

Perfekt. Die Farben der Blumen passten zusammen wie Pommes und Ketchup. Ich trat einen großen Schritt zurück, um mein Werk zu betrachten. Zufrieden lächelte ich. Um die Anwesenheit des neuen Blumenbeets an meiner Schule noch mehr zu genießen, schloss ich die Augen und wartete noch einen kurzen Augenblick. Ich atmete die frische Frühlingsluft ein und wünschte mich ganz weit weg. An eine Blumenwiese mit den seltensten Blumen und Pflanzen. Sofort tauchte vor meinem inneren Auge das Bild einer Convallaria majalis auf. Maiglöckchen sind eben einfach die schönsten von allen. Die Farbe, die Jahreszeit, zu der sie blühen.

„Amy, wie weit bist du?" Verdammt. Mein Biolehrer. Das Pflanzen- und Umweltprojekt hatte ich völlig vergessen. Um mich herum stand meine Klasse und betrachtete mein Beet. Die neidischen und widerwärtigen Blicke bemerkte ich sofort. Ich habe Menschen noch nie verstanden. Die Art wie sie denken, wie sie empfinden und daraufhin handeln. Warum konnte Marie sich nicht einfach für mich freuen? Es war nicht meine Schuld, dass Peter aus Versehen Blüten- und Giftsträucher miteinander verwechselt hatte. Oder dass Sophie dachte, die Kuckucksblumen seien Lavendel gewesen.

Mit Menschen wusste ich eben noch nie umzugehen – da sind mir Pflanzen deutlich lieber –, aber auffälliger hätten sie nicht gucken können.

„Fertig. Wie finden Sie's?", antwortete ich zögernd. Herr Klomp ging auf das Angesäte zu und legte den Kopf schief. Er lief zweimal drumherum, es kam mir vor wie eine Ewigkeit.

„Es ist schön".

„Schön?" Meine Stimme zuckte verdächtig. Ein seltsames Gefühl stieg in mir hoch. Eines, das nach Ich-war-die-ganze-Nacht-auf-um-nach-Pflanzen-und-Blumenmischungen-zu-suchen-die-zu-den-Farben-des-Schullogos-passen-und-die-Herrn-Klomp-gefallen-könnten-und-das-einzige-was-ich-zu-hören-bekomme-ist-„schön"? schrie.

„Es ist", eine Pause entstand, „kreativ gestaltet und auffallend bunt." Das war alles. Definitiv. Da kam nichts mehr. Wut stieg in mir hoch. „Amy, hör zu. Das ist ein wirklich schönes Beet. Aber es ist genauso wie die neun anderen, die du die letzten Wochen angepflanzt hast. Es ist nichts Besonderes. Nichts Außergewöhnliches. Wenn du eine Eins möchtest, musst du über deinen Schatten springen und deinen Horizont erweitern. Du hast bis morgen Zeit, mir etwas Tolles zu liefern. Übermorgen kommen die Jurymitglieder des „Schulgarten des Jahres-Wettbewerbs", da muss zumindest alles angepflanzt sein." Schluck. Es tat weh, das zu hören. Ich hatte so viel Zeit und Liebe in das Projekt investiert. Ich dachte wirklich, es wäre mein Bestes.

Herr Klomp drehte sich um und verabschiedete sich von dem Kurs. Meine Mitschüler sahen noch einmal zu mir und dem Beet und die Blicke, die sie mir zu warfen, sagten alles. Wie hieß es doch so schön: Ein Blick sagt mehr als tausend Worte.

Als ich zwei Stunden später auf dem Heimweg war, grübelte ich über den unangekündigten Mathetest nach, meinen ordentlichen Hefteintrag in Geschichte und den Pausenverkauf, bei dem ich heute war, um mir eine Brotzeit zu kaufen. Meine Mum hatte sie wieder vergessen. Die Unterrichtsstunden hatten sich hingezogen wie dieser ekelhafte Kaugummi meines Bruders. Wie er diesen Müll nur herunterbekommt?! Abgesehen davon verstehe ich den Sinn davon nicht, schließlich kauft man ihn (in einer Plastikverpackung – UMWELT!), wirft ihn sich in den Mund und kaut. Mehr nicht. Nur um ihn danach unter Tische zu kleben, an die ich mich dann setzten muss. Das war lächerlich.

Genauso wie das Haus, in dessen Richtung ich musste. Die meisten nennen es „Zuhause" oder „Heim". Für mich war es nichts weiter als ein vollgerumpeltes Gebäude, in dem Leute lebten, die ich seit zwei Jahren kannte. Und das war nicht genug Zeit.

Mein Dad war seit vier Jahren tot. Autounfall. Meine Schwester war mit einem 57-jährigen Mann abgehauen und meine Mum war abhängig. Ich wurde in eine „Pflegefamilie" gesteckt, die ihrem Namen nicht sonderlich treu waren. Anstatt für mich zu sorgen und meinen Bruder und mich zu pflegen, gingen sie lieber jeden Abend essen, ohne uns mitzunehmen. Luden Geschäftspartner ein und untersagten uns, herunterzukommen, damit wir das Meeting nicht störten. Zum Kotzen.

Unsanft riss ich die Haustür auf. Sofort stieg mir der Geruch von Pilzrisotto in die Nase. Mein Lieblingsessen. Enttäuscht warf ich meine Schultasche in die Ecke und wusch meine Hände, wobei ich fast über die Kartons gestolpert wäre.

„Mum?" Keine Antwort. „Mum, wo bist du?" Nichts. Zuerst sah ich in der Küche nach. Dann im Wohnzimmer. Schließlich durchsuchte ich das ganze Haus, bis auf mein Zimmer. Beziehungsweise die kleine Kammer, in der ein Bett, ein Schrank und ein Tisch standen. Und das ich mir mit meinem Bruder teilte. Dort fand ich sie. In der schmalen Nische zwischen Tür und Schreibtisch. Sie wühlte in den Schubladen. Wut stieg in mir hoch, was sollte das schon wieder?! Warum tat sie das? Ich wusste mir nicht zu helfen und unterbrach ihre Tun durch einen Schrei: „Was machst du da?!" Schlagartig hörte sie auf. Ich sah sie schwer atmen. Keuchend stützte sie sich am Tisch ab. „Die, ähm, die …" Sie nuschelte, ich verstand sie kaum.

„Das Geld, was ich dir letztens geliehen habe, das brauch ich wieder". Sie sah mich mit ihren großen, eigentlich wunderschönen Augen an. Der Blick war undurchdringlich. Als würde sie durch mich hindurchsehen.

„Ich habe das Geld für den Taschenrechner ausgegeben. Für Mathe, das weißt du doch."

„Du hast was?"

„Ich habe mir einen Taschenrechner für die Schule gekauft."

„Du bist eine Schande für die Familie. Wie kommst du dazu, einfach das Geld auszugeben?"

Jetzt waren wir an dem Punkt angelangt, an dem sie zu schreien begann. Hatte ja lange gedauert.

„Du hast es mir doch dafür gegeben. Ich brauchte es für die Schule", sagte ich ruhig, doch sie hörte nicht. Stattdessen murmelte sie ununterbrochen vor sich hin. Da kamen sie wieder. Diese Gedanken, wie ich hier nur hineingeraten bin? Wie es gewesen wäre, wenn Dad noch leben würde? Wenn Mum die Sucht bekämpft hätte? Wenn meine Schwester klug genug gewesen wäre? Die Gedanken kamen. Und kamen und kamen. Ich konnte sie nicht aufhalten. Sie übermannten mich und ich ließ es zu. „Hör auf!", schrie ich. Die Laute kamen so plötzlich aus mir heraus, dass ich nicht zu reagieren wusste. Entgeistert sah sie mich an. „Das heißt Hausarrest. Einen Monat. Du verlässt das Haus nur für die Schule, dein Handy gibst du mir auch." Tränen stiegen mir ins Gesicht. „Das ist nicht fair! Ich habe nichts Falsches gemacht!", rief ich ihr hinterher. Aber sie ignorierte mich. Mit einem lauten Knall der Zimmertür war das Gespräch beendet. Oder der Monolog.

Verzweifelt setzte ich mich aufs Bett und weinte. Ich weinte mir den Kummer aus. Die Wut, die Verzweiflung. Ich ließ die Tränen über mein Gesicht fließen, als hätte ich keine Kraft mehr, sie aufzuhalten. Vielleicht hatte ich die auch nicht mehr. All die Gedanken, die Sorgen brachen aus mir heraus. Bis ich irgendwann keine Tränenflüssigkeit in mir hatte. So sehr ich es versuchte, es kam nichts mehr. Keine Träne, kein Tropfen. Nichts. Schweigend richtete ich mich auf und schloss die Augen.

Ich teleportierte mich in mein Reich. In mein Reich der Fantasie und der niemals wahr werdenden Träume. In das Reich, in dem ich alles sein konnte. Ich konnte Mann und Frau sein, ich konnte Tier und Mensch sein. Ich konnte glücklich sein, traurig, konnte fliegen und fallen. Ich schwamm, ich schwebte. Ich war frei.

Am liebsten befand ich mich auf der Blumenwiese. Dort wo alle Pflanzen der Welt wuchsen. Wo das Gras blau und die Blumenstängel violett waren. Wo der Himmel noch nie Wolken begegnet war und wo ich, ich sein konnte. Das war mein Reich. Mein Heim.

Wenn ich keines hatte, schuf ich mir eines. Wenn ich unglücklich war, zauberte ich mich glücklich. Dieses Reich war etwas, was nur mir gehörte. Was mir niemand nehmen konnte. Es war meine perfekte Mischung aus Mohnblumen, Ranunkelsträuchern und Elfenspiegel. Meine Heimat.

Sommer
Denn es ließ mich hoffen

Es war genau 11:42 als die anderen und ich am Strand lagen und uns die Sonne auf den Bauch scheinen ließen. Auf dem Display meines Handys sah ich den gestellten Wecker, noch 12 Minuten. Dann musste ich wieder zurück zum Campus. Meine Schicht bei Coffe&Co fing um 13:15 an und ich durfte auf keinen Fall zu spät kommen. Schließlich war mein Chef der strengste Mensch, den ich kenne, und ich kann es mir nicht leisten, schon wieder meine Schicht zu verpassen.

Tom, er war auch in meinem Kurs, sprang ausgerechnet in dem Moment vom Boot, als es am Steg vorbeifuhr. „Verdammt, Tom! Mein Handy!", rief ich ihm nach, doch da war er schon längst untergetaucht. Genervt verdrehte ich die Augen, als ich die Wasserspritzer von meinem Smartphone abwischte, während ich mich langsam aufrappelte, um nach den anderen zu suchen. Sie wollten eigentlich nur ein Eis holen – jetzt waren sie schon eine ganze Ewigkeit weg. Vielleicht war die Schlange lang, obwohl der Strand so gut wie leer war.

Gedankenverloren sah ich zum Wasser, das von leichten Wellen durchbrochen wurde. Wären ein paar weniger Wolken da gewesen, hätte es der perfekte Sommervormittag sein können. Sonne, Strand und Meer. Schlanke Frauen in Bikinis, Cocktails mit bunten Schirmchen und viele Stunden im glasklaren Wasser. Tja. Leider verdeckte eine große Wolke die Sonne, weit und breit gab es nichts außer einer Eisdiele, die Kinder-Eis am Stiel verkaufte und das Wasser war dunkelgrün. Insofern könnte es ein See ein. Abgesehen von dem Haufen an Stoff, den ich lernen musste. In einem Monat schon begann das dritte Semester. Ich musste mich zusammenreißen, um nicht durchzudrehen. Der Stress mit den Kursen und die beiden Nebenjobs brachten mich mittlerweile zum Schreien.

„Über was denkst du nach?", fragte Tom und riss mich damit aus meinen Gedanken. „Ach, über gar nichts." Wie sollte ich ihm erklären, dass ich unter dem Druck zusammenbrach und das einzige, was mich noch über Wasser hielt, waren die Stunden, in denen ich etwas über seltene Giftpflanzen der Berglandschaften hören konnte.

Das war schon immer so gewesen. Pflanzen lösten eine innere Ruhe in mir aus, die mir kein Mensch auf dieser Welt hätte geben können. Von denen hielt ich mich sowieso fern. Sie waren gefährlich. Gemein. Hinterlistig. Wie Fliegenpilze, sahen hübsch aus und waren nett anzusehen, jedoch giftig, wenn man mehr Kontakt zu ihnen hatte.

Das erinnerte mich an die restliche Gruppe:

„Wo sind die anderen?", lenkte ich vom Thema ab in der Hoffnung, er würde darauf eingehen. „Sind schon vorgegangen", antwortete er knapp, während er sich ein Handtuch schnappte und sich abtrocknete.

„Ohne uns?!" Ein Kloß bildete sich in meinem Hals.

„Jap. Jetzt gibt es nur noch uns zwei", grinste er.

„Wir wissen beide, dass du schwul bist, also lass das Gegrinse." Genervt wandte er sich ab.

Die Menschen werden immer unverschämter. Keine Einsicht, fünf Minuten auf seinen Cappuccino zu warten, auffälliges Hinterhersehen junger Bedienerinnen und keine Gnade beim Trinkgeld. Der Job war der Horror. Aber die Bezahlung war gut. Also schleppte ich mich jeden Montag, Mittwoch, Freitag und jeden zweiten Sonntag in das modern eingerichtete Café und brachte glücklichen und unbesorgten Menschen ihren Latte Macciato mit extra Sahne und einem Dinkel-Vollkorn-Keks. Hauptsache, sie waren zufrieden mit ihrem Leben. Vielleicht waren sie das auch gar nicht. Vielleicht war das alles nur eine Fassade, hinter der sie Schmerz und Einsamkeit versteckten. Angst und alles Schlechte, was die wenigen glücklichen Momente des Lebens vertreiben konnte. All das Lachen, die Herzschläge, die vor Glück schneller wurden. Der Magen, der jedes Mal einen Salto machte, wenn wir unserem größten Vorbild gegenüber standen. Alles Gute auf der Welt brachte etwas Schlechtes mit sich. Etwas, das die schönsten Minuten des Lebens zerstören konnte. Mag es ein Gedanke sein, ein Lied oder die Ansprache des Chefs, die einen motivieren soll.

„Warum akzeptieren die Menschen eigentlich nicht das Schlechte in ihrem Leben. Warum verstecken sie sich hinter einer Mauer aus Unehrlichkeit, bis sie zusammenstürzt?!"

Tom stoppte das Schreiben und sah mich ratlos an. „Ähm. Keine Ahnung", gab er tonlos von sich. Hatte ich das eben laut gesagt? „Verdammt", zischte ich.

„Falls du auf eine Antwort von mir warten solltest, sitzen wir morgen noch hier. Ich hab' nämlich keine", sagte er, während er seine Notizen zusammenpackte und sich von seinem unbequemen Stuhl erhob, um den Hörsaal zu verlassen.

Plötzlich zuckte er zusammen: „Oh, vielleicht weil sie das Gefühl nicht in ihrem Leben haben wollen", warf er schließlich in den Raum. Wir waren eine der letzten, die meisten waren bereits in die Cafeteria gegangen. Ich gab ihm keine Antwort darauf, denn ich wusste nicht, was ich sagen sollte. Weshalb schloss man dieses Empfinden aus? Für mich war es Teil meines Lebens geworden. Vielleicht kein sonderlich schönes Gefühl, aber eines, mit dem ich Zuhause verband. Es beschrieb meinen Geist. So war ich geworden, so fühlte ich mich selbst. So fühlte ich mich sicher und daheim. Dieses Sentiment zerstörte mich, und doch war es meine Zuflucht. Es ließ mich weinen, und doch hoffen. Es ließ mich denken, es ließ mich schreien und doch auch beten. Es war genau das, was bei vielen anderen die Familie war: Dieses Sentiment, war und blieb für immer meine Heimat.

Herbst
Wie Blätter im Wind

Gebannt starrte ich auf den Bildschirm meines Computers. Langsam scrollte ich die Website herunter, um die volle Ansicht zu erhalten. Ich sah große, schlanke Frauen in großen Pullovern, weiten Sweatshirts und Ponchos in sattel- und kastanienbraunen Farbtönen mit einem Hauch von Karmesinrot. Sie posierten vor der Kamera und verkauften die neue Herbstkollektion so gut wie kein anderer.

Während ich Pullover, die sie präsentierten, und mehrere enge Skinny Jeans in meinen Warenkorb verfrachtete, meldete sich der Wasserkocher. Zufrieden mit meiner Auswahl, füllte ich meine große Lieblingstasse mit heißem Wasser und tauchte anschließend einen Teebeutel mit Mandarinen- und Zimtgeschmack hinein. Glücklich schlürfte ich meinen Tee. Mein Leben hätte momentan kaum besser sein können, dachte ich, während ich mich in meinem Wohnzimmer umsah. Die Girlanden von unechten Herbstblättern schmückten das Treppengeländer, wie das Blumenbeet meinen Garten. Die Kerzen sorgten für romantische Stimmung und die getrockneten Mandarinen verbreiteten süßlichen Herbstduft. Es war perfekt, was auch immer man darunter verstand.

Das Klingeln der Haustür riss mich aus meinen Gedanken. Darauf gespannt, wer es wohl sein würde, öffnete ich sie und stellte erfreut fest, dass es die Pflanzenlieferung war, die ich vor zwei Wochen bestellt hatte. Es war eine Mischung aus bunten Herbstblumen und selten Bergsträuchern, die perfekt zu meiner Steinmauer passen sollten. Vielleicht war das die Antwort, vielleicht verstand ich das unter perfekt.

Dankend nahm ich das Paket an und unterschrieb auf dem kleinen Display des Gerätes, das Postmann Willy mir hinhielt. Doch es war nicht das einzige, was er mir brachte, denn nachdem ich unterschrieben hatte, sah ich einige Briefumschläge auf dem Päckchen liegen. Wahrscheinlich nur Rechnungen, dachte ich beiläufig.

Zufrieden trank ich weiter meinen Tee, als ich die Post überprüfte. „Rechnung. Rechnung. Werbung. Rechnung." Doch was war das? Ganz unten befand sich ein Umschlag ohne Absender und Briefmarke. Er war beige-farben und roch nach Rosen. Der Duft war von Beginn an so intensiv ge-wesen, dass ich ihn sofort wahrgenommen hatte. Konzentriert dachte ich nach. Wer konnte das sein? Ein alter Schulfreund? Jemand, den ich vom Studium her kannte? Vielleicht war es jemand von der Arbeit. Ich kam nicht drauf. Keiner dieser Gedanken wollte sich richtig anfühlen. Schließ-lich riss ich ihn auf, als ginge es um mein Leben. Gebannt öffnete ich das sich salzig anfühlende Papier und las die ersten Zeilen. Das wenige, was ich aufnahm, ließ mich erstarren. Etwas lief mir eiskalt die Wirbelsäule hin-unter und fror alle Glieder und Gelenke ein. Mein Herz setzte aus.

Meine Mutter. Der Brief kam von ihr. Verschreckt ließ ich ihn fallen. War das ein Traum? Wie konnte das sein? Ihre Schrift erkannte ich sofort. Das unleserliche Gekracksel passte überhaupt nicht mit dem feinen Rosenpa-pier zusammen. Ich wusste nicht, ob ich stillschweigen oder lachen sollte. Weinen oder schreien. Mein Kopf explodierte gleich, so viele Gedanken störten meinen Denkvorgang. Und doch interessierte es mich. Es interes-sierte mich, was sie schrieb. Was in ihr vorging. Was sie diesmal wieder verbrochen hatte. Die Tatsache, diesen Brief zu bekommen, warf mich völ-lig aus der Bahn, ohne ihn überhaupt gelesen zu haben.

„Hallo Tochter,

ich weiß, diese Zeilen zu lesen, kostet dich viel Überwindung. Nach allem was ich dir angetan habe, musst du Schreckliches von mir denken. Viel-leicht denkst du, ich sei keine gute Mutter. Vielleicht denkst du auch, ich würde dich nicht lieben. Doch du musst wissen, dass das nicht stimmt! Du wirst für immer meine Kleine bleiben, ganz egal was passiert!"

Ich schluckte. Sollte das ihr Ernst sein? Hatte sie diese Zeilen geschrieben? Ich wusste nicht damit umzugehen. Die Gegebenheit, dass sie ihre Sätze so versöhnend formulierte, hieß, dass sie immer noch nichts gelernt hatte. Was wollte sie? Ich musste es erfahren.

„Hör zu, mein Engel. Ich möchte, dass wir uns versöhnen. Dass wir uns aussprechen. Außerdem brauche ich dich. Ganz dringend. Mir wurde der Strom abgestellt und ich …"

Da saß er, der Ursprung. Meine Kleine. Engel. Hatte sie diese Worte jemals benutzt, als ich ihr noch unterlegen war? Wann war sie für mich da, als ich von der Mädchengruppe aus meiner Parallelklasse gemobbt wurde? Was hatte sie dagegen unternommen, als mein Beet zerstört wurde? Oder die vielen Male, als ich das Gespräch gesucht hatte und sich mich immer wie-der abgewiesen hat?

Nein. Ich ließ es nicht zu, dass sie mit ein paar gelogenen, schnell dahin-geschriebenen Zeilen zu mir kam und mich um Hilfe bat. Ich ließ es nicht zu, dass sie wieder mein Leben zerstörte. Vielleicht war es an der Zeit, einen Schlussstrich zu ziehen und mit diesem Kapitel meines Lebens abzuschließen. Auch wenn ich keine Ahnung hatte, ob man das überhaupt mit seiner Mutter konnte, es war an der Zeit, mein Leben zu leben und meine neue Heimat zu genießen. Der Job, die Freunde, das Haus, das war jetzt mein Zuhause und niemand konnte sich dort hineindrängen. Jetzt war ich mal dran zu leben.

Winter
Von Goldblumen und was Heimat für mich war

Ich hatte das Gefühl, es würde von Minute zu Minute kälter werden. Zitternd grub ich meine Nase in den selbst gestrickten Schal. Gleich würde es besser werden, versprach ich mir, doch das wurde es nicht. Um mich von der eisigen Kälte und dem frostartigen Wind abzulenken, blickte ich mich in der Welt um. Ich lief auf dem Bürgersteig der Forest-Miner-Street, um mich herum viele Menschen. Gestresste junge Mütter, die auf die letzte Minute noch Weihnachtsgeschenke kauften. Fröhliche Kinder, die Schneeballschlachten veranstalteten und im Schnee spielten wie glückliche Welpen, die zum ersten Mal den Winter erlebten. Da dachte ich an die Zeit zurück. Als ich noch ein Kind war, und mit meinem Bruder im Schnee spielte. Und als ich schließlich die Semesterprüfungen abgeschlossen hatte und mein neues Leben als Biologin beginnen konnte. Wie aufregend mein Leben war. Jetzt war es ruhig. Und leise. Wenige Menschen. Eine kleine Wohnung. Und doch war ich jetzt glücklicher, als in vielen anderen Momenten meines Lebens.

Ehe ich mich versah, hatte ich die Wohnung erreicht. Mit zitternden Händen sperrte ich die graue Haustür auf. Sofort trat der heimische Geruch von Zimt und Lebkuchen in meine Nase und zauberte ein zufriedenes Lächeln auf mein Gesicht. Ich liebte die Weihnachtszeit. Sie war rot und golden und roch nach Plätzchen. Auch wenn ich niemanden hatte, mit dem ich sie teilen konnte.

Nachdem ich mich umgezogen hatte, ließ ich mich bedacht auf das gemütliche alte Sofa fallen und schlürfte meinen Lieblingstee, Kamille. Er war einfach perfekt für kalte Wintertage, dachte ich. Während ich meine Lesebrille hervorkramte, nahm ich eine intensive Priese meines heißen Getränkes und schloss für einen kurzen glücklichen Moment die Augen. Sofort wurde mir warm und ich fühlte mich wohl und behaglich.

Im Fernseher kam meine Lieblings-Talkshow, Morning-vibes. Es ging um Politiker und berühmte Talente, die sich zusammensetzten und bei einer Tasse Kaffee und ein paar noch warmen Croissants über die Probleme der

Welt diskutierten. Es war interessant zu sehen, in welche Hände man die Welt gab, wenn man mal irgendwann nicht mehr da war. Wie sie dachten und handelten. Ihre Meinungen und Eindrücke erlebten. Und doch war es etwas, was ich lieber auf Distanz tat, im Fernseher und nicht persönlich. Menschen beobachten, kennenlernen, das war noch nie wirklich meins gewesen. Aber das war etwas anderen. Ich war jetzt nicht mehr jung und schön. Ich war alt. Und allein. Aber doch nicht einsam. Nie war ich wirklich von Menschen umgeben. War nie beliebt gewesen oder hatte viele Freunde. Ich war schon immer jemand, der Pflanzen mehr mochte als Menschen, weil sie zuhörten und schwiegen. Du konntest ihnen alles erzählen und sie waren deine stillen Zuhörer, die nebenbei den Garten schmückten wie Perlen den Hals einer Frau.

Gedankenverloren sah ich den jungen Politikerinnen dabei zu, wie sie über den Klimawandel redeten, ohne wirklich zuzuhören. Ab und zu wurde applaudiert, es kamen neue Leute in die Runde. Dann wurde das Thema gewechselt. Doch ich verstand nicht mehr, welches es war, denn nach nur wenigen Minuten schlief ich ein. Und träumte.

Ich träumte von meiner Kindheit. Von Mutter. Ich träumte von seltenen, unter Naturschutz stehenden Bergblumen und bunter Kapuzinerkresse. Im Schlaf fiel mir ein, ich müsse noch die Goldblumen ins Haus holen, damit sie den kalten Winter überstanden. Winter. Ich träumte auch von ihm. Und vom Frühling, Sommer und Herbst. Wie bunt der Frühling, wie warm der Sommer und wie selig der Herbst war. Ich träumte von meinem Leben, von meiner Karriere, davon, was eigentlich mein Daheim ist. Lange brauchte mein Traum-Ich, um das heraus finden zu können. Was blieb einer alten, einsamen Frau schon außer ihren Rosen? Vielleicht die Wohnung? Oder das Gewächshaus? Doch dann fiel es mir ein. Meine Erinnerungen. Das war meine Heimat, mein Gefühl von Geborgenheit. Mein Gefühl von Leben. Wenn ich mich noch so zerrissen und allein fühlte, waren sie für mich da. Fingen mich auf, ließen mich fallen, was auch immer ich brauchte. Das Beste daran war, dass niemand sie mir nehmen konnte. Sie waren einzig und allein mein. Sie waren meine Heimat.

Ella Dobrindt
Leonhard-Wagner-Gymnasium Schwabmünchen, Klasse 8a

Freunde

Hallo, wir sind Lotte und Tim. Wir haben zwei Hunde, sie heißen Lotta und Paul. Unsere Familie ist aufs Land gezogen.

Heute ist unser erster Schultag nach den großen Ferien, wir sind schon aufgeregt. Jetzt gehen wir zur Schule. Nach einer Stunde Sport und Mathe stellt sich die Klasse vor. Lotte sagt: „Ich bin Lotte und das ist Tim." „Hallo, ich bin Frau Apfel. Gut, dass ihr euch schon vorgestellt habt. Jetzt wählen wir die Klassensprecher. Also, wer will sich aufstellen? Jule, Lotte, Erik, Jakob, Laurin, Marie, Mia und Lena. Gut, ich glaube, das reicht. Die Wahl beginnt! Jeder darf zwei Kinder wählen. Da die Wahl geheim sein soll, bitte ich euch, keinen Namen auf den Zettel zu schreiben!" Nach der Wahl sagt Frau Apfel: „Wir zählen nach der Pause zusammen aus." Jetzt ist Pause. „Ding, dang, dong." Alle rennen los. In der Pause spielen Lotte, Tim, Jule und Erik fangen. Jule sagt: „Jetzt habt ihr ganz schnell neue Freunde gefunden." Nach der Pause kommt Frau Apfel und sagt: „So, meine liebe Klasse, nun wird ausgezählt." „Ja!", rufen die Kinder. Alle sind fröhlich. Lotte und Jule werden Klassensprecher. Lotte lädt Jule und Erik um 14 Uhr zum Spielen ein. „Danke", sagt Erik. Zur Feier des Tages haben wir keine Hausaufgaben auf.

Um 14 Uhr kommen Jule und Erik. Sie bringen ihren Hund Aria mit. Die Hunde spielen im Garten. „Sollen wir Fahrrad fahren?", fragt Erik. Sie fahren Fahrrad. Da sieht Tim einen verwucherten Trampelpfad. Die anderen entdecken ihn auch und Lotte ruft: „Ein altes Baumhaus!" Sie fährt über den Trampelpfad, alle rasen hinter ihr her. Tim sagt: „Das Baumhaus ist so groß." Lotte sagt: „Und so alt!" „Das muss man ein bisschen tunen!", ruft Erik. „Ja!", rufen alle. Jule fragt: „Wisst ihr, wem es gehört?" – „Vielleicht hängt ein Schild dran", sagt Erik. Jule klettert die Leiter hoch und tatsächlich: „Da hängt ein Schild!", ruft sie. Die anderen rufen: „Was steht drauf?" Jule ruft: „Wers findet, dem gehört es!" „Das ist gut!", rufen die anderen und klettern hoch. Oben angekommen, schauen sie das Baumhaus an. „Was wollen wir alles machen?", fragt Tim. Lotte antwortet: „Auf jeden Fall brauchen wir einen Hundeaufzug für Lotta, Paul und Aria." Erik möchte neue Fenster einbauen und Tim hätte gerne ein Sofa und einen Fernseher. Während alle vom renovierten Baumhaus träumen, schlägt Erik vor: „Wir benötigen Solarplatten für das Dach des Baumhauses, dann haben wir Strom." Zwei Wochen später sind sie mit dem Umbau des Baumhauses fertig. Lotte und Tim erzählen ihren Eltern, dass sie schon neue Freunde gefunden haben.
ENDE

Rafael Müller, Jule Hartmann
Grundschule Altenmünster, Klasse 4b

Daheim

Draußen ist die Welt am Ersaufen.
Alle sind sich am Raufen.
Nichts ist so richtig am Laufen.
Doch daheim ist alles astrein.
Da fühle ich mich fein.
Daheim kann ich guter Hoffnung sein.
Da bin ich nie allein.
Da kann ich – ich sein.
Gedanken zu meinem Reim: Besonders in dieser Zeit wird einem bewusst, wie wertvoll ein Zuhause doch ist. Menschen, die durch ein Unwetter ihr Zuhause verlieren. Menschen, die durch Krieg ihre Heimat verlassen müssen. Menschen, die durch Corona arbeits- und wohnungslos geworden sind. Ich hoffe, alle Menschen finden ein sicheres Zuhause und können endlich DAHEIM ankommen.

Emanuel Glöckner
Staatliches Gymnasium Königsbrunn, Klasse 6e

Daheim

Daheim ist …

Ein bisschen laut,
Ein bisschen verrückt,
Und ganz viel Liebe.

Emina Demirovic
Staatliches Gymnasium Königsbrunn, Klasse 5a

Daheim?

Dort spiele ich mit anderen Kindern im Garten. Ich kann Lego bauen, Klavier spielen und basteln. Meine Eltern kochen leckeres Essen. An meinem Geburtstag frühstücken wir gemeinsam und ich bekomme Geschenke. Mit meiner Toniebox höre ich Musik und Geschichten. Daheim habe ich eine gemütliches Bett und ein Dach über dem Kopf. Wenn es regnet, werde ich nicht nass.
Wir haben daheim fast immer Spaß zusammen. Manchmal werde ich geschimpft oder ich streite mit meiner Schwester. Mama und Papa nerven auch mal. Daheim ist aber immer ein schöner, warmer und gemütlicher Ort.

Wenn wir in den Urlaub fahren, ist mein Zuhause unser Wohnmobil. Mein Daheim ist immer dort, wo meine Familie zusammen ist. In meiner Familie fühle ich mich wohl, sicher und geborgen. Ich werde geliebt. Wenn ich traurig bin, tröstet mich jemand. Wenn ich Hilfe brauche, bekomme ich Unterstützung. Ich liebe, tröste, unterstützte und helfe meiner Familie. Wir lachen zusammen und haben Spaß. Daheim bin ich glücklich und zufrieden.

Lia-Marie Schiemann
Grundschule Neusäß Am Eichenwald, Klasse 3b

Daheim

Kennst du dieses Gefühl, wenn man nach Hause kommt und endlich seine Alltagsmaske fallen lassen und man selbst sein kann? Das Gefühl kenne ich nur allzu gut. Wenn man nach Hause kommt, endlich in der Lage ist, sich zu entspannen und nicht mehr witzig sein, lachen oder gut aussehen muss. Denn wer war schon wirklich man selbst in der Gegenwart von anderen? Es ist schon erschreckend, wie sehr sich ein Mensch ändern kann. Bist du mit ihnen alleine, sind sie nett zu dir, schenken dir Aufmerksamkeit und es wirkt beinahe so, als wäre man gut befreundet. Doch dann, wenn das nicht mehr der Fall ist, ist das alles nicht mehr so. Man kommt sich plötzlich vor, als wäre man reingelegt worden, ja fast schon verraten. In solchen Momenten kommen einem die Fragen in den Kopf: „Was ist das wahre Ich? Derjenige, mit dem man vor einigen Minuten noch sprach, oder die Person dort drüben?" Menschen sind kompliziert. Vielleicht kann man einfach nicht sein wahres Gesicht zeigen, um dazuzugehören? Um kein Außenseiter zu werden. Um nicht „komisch" zu sein. Ja, Menschen sind wirklich sehr kompliziert. Manchmal ist es schon erschreckend, wie anders sie sich verhalten, abhängig davon, wo sie sich gerade befinden. Je nachdem, ob sie Zuhause oder woanders sind. Denn daheim ist man immer am ehesten man selbst, nicht wahr? Daheim ist es immer noch am schönsten, denn dort ist man ehesten man selbst und kann so sein, wie man ist, mit all seinen Ecken und Kanten, ohne sich darüber Sorgen machen zu müssen, was andere über einen denken. Was für ein schöner Ort. Wäre man doch nur überall daheim.

Sandra Draxler
Staatliche Realschule Zusmarshausen, Klasse 10d

Wie Sam ein Zuhause bekam

Sam war ein kleiner, schwarzer Hund und wohnte in der Wildnis. Im Winter war es sehr kalt für Sam. Eines Tages traf er die Hündin Hedwig, die zwei Mädchen gehörte. Die zwei Mädchen wünschten sich einen zweiten Hund.
Die Hündin sagte: „Wie heißt du, ich heiße Hedwig?" Der kleine Hund sagte: „Ich heiße Sam." Hedwig fragte Sam, ob er er mit ihr nach Hause kommen möchte.
Auf dem Weg nach Hause sahen sie Gold und Geld auf der Straße liegen. Sie liefen weiter.
Ein paar Minuten später hörten sie schöne Musik. Sie wollten wissen woher die Musik kam. Die Hunde folgten der Musik. Hedwig dachte: „Das können nur meine Mädchen sein."
Einige Meter weiter trafen sie tatsächlich die Mädchen. Die beiden sahen den kleinen Sam und fanden ihn voll süß. Sie wollten wissen, wem der Hunde gehörte. Trotz tagelanger Suche fanden sie keinen Besitzer und beschlossen, den Hund zu behalten.
Am nächsten Tag führte Sam die Mädchen zu dem Geld und Gold. Sie brachten die Sachen zur Polizei und bekamen einen Finderlohn. Mit dem Finderlohn konnten die Mädchen das Futter für den kleinen Sam bezahlen. Sie waren sehr glücklich, einen zweiten Hund zu haben.
Sam war froh, dass er jetzt Besitzer hatte.
Im Winter war ihm nie wieder kalt.

Julia Bauer, Franziska Reisacher
Grundschule Fischach-Langenneufnach, Klasse 3C

DAHEIM

Daheim ist da, wo ich wohne, also Augsburg.
Da kann ich alles machen, was ich machen möchte, z. B. mit der Katze spielen.
Daheim ist ein Dach über dem Kopf und ein schönes Zimmer mit einem Bett.
Das ist mein DAHEIM.

Jeremy Schott
Franziskus-Schule Gersthofen, Klasse 4aG

Gedicht Elfchen

Daheim
gemütlich kochen
Milch kocht über
ich rieche das Angebrannte
Kochkünste

Lena Schwemmreiter, Jana Wünsche
Staatliche Realschule Neusäß, Klasse 7b

Daheim

Daheim bedeutet für mich viel,
weil dort verfolge ich mein Ziel.
Auch wenn es gibt manchmal Streit
bedeutet Daheim Geborgenheit.

Florian Antalik
Staatliches Gymnasium Königsbrunn, Klasse 6e

Daheim

Die Sehnsucht zu einem Ort?
Das warme Gefühl der Familie?
Der Geburtsort?
Ist Daheim ein Ort, ein Gefühl oder eine Kombination aus beidem?
Ist es überhaupt definierbar?

Elias Hessenreither
Staatliches Berufliches Schulzentrum Neusäß, Klasse 10 IKb

glücklich war ich immer mit dir

fühlt sich wie Ankommen an,
bei dir und in mir.
mein Blick schweift suchend umher
und ruht doch nur auf dir.
Fixstern.
du kannst hören, wenn ich schweige;
sehen, wenn ich leide.
Masken und Mauern fallen, nutzen ohnehin nichts, denn: du kennst mich.
hörst geduldig zu und weißt trotzdem meist vor mir, was ich sagen will.
nur Zuhause funktioniert: verstehen ohne erklären zu müssen.

nie so laut gelacht,
hoffe du weißt, was du mit mir machst.
ich mag, wer ich bin,
wenn ich mit dir bin.
liebenswert.
unbeschwert.
Du bist: Pause von und Brücke zu mir.
Mundwinkel tanzen, kitzelnde Lebendigkeit.
Momentaufnahme im Zeitraffer des Lebens.
ich lasse los und halte (mich) fest,
sehe zu dir auf und muss grinsen und fühle:
Daheim.

Lisa Meier
Justus-von-Liebig-Gymnasium Neusäß, Klasse Q12

Was ist Daheim für mich?

Daheim ist da, wo ich mich wohlfühle.
Der Ort, an den ich später zurückkomme, wenn ich auf der Suche nach mir selbst bin.
Es ist der Ort, wo ich mich blind auskenne.
Mit diesem Ort sind Erinnerungen verbunden und ich habe Angst, diesen Ort zu verlieren.
Wo soll ich mal hingehen, wenn dieser Ort nicht mehr da ist.
Was mache ich, wenn ich diesen Ort verliere, denn mein Zuhause ist da, wo mein Herz ist.
Ich kann mir nicht vorstellen je ein anderen Ort als Zuhause zu bezeichnen.
Da ich mich erst selbst verlieren und ich mich an einem anderen Ort wiederfinden müsste, um ihn als Zuhause zu
bezeichnen.

Franziska Münzl
Mittelschule Fischach-Langenneufnach, Klasse 8cM

DAHEIM

Gemütlichkeit
Daheim
Wärme und Glück
Daheim

ausschlafen, chillen, zocken
Daheim
Mama, Papa, Schwester, Tiere
Daheim
Mein Zimmer, Rückzug, Schutz
Daheim
Mit Freunden treffen, Film schauen
Daheim
Geborgenheit
Daheim

Levi Meusel
Staatliches Gymnasium Königsbrunn, Klasse 5f

Alidea

Von einem Gefängnis ins nächste
Ich schloss so leise und langsam wie möglich die Tür, aber als ich mich umdrehte, stand schon eine Frau dort. „Hallo, Mara! Wie war dein erster Schultag in der 9. Klasse? Gut oder?" Sie umarmte mich und ich murmelte leise: „Gut." Sie war schlank und hochgewachsen, ihre pechschwarzen Haare in einem festen Pferdeschwanz und ihre Augen immer auf mich fixiert. So misstrauisch, wie sie mich anstarrte … „Ich gehe hoch und mache meine Hausaufgaben", erklärte ich, als sie mich fragte: „Schon am ersten Tag?" „Äh … ja", antwortete ich.
Ich rannte hoch in mein Zimmer, das noch nicht fertig eingerichtet war. Gerade war ich eingezogen und außer einem Bett, einem Schreibtisch, einem Schrank und einem Stuhl stand nichts im Zimmer. Mehr brauchte ich eh nicht. Ich setzte mich hin und dachte eine Weile nach „HAUSAUFGA-BEN? Am ERSTEN Tag?" Plötzlich wurden meine Gedanken unterbrochen: „SCHATZ? Ich habe dir ein Brot vorbereitet." „Danke", antworte ich. „Mara, bist du schon fertig mit deinen Hausaufgaben?" „Ja". So eine Konversation. Diese Frau ist so komisch, ich bin doch noch nicht so lange da und schon benimmt sie sich so, als wäre ich die letzten fünfzehn Jahre bei ihr gewesen. Nein, es waren erst zwei Wochen.
Während ich mein Brot aß, stand diese Frau die ganze Zeit an der Tür. Sie erzählte, wie wir am nächsten Tag zusammen für mein Zimmer „shoppen" gehen würden. Sie sprach noch über anderes, was ich aber nicht hören wollte. Bei einem ihrer Sätze sind meine Gedanken stehen geblieben. „Morgen gehen wir dann, wenn du es natürlich bis morgen schaffst." Was

meinte sie mit: bis morgen SCHAFFEN? Ich schaute sie verwirrt an, sie antwortete mit einem Kichern und starrte den Teller an. Dann mich. Und wieder zum Teller. Nach einer Weile lief sie grinsend mit dem Teller wieder davon. So komisch! Was sie den ganzen Tag machte, das wusste ich nicht, und ich wollte es auch nicht wissen.

Meine Gedanken wanderten zehn Jahre zurück: Ein weißes, großes Auto, zwei Männer in einer blauen Uniform und ein großes Gebäude. Zehn Jahre in einer Zelle mit vielen anderen Kindern. Am Morgen Brot und schwarzer Tee. Nur am Sonntag ein Stück Kuchen anstatt Brot. Das war zehn Jahre lang so. Das hat die Regierung so entschieden. Alle Kinder blieben zwischen fünf bis fünfzehn im großen Gebäude. Meine Gedanken kehrten zurück. Das war zehn Jahre lang mein „Daheim". Und jetzt? Eine komische Frau, die mich ständig beobachtete, die meine Mutter sein wollte.

Es überfiel mich eine Schwäche, es dunkelte vor meinen Augen. War sie die Krämerin mit ihrem vergifteten Apfel und ich das Schneewittchen? War das Brot auf dem Teller vergiftet?

Alle Kinder, die mit mir waren, konnten ihre Eltern nicht erkennen, weil sie schon so jung weggenommen wurden. Aber ich schon, und das war nicht mein „Daheim". Genauso wie sie nicht meine Mutter war. Jetzt war es zu spät, denn alles, was ich sah, war schwarz, ich hörte nur noch wie meine ‚Mutter' lachend herein rannte „Ich wusste, du wärst zu schwach, um es bis morgen zu schaffen, und genau in fünf Minuten." Auch ihr Lachen fing an, langsam zu verblassen, als ich zum letzten Mal ausatmete.

Alidea Guglielmi
International School Augsburg Gersthofen, Klasse 8JK

BMX

Daheim – ist, wo mein BMX ist.
Daheim – ist, wo der Pumptrack ist.
Daheim – ist, wo meine Freunde sind.
Es ist ein schöner Sommertag. Mein Freund Erik, mein Bruder Rafael und ich fahren mit unseren Fahrrädern auf den Pumptrack. Erik und ich mit dem BMX, Rafael mit seinem Mountainbike. Als wir einfahren, ist alles so wie immer. Wir freuen uns auf einen schönen, sportlichen Tag. Rafael fährt ganz normal in den Pumptrack ein und fährt die ersten Kurven. Erik und ich folgen ihm. Wir haben Spaß und treten kräftig in die Pedale. In der letzten und dritten Kurve passiert es: Rafaels Reifen platzen und es knallt laut. Erik und ich erschrecken, bremsen und laufen schnell zu Rafael hin,

denn er war vom Mountainbike gefallen. Das Fahrrad liegt am Boden, das Vorderrad eiert in der Luft, beide Räder haben einen Platten. Da sehen wir es: in der Kurve liegen Nägel und Glasscherben. Wir sind geschockt. Gut dass Rafael nichts passiert ist. Er nimmt sein Bike und setzt sich in den Schatten auf eine Bank, denn Erik und ich wollen noch die große Rampe ausprobieren.

Erik schiebt als Erster sein Fahrrad den Aufgang zur Rampe hoch, rutscht jedoch auf einer nassen Stelle, fast ganz oben, aus. Er lässt sein Fahrrad los, es schlägt auf einem großen, spitzen Stein auf und die Kette bricht. Verwundert sehen wir uns an, da es schon seit Tagen nicht geregnet hatte. Erik nimmt sein Fahrrad und setzt sich zu Rafael.

Ich schiebe nun mein BMX auf die Rampe und passe auf, dass ich nicht ausrutsche. Oben angelangt bereite ich mich auf den Sprung vor, fahre die Rampe hinunter und springe. Aber was ist da? Ein Draht, gespannt mitten in der Fluglinie. Aua! Ich falle rückwärts in die Schanze, meine Ellenbogen und Schienbeine sind aufgeschürft. Mein BMX knallt neben mir auf die Erde, der Rahmen bricht. Erik und Rafael kommen herbei gestürmt und kümmern sich um mich. Wir brauchen Hilfe!

Da Erik sein Handy dabei hat, ruft er bei mir zu Hause an. Gut, dass meine Mama sofort rangeht und verspricht uns abzuholen. Dann ruft er auch noch die Polizei. Beide treffen zeitgleich ein. Die Polizei nimmt den Schaden auf und macht Fotos von unseren Rädern und dem verunstalteten Pumptrack. Rafael hilft der Polizei beim Wegräumen der Scherben, Nägel und des Drahtes. Wir wollen der Polizei bei der Aufklärung des Falles helfen und erklären uns zu den Altenmünster-Detektiven. Gut, dass gerade Sommerferien sind und Erik bei uns wohnt. Da haben wir viel Zeit, um den Fall zu lösen.

Am nächsten Tag haben wir einen Termin im Rathaus mit dem Bürgermeister. Wir erzählen ihm, was am Vortag vorgefallen ist. Wir fragen ihn, ob es in der Vergangenheit Kritik am Pumptrack gegeben hat. Er verneint unsere Frage und wünscht uns viel Erfolg bei der Suche des Täters.

Mit Erlaubnis der Polizei, stellen wir noch am selben Tag eine Kamera am Rand des Pumptracks auf, um den Platz zu überwachen.

Wer ist am häufigsten auf dem Pumptrack?

Erkennen wir jemanden?

Eine Woche später, ist der Pumptrack wieder mit den gefährlichen Gegenständen versehen. Daher schauen wir uns die Bilder an. Leider können wir niemanden auf den Bildern erkennen. Aber wir sehen eindeutig, dass jemand in der Nacht Glasscherben und Wasser verteilt und Drähte spannt. Bevor etwas passiert, räumen wir alles weg.

In der nächsten Nacht legen wir uns auf die Lauer. Da wir aus den Aufnahmen wissen, aus welcher Richtung der Täter kommt, machen wir folgenden Plan: Rafael soll die Person erschrecken, wahrscheinlich flüchtet sie dann und ich werde mich auf sie stürzen. Erik ruft sofort mit seinem Handy die Polizei an.

Wir verteilen uns um den Pumptrack, verstecken uns im Gebüsch und warten. Um etwa 23 Uhr raschelt es. Eine dunkle Gestalt kommt mit einer Gießkanne und einem großen Rucksack zur Hinterseite des Pumptracks herein. Erik ruft schon gleich die Polizei. Rafael hat sich als schauriges Gespenst verkleidet und erschreckt die Gestalt. Ich erkenne, dass es ein Mann ist und stürze mich auf ihn. Er wirft die Gießkanne weg und fällt hin. Erik und Rafael kommen herbei und helfen mir, ihn festzuhalten, bis die Polizei eintrifft. Alles läuft nach Plan.

Die Polizei nimmt uns und den Mann mit aufs Revier in Zusmarshausen. Da wir als Detektive so erfolgreich waren, dürfen wir dem Täter Fragen stellen.

Erstmal wollen wir seinen Namen wissen und woher er kommt. Er heißt: Herr Mager und kommt aus Baiershofen.

Dann wollen wir wissen, warum er die Gegenstände auf dem Pumptrack verteilt hat. Er erzählt uns, dass er kürzlich von einem Radfahrer umgefahren wurde und dieser einfach weiterfuhr. Er war verletzt, sein Arm war gebrochen und er hatte schlimme Schmerzen. Er fand es gemein und ungerecht, dass der Radfahrer einfach weitergefahren war. Daher wollte er sich rächen.

Die Polizei hat Mitleid mit Herrn Mager und nimmt ausnahmsweise keine Anzeige auf. Er muss aber versprechen, alles wieder gutzumachen. Herr Mager stimmt erleichtert zu und verspricht es.

Am nächsten Tag kommt Herr Mager bei mir und Rafael zu Hause vorbei. Erik ist natürlich auch da. Herr Mager hat eine Überraschung für uns Kinder. Er hat uns ein Eis mitgebracht, für Erik eine neue Fahrradkette und für Rafael zwei neue Schläuche und Reifen. Ich bekomme ein neues BMX. Den Pumptrack hatte er schon in den frühen Morgenstunden aufgeräumt. Außerdem hat er eine Überwachungskamera für den Pumptrack besorgt, damit die Gemeinde das Gelände Tag und Nacht überwachen kann.

Als Wiedergutmachung lädt uns Herr Mager noch auf einen Ausflug in die Stadt Augsburg ein und jeder von uns drei darf sich eine Unternehmung aussuchen. Eriks Wunsch ist es, in den Trampolin-Park zu gehen. Wir haben viel Spaß und lernen Herrn Mager besser kennen. Er ist doch eigentlich ganz nett. Zum Essen gehen wir in die City-Galerie, das ist Rafaels

Wunsch. Dort schlagen wir uns die Bäuche mit Sushi voll. Danach lassen wir den Tag in der BMX-Halle ausklingen.

Herr Mager bringt uns nach Hause und verabschiedet sich. Wir freuen uns, einen neuen Freund gefunden zu haben.

Erik, Rafael und ich bauen zum Abschluss des Tages den Pumptrack in unserer Minecraft-Kreativ-Welt nach.

Daheim – ist alles wieder ok.

ENDE

Filip Müller
Grundschule Altenmünster, Klasse 4b

Das Zuhause– ein Informationstext

Jeder setzt sich täglich damit auseinander, dabei kennen viele die eigentliche Bedeutung nicht. Das möchte ich mit diesem Artikel ändern. Es geht um das Zuhause.

Dort ist Zuhause:

Zuhause ist auf der einen Seite eine Gebäudefunktion zum Wohnen, auf der anderen Seite deutlich mehr. Max Giesinger singt als Beispiel in seinem Lied „Zuhause": „Mein Kopf will immer nur weiter, mein Herz sagt, dass ich zu Hause vermiss, wo auch immer das ist." daraus lässt sich schließen, dass man nicht zwingend dort zu Hause ist, wo man wohnt, sondern hauptsächlich da, wo man sich wohlfühlt. Das kann bei Freunden, bei der Familie, oder an ausgefallenen Orten, wie einer Lichtung im Wald oder sogar in der Schule sein. Letzteres kann man gut an der Harry Potter Reihe erkennen.

So viele haben kein Zuhause:

Das UN-Programm Habitat schreibt in einem aktuellen Informationstext zu diesem Thema, es gäbe 1,1 Mrd. Menschen in Städten, die keine angemessene Unterkunft besitzen würden. Außerdem lautet Ihre Prognose, dass diese sowieso schon hohe Zahl bis 2025 auf 1,6 Mrd. steigen wird. Da ein wirkliches Zuhause (siehe oben) unbezahlbar ist, und es sich somit jeder leisten kann, gibt es aber keine eindeutigen Quellen darüber.

So teuer ist ein Zuhause:

Wie gerade erwähnt, ist ein wahres Zuhause komplett kostenlos. Freunde, Familie und Gefühle sind nun einmal gratis. Was Wohnorte angeht, liefert *dr klein.de* folgende Information: „Ein neues Haus kostet durchschnittlich 1.300 € pro Quadratmeter Wohnfläche." So kann es zum Beispiel vorkommen, dass selbst die Besitzer der größten Villen sich dort nicht zuhause fühlen, obwohl sie so viel dafür ausgegeben haben.

Jeder fühlt sich an einem anderen Ort daheim. Viele wissen nicht, wo sie wirklich zu Hause sind. Also denk mal darüber nach, ob du wirklich dort daheim bist, wo du wohnst.

Anna Zeiträg
Staatliches Gymnasium Königsbrunn, Klasse 7e

Gedicht Elfchen

Daheim
wohlig, warm
Mama und Papa
ich fühle mich wohl
Familie

Mariella Schmid
Staatliche Realschule Neusäß, Klasse 7b

Heimat

Wärme,
das Zuhause,
das Essen schmeckt,
ich schlafe im Bett,
Gemütlichkeit

Kevin Niedermair
Franziskus-Schule Gersthofen, Klasse SFK 7/8

Mein zweites Zuhause – im Ozean!

Hi, ich bin Tikaani und mein neues Zuhause ist ein altes Haus, direkt am Strand in Miami.
Dort lebe ich seit einiger Zeit mit meiner Schwester Lou und meinen Eltern.
Rumms! Die Tür fiel ins Schloss, meine Eltern waren weg. „Lou, komm, wir gehen auf den Dachboden!", rief ich meine Schwester.
Lou und ich durften nicht auf den Dachboden, denn er war einsturzgefährdet. Lou freute sich: „Endlich!"
Also liefen wir die Treppe hinauf. Wir mussten uns beeilen, denn unsere Eltern würden keine Zeit verschwenden. Eilig kletterten wir die morsche Strickleiter hoch. Oben angekommen wühlte ich in dem von Spinnweben besetzten Bücherschrank. Auf einmal schnellte meine Hand durch die

Wand, sofort griff Lou nach ihr. Ich wollte gleich wissen, was hinter der Wand war und steckte den Kopf hinein. Lou schrie atemlos: „Tikaani, pass auf!" „Da ist eine Rutsche", beschrieb ich meiner großen Schwester und wir gingen aufgeregt durch die Wand. Lou verlor den Halt und rutschte die Wasserrutsche hinunter. Panik stieg in mir auf, ich musste meine Schwester retten! Sofort sprang ich Lou hinterher. Im rasanten Tempo flitzten wir zusammen die finstere Rutsche hinab. „Alter! Landen wir gleich bei James Bond, oder was?", rief ich Lou zu. Sie rief zurück: „Ähm, nein, ich glaube, eher im Ozean!" Ich bekam den Schock meines Lebens. Kurz darauf waren wir in den Tiefen des Meeres angekommen. Mir floss kaltes Wasser über den Rücken. Aber irgendetwas stimmte hier nicht, ich bekam Luft! Lou hatte es wohl noch nicht bemerkt:
„Wir werden ertrinken!" Nach einer Weile wusste auch sie, dass wir atmen konnten. Auf einmal tauchte wie aus dem Nichts ein großer Hai auf. Meine Schwester und ich paddelten wie wild geworden mit Armen und Beinen. „Hi! Ich bin Lion, der Rocker-Hai", schallte eine Stimme aus dem Umfang des Hais. Mein Körper erstarrte, der Hai konnte sprechen! „Und ich bin Tikaani", stammelte ich leise. Nun kam noch eine rote Krake zum Vorschein, die sehr unruhig war. Sie plapperte aufgeregt: „Meine Krakenfreunde werden von Fischern gefangen!" Lou reagierte blitzartig: „Wir müssen ihnen helfen!" Also schwammen wir schnell der Krake hinterher, die, wie sich herausstellte, Merlin hieß. Und tatsächlich, dort war ein großes Schiff, in deren voll beladenen Netzen Kraken zappelten.
Zum Glück hatte Lou eine gute Idee, wie wir die Tiere retten konnten: „Lion schlägt sich einen Zahn aus, den wir dann als Messer benutzen können." Alle waren einverstanden und Lion überreichte mir und Lou einen seiner Tigerhaizähne. Meine große Schwester und ich fingen sofort an, in die Netze Löcher zu schneiden und schon krochen alle Kraken heraus. Merlin bedankte sich bei uns, dann sagten Lion und die Krake: „Tschüss!" und schwammen davon. Der Rocker-Hai hatte uns noch erklärt, dass wir schnipsen müssen, um wieder nach Hause zu gelangen, also taten wir das auch. Als unsere Eltern die Tür aufschlossen, saßen wir schon wieer auf dem Sofa und steckten die Nase in ein Buch. Aber Morgen würden wir wieder früh aufbrechen, in unser zweites neues Zuhause.

Ronja Grußler
Grundschule Gablingen, Klasse 4 a

Vom Winter // Lichtertanz in Traumgefühle // Von der Wärme

Es war Abend. Die Schneeflocken tanzten im Schein der Straßenlaternen wie kleine Elfen. Ließen sich von dem eiskalten Wind von Lichtkegel zu Lichtkegel jagen, um einen neuen Tanzpartner zu finden.

Kaum jemand war noch unterwegs. Nur vereinzelt erschufen vorbeifahrende Autos neue Lichtkegel, temporäre Spotlights für den magischen Tanz. Autos, in denen Menschen saßen auf dem Weg nach Hause.

„Nach Hause", dachte der Junge und betrat die Bühne aus Eis und Licht: „Ob jemand auf sie wartet?"

Er schaute den roten Rücklichtern nach, die am Ende der Straße hinter dem Häuserblock, in dem er wohnte, verschwanden.

Er zog seine dunkle Kapuze tiefer in sein gerötetes Gesicht. Die hell erleuchteten Fenster machten ihm Angst. Statt ihn mit Wärme und Geborgenheit zu erfüllen, ließ der Gedanke an die glücklichen Familien und Menschen auf der anderen, hellen Seite des Glases nur ein Gefühl der Kälte nur zurück. Eine Kälte, kälter als die Schneeflocken, die wie tausend kleine Nadeln in sein Gesicht stachen.

Kälte und einen Druck auf der Brust, der ihm die Luft raubte. „Atmen", dachte er: „Du musst atmen."

Er blieb stehen, schloss die Augen und fühlte, wie die schneidende Winterluft seine Lunge füllte.

So stand er da. Ganz Still. Atmend. Wartend, doch auf was? Auf bessere Zeiten?

Es hatte sich bereits eine feine weiße Schicht auf seiner Kleidung gebildet, als er seine Augen wieder öffnete und auf das große Haus sah, in dem er lebte. Das große Haus am Ende der Straße, das früher sein Zuhause gewesen war. Früher, als die Welt noch einfach war, als er noch ein Kind war.

Doch dann, dann war die Leichtigkeit verlorengegangen und mit ihr das Gefühl „Daheim" zu sein.

Er setzte sich in Bewegung, hinterließ Fußspuren in der feinen Schneedecke. Fußspuren, wie am nächsten Tag Tausende zu sehen wären. Nichts würde darauf schließen lassen, dass der Junge, der in der letzten Nacht durch den Elfentanz gegangen war, anders gewesen sein könnte. Denn er, er war daheimlos. Nein, nicht heimatlos, nicht obdachlos.

Er hatte vieles.

Er hatte ein schönes Zimmer mit einem weichen Bett, Eltern, die ihn nicht mehr nervten, wie die eines jeden anderen Jugendlichen es ebenfalls taten.

Er hatte dichte, dunkle Haare, schlanke Gliedmaßen, einen Körperbau, auf den sicher viele neidisch gewesen wären.

Doch er fühlte sich nicht zu Hause. Nicht in seinem Zimmer, in das er sich so oft zurückzog, nicht in seinem Bett, in dem er stundenlang liegen konnte. Nicht bei seinen Eltern, die er anlog, die ihn nicht sahen.

Und erst recht nicht in seinem Körper, der ihm zu klein und doch zu groß war.

Wieder fuhr ein Auto vorbei und der Bühnenscheinwerfer richtete sich wieder auf den Jungen in schwarz inmitten des Elfentanzes. Das weiße Licht wurde heller, gab der Szenerie einen kalten, trostlosen Schein, dann wurde es dunkler und das rote Licht verwandelte die Eis- und Schneeelfen einen Moment lang in kleine Feuerteufel, die den Jungen zu verhöhnen schienen.

„Du bist nicht richtig; kein echter Junge; ein Mogelpack. Versteckst deine langen Haare unter einer Mütze." – Die langen Haare, die seine Mutter so liebte. –

„Versteckst deinen schönen Körper unter weiter Kleidung!" Den Körper, der so erwachsen geworden war, wie sein Vater meinte und der ihm so gar nicht passte:

Die Hüfte zu breit, die Beine zu lang und zu fein und die Brüste. Ja, vor allem die Brüste waren falsch, hätten niemals wachsen dürfen. Ein Junge mit Brüsten … das konnte nicht stimmen.

Er betrat den Innenhof und beinahe sofort hörte der Wind, blockiert von den hohen Häusern, auf, die Schneeflocken durch die Luft zu jagen.

Er geht zur Tür. Niemand wird ihn erwarten. Nicht, weil er alleine war, vielmehr, weil seine Eltern es gewohnt waren, dass er spät nach Hause kam und es war noch nicht spät. Nur dunkel.

Mit einem dumpfen Geräusch verstummte das Klirren der fallenden Schlüssel, als sie vom Schnee verschluckt wurden.

Vom Schnee verschluckt wurde auch das Mädchen, das der Junge beim Aufschauen entdeckte. Er kannte sie nicht, hatte sie noch nie gesehen oder konnte sich nicht an sie erinnern und an einen so bunten Menschen hätte er sich erinnert.

Ihre Augen waren geschlossen und ihre roten Haare, die unter ihrer neongrünen Mütze hervorkamen, umrahmten ihr Gesicht. Er hatte sich über sie gebeugt, wollte fragen, ob alles okay war.

Fragen. Reden, eine weitere Sache, vor der er sich fürchtete.

Doch er musste nicht reden, denn das Mädchen öffnete seine Augen und lächelte ihn an.

Ihr Lächeln war warm und breit. So warm, dass die Eisschicht, die sich um sein Herz gelegt hatte, einen Sprung bekam.

Fynn Ziegler
Schmuttertal-Gymnasium Diedorf, Klasse Q11

Endlich wieder Zuhause

Unsere Geschichte beginnt an einem kalten Wintertag.
Der eisige Wind fegte durch das Dorf im Tal. Die Bäume im Wald drohten dabei umzufallen. Und die Schneeflocken peitschten durch die Luft.
Das kleine Eichhörnchen Lulu fiel an diesem Tag aus ihrem Kobel und rollte als Schneeball ins Tal. Völlig verängstigt, kroch es dort unter einen Holzhaufen. Unter diesem mummelte sich das kleine Eichhörnchen Lulu mit großer Angst in ihren langen warmen Schwanz. Ganz durchfroren schlief sie nach einiger Zeit ein.
Am nächsten Morgen weckte sie ein Tautropfen auf der Nase. Mit neuer Kraft tapste sie den Berg hinauf, den sie heruntergerollt war. Den Berg war sie schon oft mit ihren Geschwistern hinuntergerannt. Doch vor lauter Schnee erkannte sie ihren Baum nicht wieder. Zum Glück begegnete sie dem alten Dachs. Er konnte sich gut orientieren und half dem verzweifelten Eichhörnchen. In Windeseile hatte der Dachs den Baum, auf dem der Kobel lag, gefunden. Das Eichhörnchen rannte voller Begeisterung den Baum hinauf, worauf die Familie von Lulu sie in die Arme schloss. Lulu war überglücklich, dass sie nun wieder ihre Familie und vor allem wieder ihr zu Hause hatte.

Katharina Happach, Katharina Wilde
Dr.-Max-Josef-Metzger-Realschule Meitingen, Klasse 5f

Ist das Heimat?

Der Wecker klingelt. Ich werde wach und realisiere, dass ich gleich aufstehen muss. Jetzt geht es los. Jetzt ist alles wieder real. Die Angst ist wieder da. Die Angst vor dem Ausfragen, vor Exen und Schulaufgaben. Während ich mich anziehe, gehe ich das gefühlte tausendste Mal den Geschichtshefteintrag im Kopf durch. Egal, nicht nachdenken, einfach machen. Für frühstücken ist keine Zeit mehr. Noch schnell ein Brot einpacken und die Flasche auffüllen. Aus dem warmen Haus in die Kälte, die Tag für Tag zunimmt. Aufs Fahrrad und los geht's. Erste Stunde Latein, ich komme in den Raum, alles laut, Chaos pur. Gleich Ausfrage, zum Glück nicht ich, als ich die Fragen höre, wird mir klar, dass ich gerade mal die Hälfte gewusst hätte. Verdammt. Es geht weiter. Zweite Stunde Mathe. Vier Nummern bis morgen. Ich schaffe das schon. Oder auch nicht, aber Tatsache ist, ich muss es schaffen. Nach vier weiteren angespannten Schulstunden geht es endlich nach Hause. Ich will mich nicht mehr mit irgendjemandem unterhalten, nur nach Hause. Mittagessen, ich kann mich endlich entspannen. Aber nicht lange. Hausaufgaben, wie ich sie liebe. Bis 16 Uhr Hausaufgaben und lernen, dann endlich fertig. Ganz sicher für morgen bin ich nicht, aber … verdrängen. Vielleicht noch etwas raus? Oder einfach ans Tablet. Zweite Option. Denn raus will ich nicht mehr. Ich will daheim bleiben. Denn das ist doch mein Zuhause, oder nicht? Ist das hier Heimat? Aufregung, Schule, schlafen, Panik, kann man das Heimat nennen? Ich weiß es nicht. So, und jetzt wieder schlafen, oder doch noch ans Handy? Vielleicht ein bisschen noch. 22 Uhr, ein bisschen noch. Eine halbe Stunde später stelle ich den Wecker, damit ich morgen wieder zur Schule gehen kann. Obwohl ich weiß, dass ich eigentlich daheim bleiben will.

Junia Esch
Staatliches Gymnasium Königsbrunn, Klasse 8d

Meine Superpower: Hoffnung

Syrien, 10.12.21
Geborgenheit, Freiheit und Wohlsein? Nein, so etwas habe ich noch nie erlebt. Ich, Lydia, bin mit meiner Familie mein ganzes Leben lang auf der Flucht. Bei uns in Syrien herrscht nur Krieg und niemand interessiert sich für uns. Heute war wieder ein schwieriger Tag. Wir mussten mit dem einzigen Schuhpaar, das wir besaßen, durch die Kälte stapfen. Der Weg nach Europa ist sehr lang, aber wir hoffen dort auf ein besseres Leben. Vor allem für meine kleineren Geschwister ist das wichtig. Der Regen prasselte uns gegen das Gesicht und der eiskalte Wind pustete uns nur von unserem Weg. Unsere einzige Mahlzeit waren Beeren, die wir im Wald aufsammeln konnten. Seit die Soldaten in unser Dorf gekommen sind und uns mit Gewalt alles abgenommen haben, ist dies mein Alltag: Hunger, Not und Leid. Wir haben nur eine Karte und einen Rucksack dabei, in dem sich zwei Decken befinden. Meine Schwester Karmen hat den ganzen Weg lang geweint. Ihr war so kalt, dass ihr Körper eine bläuliche Farbe bekommen hat. Während wir jeden Tag mit uns selbst kämpfen müssen, ist den anderen Menschen gar nicht bewusst, wie gut es ihnen doch eigentlich geht. Wenn ihnen etwas nicht schmeckt, landet das Essen einfach im Müll. Für die Lebensmittel hätten wir einen ganzen Tag gebraucht, um sie aufzusuchen. Die Kinder sind gierig und lassen sich immer mehr unnötiges

Spielzeug kaufen. Auch viele Erwachsene interessieren sich nur für Geld und wollen auch immer mehr davon haben. Für uns dagegen ist jeder Tag eine Herausforderung. Wir haben keinen Wasserhahn, den man nur aufdrehen muss, um fließendes Wasser zu erhalten. Unmengen an Kleidungsstücken haben wir auch nicht, oder ein festes Heim sowie Spielzeug. Die Menschen lassen sich verwöhnen und meckern über jede Kleinigkeit. Das macht mich traurig, denn in der Welt herrscht so viel Ungerechtigkeit. Nur sehr wenige Menschen beachten uns. Sie schenken uns mit Hilfe von Hilfsorganisationen Pakete mit Essen und Trinken. Aber leider reicht auch das nicht aus. Trotzdem freuen wir uns über jede Hilfe von Herzen. Ich würde so gerne Lehrerin werden und die Hälfte meines Geldes dann an arme Menschen spenden. Somit könnte ich Kindern und Jugendlichen helfen, eine gute Zukunft zu erhalten und ihre Träume zu verwirklichen. Deshalb wollte ich unbedingt versuchen, nach Europa zu wandern. Heute sind wir in Griechenland angekommen. Das ist eine sehr gute Neuigkeit, denn hier befindet sich eine der vielen Grenzen. Natürlich müssen wir hier einige Tage verbringen, denn wir können nicht einfach hineinspazieren. Hineinströmen können wir auch nicht, da die Grenze von vielen Soldaten überwacht wird und überall Stacheldraht ist. Das ist ein neuer Schritt, der meine Hoffnung stärkt, ein neues Leben anzufangen und es auch zu genießen. Sehnsüchtig warten wir auf den Tag, an dem sich alles verändern wird. Ich versuche immer wieder, meine Familie aufzumuntern. Die Hoffnung treibt mich immer weiter voran wie ein wildes Tier. Ich bin dankbar für jeden gemeisterten Tag und freue mich auch auf den nächsten. Ich bin sehr optimistisch und trotz Erschöpfung auch voller Energie. Denn wie sagt man so schön:
Die Hoffnung stirbt zuletzt.

Tanja Laccone
Staatliches Gymnasium Königsbrunn, Klasse 6c

Daheim ist wichtig!

Daheim ist nicht selbstverständlich! Deswegen bedeutet mir „Daheim" ganz viel. Wenn ich an die Kinder im Kriegsgebiet denke, muss ich gestehen, wie gut wir es doch haben. Wir haben Eltern, eine Familie und ein sicheres Zuhause. Außerdem müssen wir uns keine Sorgen darum machen, was wir essen, trinken oder anziehen sollen. Viele haben ein eigenes Zimmer und Spielsachen. Das ist für mich „Daheim".

Jael Petschner
Grundschule Gablingen, Klasse 4b

DAHEIM

Daheim ist für mich mit meiner Familie zu leben.
Ich darf meine freie Meinung sagen.
Ich darf mich frei fühlen.
Ich will meine eigene Meinung sagen.
Ich darf mich zu Hause wohl fühlen.
Daheim ist für mich Augsburg, Lauterbrunn und Gersthofen.
Ich darf mich sicher fühlen.

Naomi Schilling
Franziskus-Schule Gersthofen, Klasse 4aG

Daheim

Ich fühle mich in viele Orten daheim.
In Königsbrunn, München und Vietnam.
In München lebte ich zehn Jahre lang, in Vietnam leben meine Verwandten und in Königsbrunn lebe ich gerade.
Ich fühle mich in …
… München daheim, weil meine Freunde hier leben und ich hier viele Erinnerungen gesammelt habe.
… Vietnam daheim, weil ich meine verwandten besuchen kann und es hier das beste Essen gibt.
… Königsbrunn daheim, weil ich mit meiner Familie hier wohne und hier Freunde habe.
Daheim ist vielfältig und besonders.

Tony Ngo
Staatliches Gymnasium Königsbrunn, Klasse 6e

Daheim

Für uns bedeutet daheim, einen Ort, wo wir uns zurückziehen können, wo wir über alles ganz offen sprechen können und wissen, dass uns nichts peinlich sein muss. Dort leben die Menschen, die uns lieben, akzeptieren, wie wir sind, und wenn wir sie brauchen, für uns da sind. Außerdem können wir uns auf sie verlassen, aber ihnen auch vertrauen.
INTERVIEW:
6-jähriges Mädchen:
Für das Mädchen bedeutet daheim, da wo ihr Zimmer ist, wo ihre Spielsachen sind und wo ihre Familie ist.
8-jähriges Mädchen:

Für sie bedeutet daheim, dass sie ein Dach über dem Kopf hat, dass es daheim warm ist und gemütlich.

Erwachsene / Eltern:

Für Eltern oder auch die meisten Erwachsenen bedeutet daheim, dass sie ihre Familie und Kinder um sich herum haben, dass sie sich freuen auf zu Hause, auch wenn sie einen anstrengenden oder blöden Arbeitstag hatten, weil sie dann alles um sich herum haben, was sie lieben.

Älterer Mann (67 Jahre):

Für ihn bedeutet daheim, dort wo seine Frau ist, wo seine Familie ist, auch wenn Sie nicht sehr groß ist. Außerdem ist für ihn daheim, wo er GLÜCKLICH ist.

Kurze Zusammenfassung:

Wahrscheinlich bedeutet daheim im Grunde für alle Menschen das Gleiche. Daheim ist kein Ort, sondern dass sie bei ihrer Familie und ihren Kindern und natürlich GLÜCKLICH sind.

Kurzer Spruch:

Manchmal gibt es auch mal Streit, doch die Versöhnung ist nicht weit!

Nika Bobanovic, Lea Finke 5a
Staatliches Gymnasium Königsbrunn, Klasse 5a

Daheim

Dummer Online-Unterricht
Andere Menschen treffen ist verboten
Handy haben
Einfach auch manchmal toll
Innere Gedanken
Mut nicht verlieren

Sarah Geh
Helen-Keller-Schule Dinkelscherben, Klasse 7Gb

Daheim

Daheim
Daheim, da wollen alle sein.
Dort fühlen wir uns geborgen
und machen uns keine Sorgen.
An diesem Ort sind wir füreinander geboren
daheim geht die Liebe nie verloren.
Die Bilder von damals tragen uns noch heut

um die Liebe zu zeigen, haben wir uns nie gescheut.
Nur bei dir fühle ich mich Zuhause
und brauchst du auch mal eine Pause.
Bist so verrückt und machst mit Leidenschaft
das alles, was sonst keiner macht.
Bist ein Zuhause für alle, die dich lieben
und die schlechte Laune wird vertrieben.
Das kannst du mir alles geben
für mein Leben.
Mein Daheim

Antonia Fischer
Staatliche Realschule Zusmarshausen, Klasse 6d

Daheim

Daheim fühlen wir uns wohl.
Alle brauchen ein Zuhause.
Hier ist der Ort an dem wir gerne sind.
Erinnerungen werden hier gemacht.
Im Ort des Vertrauens.
Mir geht es dort gut.

Johanna Schmid
Grundschule Zusamarshausen, Klasse 3a

DAHEIM

DAHEIM bedeutet für mich ein sicheres zu Hause, wo meine Familie ist und ich glücklich bin.
DAHEIM kann ich sein, wie ich bin und alle haben mich lieb.
DAHEIM ist für mich auch die Natur und die Tiere, die bei mir zu Hause sind.

Samuel Kirner
Franziskus-Schule Gersthofen, Klasse 4aG

DAHEIM

Ich fühle mich daheim wohl,
weil ich bei meiner Familie bin.
Ich spiele daheim mit meiner Familie.
Ich helfe gern meiner Mutter.

Ich fühle mich daheim immer gut.
Und wenn es mir schlecht geht, dann spielen wir alle zusammen.
Ich kriege gesundes Essen und Wasser.

Merdad Shahbazi
Franziskus-Schule Gersthofen, Klasse 4aG

Rhetorische Fragen

Beschreibe mir deine Heimat
Ist sie ein Mensch – ein Freund?
Oder ein Ort – vielleicht ein Zimmer?
Sie ist nicht begrenzt, nicht eingezäunt
Auch nicht unendlich, nicht für immer.
Beschreibe mir deine Heimat
Vielleicht kennst du sie noch nicht
Musst sie erst finden
Sie kann sich ändern, sie zerbricht
Du musst dich trauen, dich überwinden.
Beschreibe mir deine Heimat
Ich glaube, ich kann es nicht
Kann sie nicht finden, nicht beschreiben
Kann sie nicht hören, wenn sie spricht
Wird sie mir immer verloren bleiben?

Mirja Angerstein
Leonhard-Wagner-Gymnasium Schwabmünchen, Klasse 8A

Daheim

Ein gemütlicher Ort, ein schöner Lebensraum,
dazu ein liebes Wort, das ist des Menschen Traum.
Ein zartes Lächeln hier, ein Händereichen dort,
Gefühle ohne Zier, das ist des Menschen Hort.
Ein paar nette Blicke, ein Zwinkern hin und wieder,
Küsse, richtig dicke, das sind des Menschen Lieder.
Stete Geborgenheit, gespickt mit Sonnenschein,
und Angewohnheit, das nennt man Menschen.

Timo Tröster
Staatliches Gymnasium Königsbrunn, Klasse 6e

Daheim sein

Daheim kann man so viel erleben.
Ich fange an mit Hausaufgaben, danach kommen viele spaßige Sachen.
Vielleicht noch einmal schwimmen gehen.
Mehr ist sonst viel zu viel.
Also nächster Tag und neues Glück bring ich jeden Tag nach Hause mit.
Ach so und nicht zu vergessen, danach noch mal was essen.
Dann ist der Tag auch wieder um, die Zeit geht so schnell um.

Marie Niederhofer
Grundschule Altenmünster, Klasse 4a

Daheim

Daheim kann sein,
wo wir geboren sind daheim.
Familie ist daheim,
so kann man sicher sein,
die Liebsten sind daheim.
Doch ich bin glücklich daheim,
mit meinen Freunden im Heim.
Tiere gehören zum Heim,
sie werden immer im Leben sein.
Geborgenheit haben wir daheim,
dort werden wir immer sicher sein.
Daheim ist Spaß, dort sind wir wie früher.

Laura Schneider, Sara Schlenner
Staatliche Realschule Neusäß, Klasse 6d

Daheim

Daheim
spiele gerne
mit meinen Freunden
Nintendo Switch mit anderen
Spaß

Fabian Kühner
Helen-Keller-Schule Dinkelscherben, Klasse 5Gb

Yoyos neues Zuhause

Ich schreibe eine Geschichte, wie unser Hund zu uns kam, aus der Perspektive unseres Hundes.

Ich wurde an einem schönen Septembertag in einem Stall geboren. Ich habe sechs Geschwister, wir sind vier Mädchen und zwei Jungs. Der Stall war ziemlich groß, mit schönem, kuscheligem, frischem Stroh. Wir tollten den ganzen Tag herum und unsere Mama gab uns immer zu trinken. Das Futter bekam sie von einem großen Mann. Leider habe ich meinen Papa nie kennengelernt, aber er war bestimmt sehr nett. Auf einmal kamen andauernd Leute in den Stall, immer musste Mama nach draußen. Die Leute nahmen immer einen von uns auf den Arm und gingen dann so schnell wieder, wie sie gekommen waren. Ein paar Wochen später nahm der Futtermann immer eines meiner Geschwister hoch und trug es weg, bis nur noch meine Mama, ich und eine meiner Schwestern übrig waren. Doch dann nahm der Futtermann mich plötzlich hoch. Ich erschrak ziemlich, denn er trug mich weg und ich wollte doch bei meiner Mama bleiben. Aber er brachte mich zu einem Auto, in dem viele Leute saßen und setzte mich da hinein. Ich wusste nicht, wie mir geschah, alles roch so fremd und die Leute waren doch überhaupt nicht meine Familie. Das Auto setzte sich in Bewegung und wir fuhren eine ziemlich lange Strecke. Ich jaulte die ganze Zeit nach meiner Mama, aber vergebens!

Auf einmal hielt das Auto und alle stiegen aus. Jetzt sollte ich auch noch heraus! Ich wurde in ein riesiges Haus getragen, das so viel größer als mein schöner Stall war, Stroh gab es auch keines. Aber es gab ein schönes, weiches Bett, in das wurde ich gelegt und die Leute aus dem Auto setzten sich im Kreis um mich herum. Es gab einen Papa, eine Mama, einen Jungen und ein Mädchen. Sie riefen immer „Yoyo", wenn ich dann guckte, dann freuten sie sich. So kam ich zu meinem Namen. Es gab auch ganz viele Leckerchen, besonders wenn ich etwas machte, was ihnen gefiel. Diese Leckerchen wuchsen in einem besonderen Raum, der an einem gefährlichen Ort liegt. Um dorthin zu gelangen, musste man einen großen Flur durchqueren. Das war eine große Herausforderung, die ich aber nach ein paar Tagen geschafft hatte. Aber dann gab es da noch eine große dunkle Treppe. Die war so gefährlich, dass nur große Menschen sie schafften. Die Leute brachten mir aber immer etwas aus diesem tollen Raum mit, besonders das Mädchen dachte immer an mich. Es hatte auch immer so schöne Flatterkleider an, mit denen es mich zum Spielen einlud. Wir verstanden uns ziemlich schnell sehr gut und wurden so etwas wie Schwestern und ich fühlte mich wohl in meinem neuen Zuhause.

Dann gab es auf einmal eine richtig tolle Zeit. Die beiden Kinder blieben jeden Tag zu Hause. Sie schnallten sich nicht mehr diese komischen Dinger auf den Rücken und ließen mich mehrere Stunden alleine. Sie waren immer da!! Das war herrlich! Wir waren ein tolles Team. Sie nahmen mich mit in ihre Zimmer, schrieben zwar viel, holten aber für mich Leckerchen und eine Decke. Das war die schönste Zeit in meinem Leben, weil ich nie alleine war. Wenn man mich gefragt hätte, wäre es jetzt auch noch so. Daheim ist es nämlich am schönsten, wenn die Familie da ist.

Emmy Littwin
Staatliches Gymnasium Königsbrunn, Klasse 5f

Daheim ist es wunderschön

Daheim ist es wunderschön.
Ich angele gerne Fische.
Im Garten habe ich einen Hund.
Ich spiele gerne mit den Nachbarn.
Daheim fühle ich mich vor der Polizei sicher.
Daheim trage ich keine Maske.
Daheim baue ich gern Lego.
Daheim habe ich eine Familie.
Daheim ist es wunderschön.
Daheim habe ich Katzen und Fische.
Daheim bin ich erschöpft und kann mich ausruhen.
Daheim habe ich ein Baumhaus.
Daheim ist es toll.
Daheim ist es immer schön.
Daheim habe ich einen Garten.
Daheim habe ich ein tolles Zimmer.
Daheim lerne ich viel. Ich lerne etwas über den Weltraum.
Daheim lese ich viel über Dinosaurier.
Daheim gibt es Geister. Die sind böse. Die sind schrecklich. Sie spuken um Mitternacht.

Jonathan Keistler
Franziskus-Schule Gersthofen, Klasse 2

Meine zwei Heimaten

Meine zwei Heimaten sind Deutschland und Rumänien. Es ist manchmal schwer, weil ich zuhause Rumänisch und in der Schule Deutsch spreche.

Es ist cool, wenn man eine andere Sprache spricht. Weil es ja langweilig ist, wenn man nur Deutsch spricht, oder? Manchmal vermisse ich meine Familie, weil ich sie seit vier Jahren nicht mehr gesehen habe. Hier ist auch eine Hälfte der Familie. Das sind meine zwei Heimaten. Liebe Grüße Iris.

Iris Jäger
Grundschule Meitingen, Klasse 4c

Daheim

Daheim bedeutet, auf dem Sofa zu liegen, seine Augen zu schließen
und diese Zeit zu genießen,
doch wenn man dann das Haus verlässt,
kommt Corona vorbei und versaut den Rest
Daheim bedeutet aber auch
sich die Zeit zu nehmen, die man braucht
für Wichtiges wie Schwestern, Eltern und die Tiere,
die man über alles liebt.
Daheim zu sein nach einer langen Reise,
man freut sich auf einfache Art und Weise
auf die alltäglichen Dinge, die man tut –
jetzt ist der Reim aus und alles wird gut!

Jade Krüger-Lewandowski
Staatliches Gymnasium Königsbrunn, Klasse 7f

Daheim — ein schrecklicher Gedanke

„Wie wollen sie das denn Lilly und Leonie erklären?", fragte Finny sich verzweifelt, als ihre Eltern kurz vor den Sommerferien beschlossen hatten, den gebuchten Italienurlaub wegen Corona schon das zweite Jahr in Folge zu stornieren. An einem Sonntag war es dann so weit, als die Eltern den Zwillingen beibringen mussten, dass der Urlaub ausfallen würde. Sofort flossen viele Tränen bei den Mädchen. Als Lieblingsteddy der beiden war es nun meine Aufgabe, sie zu trösten, aber ich war mir auch ziemlich sicher, dass die Ferien zuhause sehr öde und langweilig werden würden. Um uns aufzumuntern, schlugen die Eltern vor, unsere Heimat Bayern zu bereisen. Lillys und Leonies Begeisterung hielt sich in Grenzen. Frustriert meckerte Leonie: „Ach, das ist doch total langweilig." Auch Lilly beschwerte sich bitterlich: „Da kennen wir doch schon alles!" Ich konnte die beiden gut verstehen, da ich auch viel lieber in Italien gewesen wäre. Dort gibt es leckere Pizza, das Meer und die Sonne scheint immer.

Eine Woche später zwangen uns die Eltern mit ihnen die Reiseroute aus-
zuwählen, jeder von uns sollte eine Stadt aussuchen, die er gerne besichtigen wollte. Lustlos suchte jeder von uns ein Ziel aus. Anschließend
planten die Eltern eine Route. Doch überzeugt von der Idee waren wir
noch immer nicht.

Schließlich war der Tag gekommen, an dem wir unsere Koffer packen
mussten. Genervt jammerte Lilly: „Ich habe überhaupt keine Lust auf den
‚Urlaub'". Leonie stimmte ihr gelangweilt zu: „Ja, das wird bestimmt das
totale Desaster!" Nur ich war total aufgeregt, weil ich immer total aufgeregt bin, wenn ich in den Urlaub mitfahren darf.

An einem Freitagmorgen ging es endlich los. Lilly und Leonie waren ungenießbar, weil sie so früh aufstehen mussten und meckerten nur herum.
Ich hatte deshalb riesige Angst, dass sie mich vergessen würden. Aber
zum Glück fiel ich ihnen wohl in letzter Minute doch noch ein. Sie nahmen
sie mich mit ins Auto und wir fuhren los.

Unser erstes Ziel war Regensburg. Dort schauten wir zuerst die mächtige
Befreiungshalle an und dann die Walhalla mit den vielen komischen Köp-
fen. Die Eltern erklärten uns alles und langsam stieg die Laune der Zwil-
lingsmädchen. Abends spazierten wir durch die schönen Gassen und
gingen in einem gemütlichen Biergarten lecker essen. Nun gefiel es Lilly
und Leonie sogar und sie waren schon gespannt auf das nächste Ziel. Am
folgenden Tag fuhren wir nach Bamberg. Dort machten wir eine Führung
durch das Schloss Seehof, besuchten die Residenz und ließen uns ein leckeres Eis am Alten Rathaus schmecken. Danach ging es weiter nach Rot-
henburg ob der Tauber, wo wir eine richtig lustige Führung durch die
Stadt bekamen. Mittlerweile waren die Mädchen von den vielen Erlebnissen, die überhaupt nicht langweilig waren, total begeistert. Jetzt konnten
sie es gar nicht mehr erwarten, nach Coburg zu fahren. Der Höhepunkt
unserer Urlaubsreise war jedoch meine Heimatstadt, denn wir machten
einen kurzen Abstecher nach Baden-Württemberg, genauer nach Gien-
gen an der Brenz. Ich war ganz hibbelig, weil ich endlich meine ganze Familie wiedersah. Die Zwillinge wollten schon lange meinen Geburtsort,
das Steiff-Museum, ansehen. Nach einigen Stunden musste ich mich
schweren Herzens verabschieden, denn es ging überwältigt von all den
tollen Eindrücken, wieder nach Hause zurück.

Zuhause bedankten wir uns bei den Eltern für den abwechslungsreichen
und tollen Urlaub. Wir mussten zugeben, dass der Urlaub bei uns daheim
in Bayern doch nicht so öde war.

Die Eltern erklärten uns, dass wir alle unsere Heimat besser schätzen sollten, vor allen Dingen wie wertvoll es ist, überhaupt eine Heimat zu haben.

Im Fernsehen haben Leonie, Lilly und ich gesehen, wie viele Menschen gerade aus der Ukraine fliehen müssen und kein Zuhause mehr haben. Wir hoffen ganz fest, dass auch die Menschen bald wieder in ihre Heimat zurückkehren können.

Lilly Knoll, Leonie Knoll
Justus-von-Liebig-Gymnasium Neusäß, Klasse 6b

Daheim

Daheim ist dort, wo wir uns geborgen fühlen.
Daheim bedeutet, dass dort Freunde sind,
denen wir vertrauen und denen wir alles sagen können,
was uns auf unserem Herzen liegt.
Das bedeutet, daheim ist der Ort,
an dem wir aufwachsen,
mit allen Menschen, die wir lieben.
Deshalb ist für uns Menschen die Familie unser Daheim.

Luisa Egger
Staatliche Realschule Zusmarshausen, Klasse 6e

Die Düfte meines Zuhauses

Mein Zuhause duftet nach …
- Gemütlichkeit
- Gewürze
- Wohlsein
- Kaffee
- Trost
- Familie
- dass ich alles schaffen kann
- Freude
- Toast
- Schokolade
- Pflanzen
- vertraut
- streng
- Computer
- Natur
- Liebe
- Geborgenheit

- Wärme
- Kuchen
- Shampoo
- Parfüm
- Mutter
- Vater
- Bruder
- grüner Wiese
- Blumen
- Lavendel
- Ylang Ylang
- Rose
- Jasmin
- Cherry Blossom
- Gardenia

Gurleen Kaur Gill
Staatliches Gymnasium Königsbrunn, Klasse 6c

Elas Umzugsschmerz

Heute bin ich mal wieder alleine zuhause. Ich bin gerade erst mit meinen Eltern nach Bayern gezogen. Wohl fühle ich mich hier nicht, vor allem nicht abends. Ich habe meine Mutter schon so oft gefragt, ob wir nicht einfach hätten in der Türkei bleiben können, aber ich bekomme immer dieselbe Antwort: „Ela, früher oder später wirst du dich hier schon einleben." Ich frage dann immer, wann früher oder später sei, aber darauf habe ich noch nie eine Antwort bekommen. Als ich gerade in meinem neuen Zimmer auf meinem Bett saß, merkte ich, dass hinter meinem Kleiderschrank etwas war.

Gerade sah ich hinter den Kleiderschrank, da stand ich in einer anderen Welt und ich wusste nicht, wie ich dorthin gelangt war – doch in diesem Moment war mir das ganz egal! Noch völlig überwältigt hörte ich zwei Stimmen. Ich blickte nach vorne und sah, dass die Stimmen von zwei Elfen kamen. Die Elfen wirkten sehr höfflich und luden mich zum Abendessen ein. Sie hatten viele Fragen an mich zum Beispiel, wie ich heiße oder wie alt ich bin. Darauf herrschte eine kurze Stille im Raum die beiden Elfen redeten miteinander. Ich verstand nicht alles, aber sie redeten über eine böse Königin und über einen Menschen der diese überwinden soll. Einer der Elfen musste wohl gemerkt haben, dass ich das hörte, denn danach verstand ich nichts mehr. Nach kurzer Zeit fragte mich einer der Elfen:

„Was ist ein Zuhause für dich?" Nach kurzem Nachdenken gab ich ihm eine Antwort: „Ein schöner Ort, was sonst?"

Doch die Elfen sagten darauf: „NEIN!!! Das ist falsch." Ich überlegte noch eine Weile angestrengt, doch auf einmal hatten meine Überlegungen ein Ende, als vor dem Haus etwas bellte. Ich fragte leicht angespannt: „Was war das?" Die Elfen sagten: „Es ist der Schlitten der bösen Königin, das hast du doch vorhin mitbekommen oder?" „Ja", antwortete ich, „aber ich verstehe nicht, warum ihr solche Angst habt.". „Sie müssen herausgefunden haben, dass du hier bist. Sie werden dich mitnehmen!", schrien beide Elfen im Chor. Ich erschrak fürchterlich und rannte zum Hintereingang raus, doch sie hatten alle Ausgänge blockiert und sie fassten mich, luden mich auf ihren Schlitten, fesselten mich und verbanden mir die Augen. Ich wusste nicht, wo sie mich wohl hinbrachten, aber als mir die Augen aufgebunden wurden, saß ich in einem Gefängnis.

Nach einem Tag begann ich so bitterlich zu weinen, ich dachte nur noch, wenn Mama und Papa jetzt hier wären. Da wusste ich die Antwort auf die Frage: Die Antwort war nicht, „An einem schönen Ort", sondern „Mit seinen liebsten Menschen". Doch in diesem Moment fiel mir ein, dass ich ja im Gefängnis saß. Da sah ich zwei Gestalten. Als ich genauer hinsah, sah ich, dass es die beiden Elfen waren. Zu meiner Verwunderung hatten sie den Schlüssel. Kurz darauf war ich frei. Wir schlichen uns aus dem Schloss der Königin. Als wir zu Hause waren, fragten sie mich erneut: „Was ist für dich ein Zuhause?" Ich antwortete: „Ein Ort, an dem meine liebsten Menschen sind!" Die Elfen sagten daraufhin: „Richtig! Nun wirst du dich nie wieder alleine fühlen." Doch eine Frage hatte ich noch: „Warum stellt ihr mir diese Frage?" Die Elfen erwiderten: „Wenn ein Menschenkind eine Frage richtig beantwortet, die in dessen Leben eine wichtige Bedeutung hat, dann besiegt es die böse Königin und in seinem Leben wird sich so einiges ändern."

Ich kam zurück nach Hause. Meine Eltern kamen gerade von der Arbeit heim. Ich umarmte sie fest und sagte zu ihnen: „Ich glaube, jetzt ist früher oder später …!" Und in meinem weiteren Leben fühlte ich mich tatsächlich nie wieder einsam.

Theresa Spatz
Staatliches Gymnasium Königsbrunn, Klasse 5D

DAHEIM

Ich fühle mich daheim wohl,
weil ich bei meiner Familie bin.

Ich spiele daheim mit meiner Familie.
Ich helfe gern meiner Mutter.
Ich fühle mich daheim immer gut.
Wenn es mir schlecht geht,
dann spielen wir alle zusammen.
Ich kriege gesundes Essen und Wasser.
Ich lache und rede gern daheim.
DAHEIM IST ES WUNDERSCHÖN!

Merdad Shahbazi
Franziskus-Schule Gersthofen, Klasse 4aG

AKROSTICHON

Sammeln
Paradies
Inline scaten
Einen Witz erzählen
Lieder hören
Einen Ball holen
Nickelodeon schauen

Mohammed Oubaoune
Helen-Keller-Schule Dinkelscherben, Klasse 5Ga

Die Familie

Es war überall düster wie die Finsternis in einer Höhle, aber da war ein blasses weißes Licht und das war der Mond. Ich hörte nur kurz „Klack. Klack. Klack!" Das waren unsere Autotüren. Es fühlte sich an, als wären wir in der Eiszeit, aber das war nicht so. Wir waren im eiskalten Deutschland. Ich rannte schnell in unser neues Haus, welches mein neues Zuhause in einem neuen Leben war und im Unbekannten lag. Wir gingen ins Haus hinein mit dem Gefühl, beinahe erfroren zu sein. Ich rannte schnell durch alle Zimmer und fand sofort meinen Lieblingsplatz. Meine Eltern ignorierten mich und starrten auf ihre Handys. Enttäuscht schlenderte ich nach oben und packte meine Sachen aus. Nach dem Auspacken seufzte ich und fiel enttäuscht ins Bett und schlief ein.
„NOAH, NOAH!", rief meine Mutter wie ein Wecker. „Du kommst zu spät zu deiner neuen Schule!" Langsam robbte ich aus dem Bett und erhob mich, um mich anzuziehen. Verschlafen schlenderte ich in Richtung Schule. Als ich ankam, hörte ich „Klingel. Klingel. Klingel." Das waren die

Glocken von meiner neuen Schule. Widerspenstig ging ich ins Klassenzimmer. Als ich dann endlich im Klassenzimmer ankam, glotzte mich jeder
an, als hätten sie keine anderen Aufgaben. Die Lehrerin fragte mich „Du
musst doch Noah sein, oder?" „Ja, das bin ich", antwortete ich nervös,
„Ach ja, du wirst hier sitzen." Der Platz war in der letzten Ecke, dreckig,
bemalt und mit Kratzern übersät. Neben mir saß ein Junge. Um ihn näher
kennenzulernen, fragte ich, ob er einem Stift hätte. „Hey, hast du einen
Stift?" „Ja!" „Darf ich den haben?" „Ja, klar. Hier" „Wie heißt du eigentlich?
„Noah, und du?" „Elias". Nach der Schule rannte ich zu ihm hin und sagte:
„Wollen wir eigentlich Freunde werden?" „Gerne, warum nicht."
Zuhause angekommen fragte ich: „Hallo, jemand zuhause? Hallo? … Ist
hier jemand?" Als ich hineinging, bemerkte ich, dass meine Eltern wie immer auf das Handy glotzten. „HALLO", schrie ich. „JA, HALLO, Noah." Starr
stand ich vor ihnen mit Wut, Frustration und Angst im Bauch, da keiner da
war. Als ich hoch ging, dachte ich mir, NEIN das machen sie immer! Während ich wieder zurückging, sagte ich: „Ihr könnt mich nicht die ganze Zeit
IGNORIEREN und die ganze Zeit in das Handy schauen. Ihr fragt gar nicht
mal, wie mein Schultag war." Mit sehr aggressivem Ton schrien sie zurück,
als wäre das ein Gegenangriff. „Noah, wir machen alles für dich, wir bezahlen alles für dich und deswegen arbeiten wir so viel am Handy." „Das
Geld ist mir egal, ich möchte eher eine Familie, die für mich sorgt und
mich liebt." Stürmisch wie ein Tornado ging ich hinaus und sprintete
herum. Nach einiger Zeit war ich in einem Park und da sah ich Elias. „Du
hier, was machst du?" „Ich schaue den Mond an, weil er wie ein blasses
Licht in einer dunklen Höhle wirkt. Siehst du das nicht?" „Stimmt, jetzt
sehe ich das auch. Warum bist du wirklich hier?" „Meine Eltern hatten
keine Zeit für mich, wie immer." „Das war jetzt auch bei mir so. Vielleicht
sind wir unsere Familie und der Park ist unser Zuhause." Als ich wieder
zurück zum neuen Haus kam, bemerkte ich erneut, dass meine Eltern wieder auf das Handy starrten.

Valentin Heinz
International School Augsburg Gersthofen, Klasse 8H

Daheim

„Zieh durch", dachte er sich, als er die letzten Stufen der ihm so vertrauten
und genauso verhassten Treppe nach oben ging. Er duckte sich, weil er
sich sicher war, dass das Ungeheuer ihn so übersehen würde. Seine Angst
war ins Unermessliche gestiegen und sein Körper würde bald nicht mehr
mitmachen, wenn er sich nicht kurz erholte. Den schweißnassen Rücken

an die Wand gedrückt, stand er da und wusste nicht, wie er es anstellen sollte. Doch heute musste es klappen. Jahrelang hatte er dies geplant, jahrelang musste er dieses Leben durchmachen. Dunkel lag der Gang vor ihm. Nur noch wenige Meter trennten ihn von der Freiheit, die er sich seit Jahren erhoffte. Aber als er auf den Türgriff starrte, flimmerten seine Augen plötzlich, er wusste, was kommen würde, doch das, genau das, musste er jetzt vermeiden. Er war zu spät. Nun vernahm er zwei Stimmen, während ihm schwarz vor Augen wurde.

Stimme 1: „Verschwinde! Du wirst meinem Sohn nichts antun! Alles hast du mir genommen, aber meinen Sohn wirst du mir nicht nehmen!"

Stimme 2: „Du hast mir nichts zu sagen, Frau! Scher dich fort! Ich werde deinen Sohn so aufziehen, wie du es verdient hast!"

Er hörte noch, wie die eine Stimme zu weinen begann, als er wieder zu sich kam, schweißgebadet und zitternd. Wieder einer dieser Flashbacks! Doch er konnte sich keine Zeit mehr lassen, er musste auf Risiko gehen und abhauen! Weg von diesem psychisch gestörten Mann, der ihn seit fünfzehn Jahren seit seiner Geburt, hier, in seinem Haus, festhielt und ihn bis zum Gehtnichtmehr quälte. Was hatte er ihm gedroht, wenn er bis zum Morgen einen Laut von sich geben würde? Richtig, er hatte gesagt, er würde ihn in den Keller sperren und ihn heftig schlagen! Konnte es denn wirklich sein, dass seine Mutter diesen Menschen einmal geliebt hatte? Konnte das wirklich sein? Am liebsten würde er in die Zeit zurückreisen, in der dieser Mensch nicht böse war, in der er ihn wie einen Sohn behandelt hatte und in der seine Mutter noch lebte. Jetzt jedoch gab es kein Zurück mehr. Er durfte keine Fußabdrücke hinterlassen, wenn er gleich nach draußen gehen würde. Aus dem Augenwinkel erblickte er ein Metallrohr, welches vor der Tür lag, das Metallrohr, mit dem er gestern erst geschlagen worden war. Der Mann hatte es einfach liegen lassen. Im selben Moment hörte er einen wütenden Schrei, sein Gehirn versagte, er spürte vor lauter Adrenalin nichts mehr und hatte nur noch einen klaren Gedanken: Weg! Mit einem riesigen Satz sprang er nach vorne, öffnete die Tür und … stolperte über das Rohr. Als er den kalten Pflasterstein am Kinn fühlte, wusste er, dass es vorbei war. Doch aufgeben konnte er nicht. Nach vorne robbend und sich mit den Händen schützend, hörte er die Schritte näherkommen. Noch ein paar Sekunden war der Tod entfernt. Dann, als er denn Mann vor sich stehen sah, bildete sich in ihm eine Woge voller Hass, die ihn durchflutete und ihm ein letztes bisschen Kraft bescherte. Er richtete sich auf, griff nach dem Metallrohr und warf es mit einem Schrei, der den Hass und die Wut fünfzehn ganzer Jahre beinhaltete, auf den Tyrannen. Der Mann wurde am Kopf getroffen, so dass er sogleich bewusstlos wurde und zusammensackte. Es war geschafft. Jetzt hatte er Möglichkeit, sich für diese Jahre zu rächen, das Metallrohr wäre stark genug, um ihn für ein für alle Mal zu beseitigen. Aber in diesem Moment, als er von Zorn und Hass getrieben war, den Mann zu töten, spürte er ein Gefühl: Trostlosigkeit. Was würde es bringen, diesen Tyrannen, den schlimmsten aller Menschen, umzubringen? Sein ganzes Leben lang hätte er mit der Schuld, einen Menschen auf dem Gewissen zu haben, zu kämpfen. „Aber dieser Mensch hat doch mein Leben auf dem Gewissen, ich werde diese fünfzehn Jahre nie vergessen können!", dachte er sich. „So kann ich doch auch keine Rücksicht auf sein Leben nehmen!" Dann jedoch, als er dastand, hilflos, wütend, trostlos und am Ende seiner Kraft, wusste er eins: „Ich bin ein besserer Mensch als er. Ich werde ihn nicht töten." Er fing an zu weinen. Dicke Tränen tropften auf sein Gesicht, wuschen ihn rein und zerstörten seine Angst. Es waren die saubersten und befreiensten Tränen, die er jemals geweint hatte. Und als er sich umdrehte, weg von dem Ort, den er als Zuhause bezeichnet hatte, wusste er, dass das Leben weiterging. Er wusste nicht wo, er wusste nicht wie, er wusste nur, dass das, was kommen würde, besser sein würde als das Kapitel, das er hier nun beendete.

Johannes Engel
Schmuttertal-Gymnasium Diedorf, Klasse 8a

Mein Zuhause

Ein Zuhause ist mein Zuhause, wenn meine Familie da ist. Mein Zuhause ist sehr weich. Mein Zuhause scheint wie die Sonne. Mein Zuhause fühlt sich an, wie meine Familie. Mein Zuhause hört sich an wie Vogelgezwitscher. Mein Zuhause ist so groß, wie mein Herz. Mein Zuhause ist sehr sicher.

Rita Kelemen
Grundschule Gessertshausen, Klasse 2b

Zuhause

Zuhause fühle ich mich wohl. Zuhause habe ich Freunde und Haustiere. Zuhause ist für mich nicht nur mein Haus, sondern auch mein Ort oder zum Beispiel der Wald nebenan. Ich bin sehr oft draußen und spiele mit meiner Schwester. Ich fotografiere auch oft Tiere, das macht mir viel Spaß. Im Wald ist es eine ganz andere Welt, es gibt so viele interessante Tiere. Es gibt natürlich auch Bäume und man kann viele Geräusche hören. Es ist immer leise und man hat seine Ruhe. Ich wollte auch über meine zwei Wellensittiche erzählen, sie heißen Trixi und Nora. Sie sind so gut wie meine besten Freunde. Beide sind blau, Nora hat einen weißen Kopf und Trixi einen gelben. Trixi ist ein bisschen kleiner als Nora, beide haben im Oktober Geburtstag wie ich. Ansonsten habe ich keine Haustiere, aber mein Papa hat noch Fische und kleine Krebse. Aber wenn ich groß bin, will ich ganz viele Tiere haben. Einen Hund und Katzen, Hasen, Wellensittich und so weiter.

Zuhause ist natürlich auch mein Zimmer, ich bin nicht so oft in meinem Zimmer, aber es ist trotzdem sehr gemütlich.

Amelie Saliger
Grundschule Altenmünster, Klasse 4b

Auf den Weg zum echten Daheim

Einst lebte ein Ehepaar zusammen in einem Haus. Sie hatten noch keine Kinder und wünschten sich Kinder. Das Ehepaar ging eines Tages in den Park spazieren. Es war schön, aber keiner war zu sehen. Doch dann hörten sie eine Stimme, es war ein Baby. Er war ganz alleine. Das Ehepaar machten sich Sorgen und suchten den ganzen Tag lang die Eltern des Kindes. Sie fanden niemanden. Schließlich riefen sie die Polizei. Aber auch die Polizei konnte sie nicht finden. Die Polizei sagte: „Sie können das Kind behalten." Da waren die beiden glücklich und nahmen das Kind und gingen nach Hause. Sie gaben dem Kind einen Namen, er hieß Jimmy. Sie lebten glücklich zusammen, die Frau wollte Jimmy nie sagen, dass sie nicht die echten Eltern waren. Die Zeit verging. Doch eines Tages kam ein Brief. Der Mann machte ihn auf und las den Text. Er war sehr traurig, weil da stand, dass man die echten Eltern gefunden hatte. Er erzählte es seiner Frau, die Frau war auch traurig, und beschloss, dass sie den Brief versteckten. Sie versteckt ihn im Keller und sgten Jimmy nicht die Wahrheit. Jimmy war jetzt in der vierten Klasse und hatte einen Referat zu machen. Er suchte nach etwas und ging in den Keller. Er fand es nicht, aber er entdeckte etwas anderes. Es war der Brief, den die Mutter versteckt hatte. Jimmy machte den Brief auf und las. Er war sehr enttäuscht und traurig. Jimmy ging zu der Mutter und fragte: „Wieso hast du mir nicht die Wahrheit gesagt?" Die Mutter antwortete traurig: „Ich wollte es nicht sagen, weil ich dich lieb habe. Es tut mir leid!" Sie wusste jetzt auch, das es falsch gewesen war. Der Sohn sprach: „Ich verlasse dich und gehe mein echtes Daheim suchen!" Die Mutter war einverstanden und sagte: „Ich werde dich vermissen!" Dann umarmten sie sich und Jimmy ging fort. Der Junge hatte einen langen Weg vor sich. Jimmy überlegte, wo er hin musste, und stieg in dem Bus. Doch dann fiel ihm ein, dass er noch den Brief hatte. In dem Brief war noch eine Karte. Auf der Karte sah man, wo der Weg war. Neben ihm war noch ein Mädchen, die auch den gleichen Weg hatte, und weil der Weg lang war, wurde es auch dunkel und sie stiegen aus. Der Junge dachte: „Was soll ich jetzt machen?" Aber dann kam ein Mann und sprach: „Was macht ihr hier nachts?" Das Mädchen war auch dabei. „Wir wissen nicht mehr, wo wir hin müssen", antworteten die beiden. Der Mann sagte: „Es ist zu spät. Kommt mit mir nach Hause und morgen bringe ich euch, wohin ihr wollt." Die Kinder bedankten sich und gingen mit den Mann mit. Am nächsten Tag fuhren sie auf der Straße. Jimmy fragte das Mädchen, wohin sie denn wollte. Sie sagte, dass sie den gleichen Weg habe. Jimmy war glücklich. Es stellte sich heraus, dass das Mädchen seine Schwester war. Die beiden waren sehr glücklich miteinander. Und lebten mit ihrer Mutter glücklich.

Saleha Waqas
Mittelschule Stadtbergen, Klasse 6a

Hiraeth

Ich bin hier schon seit sehr langer Zeit. Meine Familie und ich kamen hierher, um ein leichteres Leben zu führen. Hier haben sie eine Wohnung, die sie Zuhause nennen. Ich aber nicht. Schon seit fast zehn Jahren will ich diesen Ort nicht mein Zuhause nennen. Meine Eltern fragen mich, ob ich schon zuhause bin.

Ich tippe einen langen Text. Ich erkläre, dass mein Zuhause nicht hier ist, aber dann lösche ich alles und sage, ich sei in der Wohnung – die Wahrheit würde sie verletzen. Wo ist mein Zuhause? Was ist ein Zuhause? Der Ort, wo ich mich akzeptiert fühle? Ein Gegenstand? Woher sollte ich sowas wissen, natürlich, es gibt einen Ort, wo ich mich geliebt und akzeptiert fühle, aber ist das ein Zuhause?

„Zuhause ist, wo deine Familie ist", sagen meine Eltern immer. Ihr seid hier. Warum fühle ich mich nicht zuhause? Ist es mein Zimmer? Sind meine Freunde mein Zuhause? Warum kenn ich das Gefühl, wenn man zu Hause ankommt, nicht? Vielleicht schon, oder ich habe es vergessen. Zuhause. Zuhause. Zuhause. Zuhause. Egal welche Türe ich öffne, das Gefühl, zuhause zu sein, ist nirgends. Manchmal ist es ängstlich, aber ich versuche es zu vermeiden, mir mir viele Gedanken darüber zu machen.

„Ja, Mama, ja, Papa, ich bin „zuhause".
So geht es am leichtesten.
Hiraeth, walisisch für Sehnsucht, Nostalgie

Petra Anic
Anna-Pröll-Mittelschule, Klasse 9c

Daheim

Für mich ist daheim der Ort, an dem ich mich geborgen, sicher, nicht ängstlich und wohl fühle. Dieser Ort ist, wo meine Familie zuhause ist. Dort wachse ich auf und sammle schöne Erinnerungen. Daheim sind Menschen, die mich lieben und ich sie. Ich kann dort alles erzählen, was mir auf dem Herzen liegt und mich beunruhigt. Außerdem kann ich wütend, traurig und fröhlich sein oder sogar herumschreien, aber trotzdem liebt mich meine Familie und steht zu mir.

Julian Jeckel
Staatliches Gymnasium Königsbrunn, Klasse 6e

Allein Daheim

Ich sitz die ganze Zeit daheim
Ich bin am Handy ganz allein
Nichts macht mir jetzt noch Spaß
Das ist alles viel zu krass
Jede Ecke sieht gleich aus
Ich kenn zu gut das ganze Haus
Fernsehen ist hier immer aus
Ich will einfach nur noch raus

Katarina Orbovic
Mittelschule Gersthofen, Klasse 9c

In Ottmarshausen bin ich daheim

Daheim – dort fühle ich mich wohl, dort bin ich sicher. Daheim bin ich aufgewachsen und werde noch lange dort leben. Bei meinen Freunden, bei Bekannten und meiner Familie fühle ich mich wohl. Als ich noch im Kindergarten war, habe ich mich dort auch sehr wohl gefühlt. Bei bestimmten Tieren wie Pferden oder Kaninchen geht es mir immer gut. Ohne meine Familie fühle ich mich nicht besonders wohl, daher bin ich ohne meine Familie nicht richtig daheim. Daheim ist der Ort, an dem ich zuhause bin.

Als ich noch ganz klein war, da war ich noch in Augsburg daheim. Ich hatte da auch viele kleine Freunde und ein tolles Zuhause.

Nun bin ich in Ottmarshausen daheim. Daheim erlebe ich viele Abenteuer. Daheim bin ich glücklich. Einmal war ich mit meiner Familie in den Bergen. Nach dem Ausflug habe ich mich schon richtig auf Daheim gefreut. Als ich mal mit meinen Großeltern am Meer war, hatte ich am Anfang etwas Heimweh, aber dann habe ich nachgedacht und entschieden: „Ich bin doch bei meiner Familie daheim!" Und dann ging es wieder.

In Ottmarshausen bin ich mit meiner Familie, meinen Freunden und Nachbarn richtig glücklich. Hier bin ich daheim!

Sophie Vlasenko
Grundschule Neusäß Am Eichenwald, Klasse 3B

Hier hat alles angefangen

Hier hat alles angefangen. Hierher bin ich gern gegangen. Hier wurdest du mir beigebracht und hier hab ich immer an dich gedacht. Mit dir verbrachte ich sehr viel Zeit und hatte dabei viel Glück. Seit 2017 kenne ich dich schon und ich finde, es hat sich gelohnt. Mit der Zeit veränderst du dich, doch ich verlass dich nie mehr. Hier hat alles angefangen. Hierher bin ich gern gegangen. Hier, da will ich sein, hier bin ich daheim.

Bastian Meier
Mittelschule Gersthofen, Klasse 9c

Roter Pulli

Linus saß auf seinem Stuhl und versuchte, Frau Meyer zuzuhören. Er spielte mit seinem roten Buntstift – Rot war nämlich seine Lieblingsfarbe. „Jetzt werden wir ein Bild darüber malen, was daheim ist. Davor möchte ich noch mit euch besprechen, was denn überhaupt daheim sein kann." Linus dachte nach und fing mal wieder an zu träumen. Was war denn daheim?

Obwohl er sein kleines Zimmer mit seinen fünf älteren Geschwistern teilen musste, war es ein schönes Daheim. Obwohl die Heizung selten wirklich ging, war es irgendwie schön, wie sie sich alle im Winter warm hielten: Mama, Papa, seine Geschwister und er. Obwohl es meistens keine warme Mahlzeit gab, schmeckte das wenige Essen immer gut. Obwohl er oft nicht genügend Stifte und Hefte für die Schule hatte, war es toll, wie ihm

220

Mama und Papa mit seinen Hausaufgaben halfen. Obwohl es oft unangenehm roch, war es wunderbar, wie es das eine Mal doch nach Weihnachtsplätzchen duftete! Diese Plätzchen hatten sie nämlich alle zusammen gebacken. Obwohl er so weit weg von der Schule wohnte, erinnerte er sich plötzlich, wie fröhlich es immer war, wenn seine Familie ihn dorthin begleitete. Obwohl er nie neue Kleider trug und er die seines älteren Bruders anziehen musste, die oft schmutzig und alt waren, zog er den roten, flauschigen und schon zerfetzen Pullover am liebsten an.

„Linus! Träumst du schon wieder?" Er schaute seinen roten Buntstift an und schwieg. „Ich frage dich in ein paar Minuten, was für dich daheim ist, also mach dir auch mal ein paar Gedanken darüber", warnte ihn die sonst so freundliche Lehrerin streng. Auf einmal hatte Frau Meyer ihn wieder hergeholt. Was war denn für ihn daheim?

Daheim war jetzt, wie ihn Maria, seine Pflegemama, Lucia und Lukas, seine Pflegegeschwister, jeden Tag mit einem schönen Lächeln und einer herzlichen Umarmung von der Schule abholten. Wie er jeden Tag mit Maria und David, seinen Pflegeeltern, sowie Lucia und Lukas, täglich köstliches, warmes Mittagessen aß. Wie er sein eigenes Zimmer hatte, wo ein selbstgemaltes Bild in einem roten Rahmen an seiner Wand hing. Wie David ihm eines Tages neue Hosen, T-Shirts und Schuhe gekauft hatte, dazu sogar einen roten Pulli, und er war fast so flauschig wie der von damals. Wie jetzt fast immer die Heizung an war, denn Maria konnte den Gedanken nicht ertragen, ihre Kinder in der Kälte spielen zu lassen. Wie er neue Buntstifte und Hefte und auch zu Beginn der vierten Klasse einen tollen roten Schulranzen und seinen ersten Füller geschenkt bekommen hatte. Das alles war für ihn ebenfalls daheim.

„Linus, was ist für dich denn daheim?", hörte er Frau Meyer wieder fragen. Er schaute sie an, lächelte kurz, und sagte dann selbstbewusst, „Frau Meyer, daheim ist für mich, all die Erinnerungen, die ich in meinem Herzen trage, und die mir niemand wegnehmen kann. Außerdem ist daheim für mich noch, die Menschen mit denen ich heute lebe, und mit denen ich täglich wundervolle Dinge erlebe." Er blickte zu ihrem roten Lippenstift hoch, und dachte, das ist für mich wirklich daheim.

Marie Dowling
International School Augsburg Gersthofen, Klasse Klasse 8h

Daheim

Daheim, daheim bin ich selten allein,
Es ist für mich wie Sonnenschein.

Hier kann ich wachsen und gedeihen,
Hier kann ich einfach ich sein.
Man hört mir zu, ich fühle mich geborgen,
Das macht mich stark und vertreibt meine Sorgen.
Wir haben Spaß, wir spielen, lachen
Und machen oft verrückte Sachen.
Daheim ist's schön, ja das ist klar,
Hier ist es einfach wunderbar.

Sebastian Lipp
Staatliches Gymnasium Königsbrunn, Klasse 5a

Daheim

Haus
Zu Hause
Heim Wohnung
Küche Zimmer Bad WC
Beschützende Hände warme Decke
Oma Opa Mama Papa ich Schwester Bruder
Rote Ziegelsteine Rauch aus dem Schornstein
starke Fundamente festes Dach Garten
Zuflucht lange Gespräche Erzählungen
Bücher Musik Brettspiele Katze Hund
warmes Bad Kerzenschein warmes Bett
Heilige Momente Brot Warmes Essen
Liebe Asyl Sicherheit Trost Geborgenheit
Freundlichkeit Lächeln Zustimmung Daheim.

Angelika Kokoschka
Staatliches Berufliches Schulzentrum Neusäß, Klasse 10 IKb

Daheim

Daheim kann man mit der Familie Geburtstag feiern.
Daheim kann ich mit der Familie und Freunden Spaß haben.
Daheim gibt es immer Essen und Trinken.
Daheim kann man schlafen.
Daheim kann ich mit meiner Familie und mit meinen Freunden Spiele spielen.

Léon Pawlowicz
Franziskus-Schule Gersthofen, Klasse 4aG

Daheim bei meiner Familie

Daheim bedeutet für mich, bei meiner Familie zu sein, also bei Mama, Papa, meiner Schwester und meinem Bruder. Dort fühl ich mich gut aufgehoben und nicht allein.

Für mich bedeutet daheim auch, wenn ich wo bin, wo ich oft bin, zum Beispiel bei Oma und Opa.

Wenn ich vom Urlaub zurückkomme, fühlt es sich so schön an, daheim zu sein. Ich meine mit dem Wort „Daheim" also auch, zu meinem Spielzeug und in unser Haus zurückzukehren.

Meine Familie ist mit mir schon zweimal umgezogen und ich fühlte mich aber schnell wieder in unserem neuen Haus wohl. Beim ersten Mal sind wir von Garching nach Thierhaupten gezogen und für mich war alles anders. Aber als ich mich daran gewöhnt hatte, war es für mich toll, in einem Haus zu wohnen, das ich daheim nenne. Beim zweiten Mal sind wir zum Glück im gleichen Ort geblieben und für mich war es nicht schlimm umzuziehen.

Daheim ist für mich somit einfach, wenn ich bei meiner Familie in unserem Haus bin, aber auch, wenn ich wo oft bin.

Jetzt ziehe ich nicht mehr um und für mich bleibt das Daheim immer das gleiche Daheim.

Jana Bruckbauer
Grundschule Thierhaupten, Klasse 3b

Daheim

Mir geht's gut. In der Schule fühle ich mich wohl. Es macht mir Spaß und fällt mir leicht. Ich liebe Mathematik und interessiere mich sehr für das Universum. In der Schule fühle ich mich sicher und geborgen. Dort ist es schön.

Aber mein Herz fühlt sich oft traurig an. Weil ich meistens Pech habe und deshalb wütend bin. Meine Mama fehlt mir sehr. Ich will, dass meine Mutter für immer bleibt. Aber sie muss eine Impfung bekommen. Jetzt hasse ich Corona wegen meiner Mutter. Ohne meine Mutter ist Zuhause nicht wirklich schön.

Ich liebe es, daheim auf meinem Laptop zu spielen und mich über die Welt zu informieren. Mein Pop-it hilft mir, wenn ich zu Hause Stress habe. Ich habe viel Stress: Wir haben manchmal Streit. Ich möchte viel erzählen. Manchmal mag mir niemand zuhören. Meine Lehrerin hört mir oft zu. Wenn meine Mama da ist, ist es zu Hause oft schön.

Jeiseellan Ketheeswaran
Franziskus-Schule Gersthofen, Klasse 2

Daheim

Ferien. Endlich. Daheim sein.

Ich hockte zuhause, sah fernsehen, zockte auf meinem PC. Meine Katzen wuselten um mich herum und sprangen auf mich, ohne zu merken, dass ich dasaß. Meine Mutter war einkaufen. „Joey, runter vom Tisch!", rief ich meinem Kater entgegen. Plötzlich schepperte es gewaltig im Flur. Ich sprang auf und rannte Hals über Kopf in den Flur hinaus. Im Flur saß meine andere Katze, sich keiner Schuld bewusst, auf einem Haufen von Büchern, Katzenspielzeug und Klamotten. Staub wirbelte um Phoebe herum und landete auf ihrer Nase. Sie nieste ein paarmal und jagte dann dem Staub hinterher, wieder hoch in den zweiten Stock.

Währenddessen hatte der Kater es geschafft, die Tür zur Küche zu öffnen. Kaum war Phoebe weg, hörte ich es erneut scheppern, diesmal aus der Küche. Ich flitzte in die Küche und stolperte über Joey. Ich nahm ihm die Leckerlibox weg, die er hinuntergeschmissen hatte. Zack, Joey sprang an mir hoch und kletterte in Richtung Leckerlibox. Ich schrie auf und versuchte, den Kater abzuschütteln, aber erfolglos. Nachdem ich es endlich schaffte, ihn von mir zu entfernen, rann rotes Blut durch die Löcher in meiner Hose nach draußen und mein Bein hinunter. Joey trottete schuldbewusst mit riesigen Augen auf mich zu und schaute mich an.

In diesem Moment krachte es oben gewaltig und ich hörte ein schrilles Maunzen, das von Phoebe kam. Ich stürmte hoch, ohne auf den Schmerz in meinem Bein zu achten. Oben lag Phoebe reglos eingeschüttet unter einem Haufen aus Büchern und Keramik, Blut tropfte aus ihrer Seite. In dem Moment, als ich mich neben sie kniete, öffnete sie ihre bernsteinfarbenen Augen zu Schlitzen und sah mich schwächlich an. Ich befreite sie aus den Trümmern und die Keramik schnitt mir dabei tief in meine Finger. Ich wickelte sie in ein Handtuch und nahm sie behutsam nach unten. Unten rief ich meine Mutter an und erzählte ihr, was passiert ist. „Lauf zur Tierarztpraxis von Dr. Schmitt." „Ok. Wann wärst du da?" „In anderthalb Stunden." Ich legte auf. Rannte mit Phoebe im Handtuch eingewickelt aus dem Haus los in Richtung Praxis. Phoebe ging es immer schlechter. Beim Tierarzt rannte ich sofort zur Rezeption. „Meiner Katze geht es sehr schlecht. Sie hat sich verletzt und blutet stark!", rief ich außer Atem der Frau hinter dem Tresen zu. Sie bat mich, Platz zu nehmen und machte ein paar Durchsagen. Nach ein paar Minuten kam Dr. Schmitt auf mich zu „Was hat die Katze sich angetan?" „Weiß ich nicht. Ich war unten mit meinem Kater und sie war oben." „Ok, komm mal bitte mit in mein Zimmer", bat mich Dr. Schmitt. Im Zimmer öffnete Dr. Schmitt vorsichtig das Handtuch. Phoebe lag regungslos da und fiepte leise.

Sie ist bloß eingeschlafen, redete ich mir immer wieder zu. „Das Handtuch werde ich wohl wegschmeißen müssen", dachte ich, während ich das einst weiße und jetzt rote Handtuch anschaute. „Ich werde sie operieren müssen, um die Wunde am Bauch zu schließen." erklärte mir der Tierarzt. „Wird sie es überleben?", fragte ich zweifelnd mit zittriger Stimme.

Ich war komplett gestresst, aber Phoebe lächelte mich im Schlaf an, als würde sie sagen, dass alles gut wird. „Sie wird es überleben", sagte mir der Doktor und bat mich dann, ins Wartezimmer zu gehen. Ich schloss die Augen und stellte mir vor, wie der Kater daheim sehnsüchtig auf uns wartete, und ich wollte ebenfalls nach Hause, aber es würde sich nie heimisch anfühlen ohne meine beiden Katzen. All das wäre nicht passiert, wenn ich mehr auf die Katzen geachtet und nicht nur gezockt und ferngesehen hätte.

Sebastian Gajda
International School Augsburg Gersthofen, Klasse 8H

Ein schreckliches Zuhause

Daheim, ein Begriff, der sich für sie verändert hat, als ihr neuer Stiefvater in ihr Leben platzte. Am Anfang war alles gut, doch eines Abends ging er hoch in ihr Zimmer und begann, sie leicht zu berühren. Er versicherte ihr, das sei normal zwischen Stiefvater und Tochter. Aber ab diesem Moment wurde ihr Leben zur Hölle. Jeden Abend kam er in ihr Zimmer, wenn Mama schon schlief oder in der Arbeit war, und steigerte sich jedes Mal. Zuerst hat sie sich gewehrt, aber nach einiger Zeit ließ sie es einfach über sich ergehen, das ging viele Jahre so weiter. Sie ging nicht gern nach Hause und blieb lange draußen, eines Tages konnte sie das alles aber nicht mehr aushalten und erzählte es ihrer besten Freundin. Ihre Freundin war schockiert und tröstete sie. Als Ihre Freundin nach Hause kam, rief sie anonym die Polizei zum Haus ihrer Freundin. Als die Polizei und das SEK eintrafen, erwischten sie ihn auf frischer Tat und brachten ihn auf die Wache. Ein paar Tage später musste sie vor Gericht aussagen, sie beschrieb die grausamen Geschichten, die ihr jeden Tag widerfahren waren haargenau. Der Richter war empört und verkündete das Urteil: Zehn Jahre Haft ohne Chance auf Bewährung.

Maximilian Niklas
Staatliches Gymnasium Königsbrunn, Klasse 8d

Was bedeutet mir Daheim?

Daheim
Bedeutet für mich, wo meine Familie ist, wo jemand auf mich wartet, wenn ich nach Hause komme, wo mich jemand in den Arm nimmt, wenn es mir nicht gut geht, wo ich sein kann wie ich bin
Daheim
Ist für mich der wichtigste Ort im Leben hier fühle ich mich wohl und geborgen
Daheim
Ist für mich dort, wo ich sein kann, wie ich bin, wo ich mich nicht verstellen muss und mein Leben leben kann

Isabell Mayr
Mittelschule Zusmarshausen, Klasse 9b

DAHEIM

Drinnen
Ausschlafen
Handy
Eingesperrt sein
In einem Raum alleine zu sein
Maske

Nicole Fischer
Helen-Keller-Schule Dinkelscherben, Klasse 7Gb

Daheim

Freunde
Lager bauen
schlafen telefonieren Schule
Ich habe wieder Schule
Zuhause

Leon-Kevin Kauer
Helen-Keller-Schule Dinkelscherben, Klasse 7Gb

Meine Beste Freundin

Beliebt
Ehrlich
Sozial
Treu
Entspannt
Freundlich
Ruhig
Energie
Ulkig
Neugierig
Direkt
Intuitiv
Nie ohne dich

Sindia Höfling
Helen-Keller-Schule Dinkelscherben, Klasse 5Ga

DAHEIM

Daheim fühle ich mich himmelblau aber auch manchmal grau.
Wir hatten mal einen Hamster namens Trixi. Sie war echt süß und wir haben sie lieb gehabt. Leider ist Trixi gestorben. Sie fehlt daheim.
Meine Mama und ich haben früher im Kinderdorf gelebt. Das ist für Mütter, die Hilfe brauchen. Eigentlich darf man nur sechs Monate da leben, aber meine Mama und ich haben da für sechs Jahre gelebt. Ich habe mich echt wohl gefühlt.

Angelina Herzog
Franziskus-Schule Gersthofen, Klasse 4aG

Wie ich mich DAHEIM fühle

Daheim ist für mich nicht nur etwas oder zu Hause zu sein. Es ist eine Verbindung zu meiner Familie. Mit ihr Zeit zu verbringen, zu kuscheln, Filme zu schauen oder Abenteuer zu erleben. Denn ich hab mich ehrlich noch nie wohler als bei meiner Familie gefühlt. Meiner Familie kann ich alles erzählen, ich kann ihr vertrauen und egal, was sie mir sagen, ich weiss, sie sind ehrlich zu mir. Und immer wenn ich bei ihr bin, kommt in mir das Gefühl hoch, wie schön es ist, eine Familie zu haben. Und das auch wenn man sich gelegentlich mal streitet, denn es ist okay, wenn man sich auch streitet. Das Wichtigste ist, sich zu lieben und sich daheim zu fühlen. Ich

227

glaube nämlich, niemand ist stärker als eine Familie. Denn Familie ist das beste und das wichtigste im Leben.

Selina Voinescu
Goethe-Grundschule Gersthofen, Klasse 4c

Da Heim

Schön
das Meer
es glänzt schön
ich fühle mich wohl
Sommer

Kevin Ziebert
Franziskus-Schule Gersthofen, Klasse 7a

Mensch, den ich liebe

Deine Nähe fühlen, neben dir zu stehen, es erfüllt mich mit einer Entspanntheit, die ich kaum beschreiben kann.
Auch wenn Dutzende Menschen uns umgeben, uns anrempeln, laut schwatzen, lachen und manch beifälliger Blick uns trifft … Ich fühle mich wohl.

Ich fühle mich gut, weil du an meiner Seite stehst.

Einfach bei dir sein …

Deiner Stimme lauschen.
Dich liebevoll zu necken und mit dir herumzualbern, es ist einfach einzigartig.
Dein Lachen ist gefährlich ansteckend.
Und doch … wie gerne höre ich genau das.
Dieses Lachen von dir, das vergnügte Glitzern in deinen Augen, welches auch noch da ist, wenn dein Lachen längst zu einem Schmunzeln geworden ist.

Ich fühle mich gut, weil du mit mir lachst.

Einfach bei dir sein …

Die stundenlangen Gespräche mit dir sind an Wert nicht zu messen.
Mal ernst, mal tiefgründig, mal lustig, mal heiter.
Sie sind von einer solchen Vielfältigkeit geprägt und trotzdem gehen uns die Themen niemals aus.
Und dann die Minuten, in denen Stille zwischen uns herrscht – aber niemals ganz.
Es bedarf in diesen Momenten keiner Worte, denn auch durch unsere Blicke und Gesten können wir uns Geschichten erzählen.
Und manche Dinge müssen nicht ausgesprochen werden, damit das Gegenüber sie versteht.

Ich fühle mich gut, weil wir uns immer etwas zu erzählen haben.

Einfach bei dir sein …

Deine Hand sucht die Meinige.
Eine schlichte Berührung und doch messe ich ihr sehr viel Bedeutung zu.
Sie unterstreicht deine Worte.
Sie schenkt mir Kraft, wenn ich es brauche.
Sie übermittelt mir Trost, wenn mir etwas nahe geht.
Und sie ist einfach da, wenn ich dir nah sein will.

Ich fühle mich gut, weil ich auf dich zählen kann.

Einfach bei dir sein …

Wie habe ich es verdient, einen Menschen wie dir in meinem Leben zu begegnen?
Es ist so schwer, die Dinge, die dich auszeichnen, in Worte zu fassen.
Du bist absolut einzigartig auf dieser Welt.
Und dieses Glück, dich gefunden zu haben, es ist unbeschreiblich.

Ich fühle mich gut, weil ich dich kennen darf.

Einfach bei dir sein …

Einfach bei dir sein, das reicht mir vollkommen.
Denn, wenn ich bei dir bin, dann fühle ich mich gut.

Ben Henkel
Mittelschule Zusmarshausen, Klasse 9b

Daheim

DAHEIM ist mein Zuhause, wo ich wohne und wo ich mit Freunden spielen kann.
DAHEIM ist, wo ich mit der Familie Spaß haben kann.
DAHEIM ist, wo ich meinen Fernseher und meine anderen Sachen habe.
DAHEIM ist, wo ich lebe und wo ich geboren wurde.
DAHEIM ist, wo ich mit meinen Bruder drinnen oder draußen spiele.
DAHEIM ist, wo ich mit Freunden spielen kann.
DAHEIM ist, wo ich mit der Familie feiern und wo ich Spaß haben kann.

Delian Schuani
Franziskus-Schule Gersthofen, Klasse 4aG

Daheim

Mein Zuhause war für mich schon immer meine Mutter, mein Vater ist, als ich fünf Jahre alt war, im Krieg gefallen. Seit diesem Tag sind meine Mama und ich unzertrennlich und sind wie beste Freundinnen. Meine Oma hat uns immer unterstützt und uns nach ihrem Tod ihr Haus überlassen, wo meine Mutter und ich seit dem Tod meines Vaters leben. Es ist ein großes Haus aus den goldenen Zwanzigern und besitzt einen riesigen Garten, in dem ich viel Zeit mit Lesen verbringe. Ich liebe es, Zeit im Garten zu verbringen, wenn die Sonnenstrahlen in mein Gesicht scheinen und mich das beruhigende Gefühl der Ruhe und Wärme überkommt. Mit dem Haus, das meiner Großmutter gehört hatte, verbinde ich ziemlich viel. Es war schon seit ich klein bin mein Rückzugsort, an dem ich mich wohlfühlen kann.

Nele Sommerfeld
Staatliche Realschule Zusmarshausen, Klasse 9b

Daheim

Daheim ist, wo der Schlüssel passt.
Wo Liebe einen stets erfasst.
Daheim ist, wo man Freunde findet.
Und schöne Träume an sich bindet.
Daheim ist, wo man schlafen kann.
Daheim ist es am schönsten,
denn alles, was man machen kann,

ist zu unserem Gunsten.
Bringt Freude uns und Harmonie.

Jacob Krasznec
Gymnasium Königsbrunn, Klasse 6e

Zuhause ist es doch einfach am schönsten

Daheim ist für uns, wenn man ungeduldig darauf wartet, bis die Schulglocke ertönt, um endlich nach Hause zu kommen. Aber wo ist das eigentlich? Zu Hause ist man, wenn man so sein kann, wie man ist. Man wird geliebt, und die Familie steht immer hinter einem. Man fühlt sich wohl, egal welches Wetter ist, Sonnenschein, oder doch Regen. Wenn es blitzt, kuschelt man sich einfach zusammen auf das Sofa. Erinnerungen hat man viele, aber die schönsten hat man immer mit seinen Liebsten erlebt. Nach jedem Urlaub freut man sich doch, wenn man wieder daheim ist und tun und lassen kann, was man will. Komplimente bekommt man viele, doch wenn deine Familie stolz auf dich ist, ist es für immer. Egal, ob es mal kracht, das Wichtigste ist, dass man sich immer wieder versöhnt. Eins wissen wir nun, wenn man mal wieder von seiner Mama aufgefordert wird, dass man sein Zimmer aufräumen soll, gehört das doch zum Leben. Keine Familie ist perfekt, weil es in jeder Familie auch mal drunter und drüber geht. Familie kann sich erweitern durch einen neuen, guten Freund auf vier Beinen, ein Haustier bleibt ein Leben lang an deiner Seite, weil man irgendwann so wie Pommes und Ketchup ist. Für uns ist unser zu Hause der schönste Ort der Welt!!!

Luisa Seefried, Emily Nas
Schmuttertal-Gymnasium Diedorf, Klasse 6D

Daheim ist nicht an Orten, sondern bei den wichtigsten Menschen

Reise dort hin und hier hin,
Doch überall bin ich ganz allein.
Lange Rede, kurzer Sinn,
Das schlimmste Gefühl ist einsam zu sein.
Da saß ich an einer Bar,
Überlegte was ich ändern kann.
Ein süßer Kerl mit blondem Haar,
Sah zu mir rüber und lachte mich an.
Verlegen senkte ich meinen Kopf,

Wollte nun gehen,
Doch der gut aussehende Blondschopf,
War auf einmal neben mir zu sehen.
Ein bezauberndes Lächeln, leuchtend grüne Augen,
Wollten mir den Atem rauben.
Er sprach: „Hey, schönes Mädchen!"
Meine Gefühle drehten glatt am Rädchen.
Wochen vergangen und ich wusste nun, was ich ändern kann,
Denn durch das Kennenlernen des Jungen aus der Bar,
Wurde mir klar,
Daheim ist nicht an irgendwelchen Orten, sondern bei Menschen, die
man lieb gewann.

Laura Leutenmayr, Julia Saumweber
Staatliche Realschule Zusmarshausen, Klasse 9b

Dieses Eine

Dieses Eine
Zu dem ich zurückkomme
Wenn ich weg war
Weil die Sehnsucht mich treibt
Dieses Eine
Bei dem ich mich wohl fühl'
Auch wenn das Leben stürmt
Was sich anfühlt wie Zuhause
Dieses Glück, diese Liebe, dieses Herz
Dieses Eine
was ich so gut kenn'
trotzdem noch nicht alles weiß
aber es mein Sein umkreist
Das ist Heimat!

Pia Scheuermann
Leonhard-Wagner-Gymnasium Schwabmünchen, Klasse 8a

Mein Daheim

Daheim ist es doch am schönsten. Heißt es doch immer wieder. Aber was
bedeutet eigentlich daheim? Das ist eine gute Frage. Für mich ist daheim
nicht unbedingt ein Ort, sondern vielmehr Menschen. Es mag sein, dass
ich mein Haus Heim nenne, aber ist es das denn auch? Ja, würde ich mal

sagen, schließlich wohnen wir ja darin und haben schöne Erinnerungen damit gesammelt. Auch ich fühle mich darin daheim, das geht wohl jedem so. Aber am wohlsten fühle ich mich bei meiner Familie und meinen Freunden, denn ohne sie hätte ich überhaupt keinen Grund, mich wohlzufühlen. Ich weiß, das klingt jetzt kitschig, aber ist es bei euch nicht auch so? Natürlich seht ihr das jetzt genauso, weil ihr das hier lest, aber daheim bedeutet für jeden etwas anderes. Vielleicht ist es für den einen eine Erinnerung und für den anderen ein Ort oder Erlebnis. Natürlich kann es auch eine lustige oder traurige Erinnerung und/oder ein Erlebnis sein. So eins hatte wahrscheinlich jeder von uns mal.
Zuhause ist einfach das Lachen, die Freude, die Liebe, das Vertrauen und natürlich die Anwesenheit deiner liebsten Menschen.
(P.S.: Jetzt ist es doch kitschig geworden;))

Anna Brunner
Staatliche Realschule Zusmarshausen, Klasse 8c

Daheim

Dumm, der Online-Unterricht
Allein
Homescooling
Online telefonieren
Immer mit Problemen lernen
Manchmal keine Lust

Pascal Moser
Helen-Keller-Schule Dinkelscherben, Klasse 7Gb

Meine neue „Heimat"

Ich war neun Jahre alt, als meine Eltern und ich von meinem Heimatland Belgien nach Deutschland umgezogen sind. Der Grund war, dass mein Vater nach Deutschland versetzt worden ist. Ich muss sagen, ich vermisste mein Heimatland sehr und habe, bevor wir nach Deutschland gezogen sind, gegen meine Eltern protestiert. Am Ende aber haben sie es doch geschafft, aber nur, weil sie mir versprochen hatten, dass wir in ein par Jahre später wieder zurückziehen werden. Also sind wir nach Deutschland in eine Stadt namens Köln gezogen. Mir gefiel die Stadt anfangs nicht so, da sie einfach nichts von meiner Heimatstadt Venlo hatte. Als wir an unserem neuen Haus angekommen waren, war ich einigermaßen zufrieden, da ich in unserem alten Hause ein kleineres Zimmer gehabt hatte. In unserem

233

neuen Hause hatten wir einen großen Garten, zwei Bäder (oben und unten eins), ein Arbeitszimmer, zwei Schlafzimmer und eine größere Küche als in unserem alten Haus in Belgien. Als ich dann zwei Tage nach dem Umzug in die Schule musste, war der erste Tag die Hölle für mich. Ich konnte zwar ein bisschen Deutsch, nur ich musste mich vor der Klasse vorstellen und da ich einen leichten Akzent hatte, hat es sich ein bisschen komisch angehört. Als ich dann also erzählte, wer ich bin und so weiter, lachten mich plötzlich einige Jungs aus der Klasse aus. Ich musste mich beherrschen, nicht in Tränen auszubrechen. Ich wurde danach auf einen freien Platz neben ein Mädchen gesetzt, das heute eine meiner besten Freundinnen. Das war das einzige Positive an diesem Tag. Sie war einige Zeit lang meine einzige Freundin, die ich in Köln hatte. Ich vermisste meine Heimat sehr lange. Als ich Fünfzehn wurde, hatte ich schon mehr Freunde und ich half neuen Mitschülern, die neu auf meine Schule kamen und freundete mich mit ihnen an. Mir ging es in dem Alter schon sehr viel besser. Mittlerweile hatte ich da auch schon akzeptiert, dass ich jetzt in Deutschland lebte. Meine Eltern haben das Versprechen mir gegenüber auch eingehalten, da wir wirklich jedes Jahr in Venlo Urlaub machten. Mittlerweile bin ich achtzehn und hätte ich damals gewusst, dass ich mir irgendwann nicht mehr vorstellen könnte, wo anders zu sein, hätte ich gelacht und vor meinem Gesicht gewunken. Natürlich denke ich immer noch ab und zu an meine alte Heimat, aber ich möchte nie mehr zurück, weil meine Freunde, die Familie und meine besten Erinnerungen hier in dieser Stadt namens Köln sind.

Tja und heute lebe ich immer noch in Köln und nenne es mittlerweile mein Zuhause, meine Heimat.

Maria Scherer
Mittelschule Zusmarshausen, Klasse 9b

Eine wundervolle Reise

Ich schaute durch das Fenster in meinem Zimmer. Ich stieß einen lauten Seufzer hervor. Wie schön wäre es doch, wenn ich jetzt mit meiner Familie im Allgäu wäre. Das Allgäu ist für mich wie eine zweite Heimat. Ich fühle mich dort wie daheim.

Wir machen dort jedes Jahr Urlaub. Ich liebe die Berge und die Sehenswürdigkeiten!

„Bianca", rief meine Mutter. „Es ist Schlafenszeit." Ich schreckte aus meinen Gedanken hoch. Kurze Zeit später lag ich in meinem Bett und fiel in einen tiefen Schlaf …

Es war abends und ich war alleine zu Hause; meine Eltern waren im Kino. Ich hatte ein wenig Angst, alleine im Haus zu sein. Plötzlich hörte ich ein lautes Rumpeln. Ich schrie auf.

Als ich mich wieder beruhigt hatte, schaute ich in die Richtung, aus der das Geräusch gekommen war. Ich sah etwas Weißes. Es war ein Vogel und er konnte sprechen. „Hallo, ich bin Hedwig. Soll ich dich mitnehmen auf eine fantastische Reise?" Zögernd stieg ich auf ihren Rücken. Die riesige Schneeeule hob ihre Schwingen und flog los.

Nach einer Weile konnte ich schon die ersten Berge sehen.

Ich wunderte mich immer noch über dieses fantastische Ereignis. Es war wunderschön, wieder in den Alpen zu sein. Zusammen blieben wir einen ganzen Tag in den Bergen und erlebten viele tolle Dinge. Wir flogen über den Weissensee, um den ich sonst zu Fuß herumlaufe. Wir aßen Kaiserschmarrn auf dem Weg zur Ostlerhütte und ließen uns später noch ein Zimteis bei Francesca (Eis Caffetteria Italiana in Pfronten) schmecken. Alles ging viel schneller als zu Fuß!

Dann aber bekam ich Heimweh und fragte Hedwig, wie ich wieder nach Hause kommen kann. „Du musst nur wieder aufwachen", sagte Hedwig zu mir. „Ich kann dich nicht wieder nach Hause fliegen …"

Plötzlich wachte ich auf. Erst jetzt merkte ich, wie meine Mutter fröhlich rief: „Es ist Zeit aufzustehen!" Jetzt wurde mir klar, dass das alles nur ein Traum gewesen war.

In Zukunft nahm mich Hedwig jede Nacht mit in einen wunderbaren Traum.

Wir erlebten zusammen noch viele wundervolle Reisen.

Bianca Hein
Staatliches Gymnasium Königsbrunn, Klasse 5f

Heimaturlaub

An einem lauen Abend im Sommer ließ sich die 12-Jährige Kira aufs Sofa neben ihre Eltern fallen. Sie schauten gerade die Nachrichten an. „Das Coronavirus verbreitet sich in immer mehr Ländern. Die Inzidenzen bleiben in Deutschland jedoch stabil", verkündete der Sprecher. „Da die Zahlen der positiv getesteten Personen in Italien stetig steigt, erlässt die Regierung ein Ein- und Ausreiseverbot. Nur Pendler dürfen mit einem negativen Test ein- und ausreisen. Das war die Tagesschau. Vielen Dank, dass sie eingeschaltet haben." Der Bildschirm wurde schwarz. „So ein Mist!", schimpfte Kiras Mutter. „Jetzt können wir gar nicht an den Gardasee zu unserem Lieblingshotel fahren. Hoffentlich bekommen wir das

Geld für die Busfahrt und das Hotel wieder zurück." „Oh nein! Das darf doch wohl nicht wahr sein! Ich habe in meinem Blog doch schon geschrieben, dass ich wieder an den Gardasee fahre. Darauf habe ich schon total tolle Nachrichten erhalten. Stattdessen sitzen wir zuhause herum. Mein Leben ist ruiniert!" „Jetzt beruhige dich wieder", beendete ihr Vater Kiras Jammerei. „Apropos, für dich ist jetzt Schlafenszeit und bevor wir es vergessen, ich bekomme noch dein Handy. Nicht, dass du noch die ganze Nacht durchspielst, wie vor einer Woche." Jammernd stapfte Kira die Treppe hoch, gab ihr Handy ab und ging ins Bett. Am nächsten Morgen schlurfte sie verschlafen in die Küche. Da Wochenende war, standen ihre Mutter und ihr Vater an der Theke. „Guten Morgen, Schatz!", wurde sie freundlich begrüßt. „Wir lagen mit der Vermutung, nicht in den Urlaub fahren zu können, richtig. Die Busorganisation und das Hotel haben uns schon geschrieben, dass sie uns das Geld zurücküberweisen werden. Gestern Abend hat noch deine Oma Bärbel angerufen und uns gefragt, ob wir sie in den Ferien nicht besuchen kommen. Dort waren wir ja seit Jahren nicht mehr. Anscheinend hat sie den Streit um Opas Erbe vergessen. Wir, deine Mutter und ich, finden das eine gute Idee. Endlich wäre der Familienstreit begraben. Oma ist die Woche nicht alleine und du siehst vielleicht Helga, deine Lieblingskuh wieder. Na, wie wäre das?" „Der Urlaub kann mir gestohlen bleiben! Und Oma mit ihren stinkenden Kühen auch!", schrie Kira. „Na gut, trotzdem haben wir dich überstimmt. Wir fahren in die Alpen", freute sich ihre Mutter. Schnell wurde alles geklärt und eine Woche später saß die mürrische Kira mit ihren Eltern und viel Gepäck im Auto. An ihnen zogen Felder, Schrebergärten, Kuhweiden und Koppeln vorbei. Am Hof angekommen wurde die Familie von Kiras Oma und einem Teenager freundlich begrüßt. „Hallo! Wie schön, dass ihr endlich da seid. Kira, du bist ja richtig gewachsen! Stattdessen werde ich immer kleiner", freute sich Oma. „Das letzte Mal, als ich hier war, war ich auch erst sechs Jahre alt", trotzte Kira. „Jetzt reiß dich zusammen. Schließlich sind wir ihre Gäste", zischte ihre Mutter. Bärbel ließ sich ihre Freude nicht vertreiben. „Das ist übrigens Sebastian. Er hilft mir im Stall. Er hat mir auch gezeigt, dass so ein doofes Erbe gar nicht wichtig ist, sondern die Familie. In solchen Situationen sollte man auch zusammenhalten und sich gegenseitig trösten. Er ist halt schlau. Ich habe das Jahre lang nicht verstanden. Aber jetzt lasst uns auf die Terrasse gehen. Ich habe extra Apfelkuchen gebacken. Die Äpfel und die Eier kommen von meinem Apfelbaum und meinen Hühnern." Freudestrahlend liefen alle hinter das Haus. Nur Kira trottete mürrisch hinterher. Während die Familie den leckeren Kuchen aß, redeten sie über alles, was sich in der Umgebung verändert hatte und über Kiras ehemalige Lieblingskuh Helga. Nach der Kaffee- und Kuchen-pause holten Kira und ihre Eltern ihre Koffer und bezogen die zwei Gäste-zimmer unter dem Dach. Das Mädchen pfefferte ihre Tasche in eine Ecke, bereute es aber gleich wieder, denn jetzt musste sie sich bücken, um ihr Handy herauszuziehen. Dann schmiss sie sich bäuchlings aufs Bett und schaute Filme an. Nach einer Stunde klopfte es an der Tür und ihre Mutter kam herein. Sie setzte sich auf die Matratze, schnappte sich das Smart-phone und schaltete es aus. „Mama! Du nervst, hau ab!" „Nein", erwiderte ihre Mutter. „Gib dem Urlaub doch bitte eine Chance. Bestimmt wird er großartig. Sitz nicht die ganze Zeit in deinem Zimmer und schau Filme. Wir machen in einer halben Stunde einen kleinen Spaziergang um den Hof. Vielleicht schauen wir auch am Stall vorbei. Du könntest doch ein paar Fotos von den Kühen für deinen Blog machen. Sicher gefällt es dei-nen Followern. Ich erwarte dich in der Küche. Und zwar fröhlicher als ge-rade eben." Mit diesen Worten stand ihre Mutter auf und ging. Kira erfüllte den Wunsch ihrer Mutter. Nachdem die Familie und Sebastian die Obst-bäume und die Hühner besucht hatten, gingen sie zu den Kühen. Diese hatten einen hellen Offenstall mit einem großen Auslauf. Kira stellte sich an den Zaun und sofort kam eine wunderschöne, braun weiß gefleckte Kuh angetrabt. „Rate mal, wer das ist", freute sich Bärbel. „Das ist Helga. Ich erkenne es daran, dass sie sofort zum Zaun rennt. Sie ist immer noch so schön. Ich glaube, sie hat mich erkannt", grinste Kira zum ersten Mal in diesem Urlaub. Sie kletterte über das Gatter und streichelte die Kuh liebe-voll. „Wisst ihr noch? Früher sind wir zwei den ganzen Tag auf der Weide herumgerannt. Dann haben wir die Kühe gemolken und abends haben wir Würstchen gegrillt. Das war wunderschön." „Willst du denn gar kein Foto von Helga für deinen Blog machen?", fragte ihre Mutter verwundert. „Nein. Das ist ein besonderer Moment, den mir kein Foto versauen darf. Außerdem müssen doch die Follower nicht alles von mir wissen." „Ich hätte da eine Idee", meldete sich Kiras Oma zu Wort. „Abends nach dem Melken könnten wir grillen. So wie früher." Gesagt, getan. Kiras Vater holte die Feuerschale aus dem Schuppen und stellte sie in den Garten. Dazu stellte er fünf gelbe Klappstühle. Pünktlich um 17.00 Uhr kamen alle Kühe automatisch in den Stall zum Melken. Da hatte Sebastian einen Einfall: „Heute können wir die Kühe mit der Hand melken. Wir sind fünf Personen und fünf Rinder. Jeder nimmt eine. Bärbel hat mir einmal erzählt, dass ihr mit der Hand melken könnt. Wenn wir Heu herunterwerfen, können die Kühe fressen und wir arbeiten. Die Hocker und die Eimer stehen in dem Raum hinter dieser Tür. Holt die bitte jemand? Die anderen können hel-fen, das Heu runterzuwerfen und zu verteilen." Kiras Eltern gingen in die

Kammer nebenan. Bärbel und Kira kletterten auf den Heuboden. Dieser war über und über mit Heu bedeckt, in das sich das Mädchen hinein plumpsen ließ. „Weißt du noch Oma, als ich mich hier einmal beim Verstecken spielen versteckt habe? Nach einer halben Stunde musste ich aber aufs Klo und habe das Spiel abgebrochen. Das war lustig. Ich habe auch eine gute Idee. Darf ich heute hier oben schlafen, so wie früher?" Ihre Oma willigte ein und nach dem Füttern rannte Kira noch schnell in den Keller, um den Schlafsack zu holen. Dann molk jeder eine Kuh, Kira bekam ihre Helga. Nachdem die Euter leer, die Eimer voll und die Muskeln erschöpft waren, ließen sie die Kühe auf die Weide und setzten sich an das Feuer. Die Flammen wärmten die Gesichter und ließen die Würstchen brutzeln. Später, als alle satt waren, erzählten sie sich Witze, bis die Bäuche vom Lachen wehtaten. Schließlich musste Sebastian nach Hause und so gingen auch Kiras Eltern und ihre Oma ins Bett. Kira selbst kletterte auf den Heuboden und kroch in den Schlafsack. Nach ein paar Minuten wurde es ihr aber viel zu heiß und sie stieg mit dem Sack die Leiter hinunter und tapste auf die Weide. Dort schlüpfte sie wieder in ihn hinein. Sofort kam Helga angetrabt und legte sich zu ihr. Bald schliefen beide ein, denn Kira wusste, der morgige Tag wird wunderbar werden. Die Woche verging wie im Flug. Als die Familie ins Auto stieg, rief Kira: „Tschüss Omi! Bis zu den nächsten Ferien. Und schau mal auf meinem Blog vorbei." Mit diesen Worten fuhren sie davon.

Marie Artmann
Dr.-Max-Josef-Metzger-Realschule Meitingen, Klasse 7b

Daheim – ein Mesostichon

Corona wir**D** weiter gehen
    M**A**ske
    Sc**H*****e
     k**E**ine Schule
  langwei**l**ig
    Ho**M**eoffice

Marcell Reimann
Helen-Keller-Schule Dinkelscherben, Klasse 7Gb

Familie

Familie ist mir wichtig, weil da ist Liebe, da ist Vertrauen, wenn ich Stress habe, dann hilft mir meine Familie und wenn ich traurig bin und ein Freund

da ist, dann muntert er mich auf und auch andersrum, und ich unter-
nehme was mit meiner Familie und ich liebe meine Familie.

Lenny Riedel
Helen-Keller-Schule Dinkelscherben, Klasse 4gb

Daheim

Hier in meinem Haus ist es so toll,
denn meine Eltern sind sehr liebevoll.
Mein Klavier ist das schönste Ding im Haus.
Und wenn ich toll spiele, dann gibt es einen Applaus.
Meine Schwestern sind auch zehn von zehn,
auch wenn sie ab und zu auf die Nerven gehen.
Es ist nicht immer ein Augenschmaus,
aber das ist mein schönes Zuhaus!

Andresa Hoti
Grundschule Zusamarshausen, Klasse 3a

Ein nasser Tag

Am Morgen wachte ich zu Hause bei Papa, Chrissie, Kayleigh und Jake auf.
Nachdem ich aufgestanden war, ging ich ins Bad. Es waren Ferien und wir
durften ausschlafen. Ich wartete im Zimmer, dann endlich nach Ewigkei-
ten hörte ich Kayleigh, meine große Schwester. Ein wenig Später spielten
wir Lego in Kayleighs Zimmer. Dann kam Jake, mein kleiner Bruder, ins
Zimmer und wir spielten zusammen. Chrissie fragte uns während sie das
Zimmer betrat: „Jetzt kommt Mädels, wir wollten doch den Tisch decken."
Sofort sagten wir: „Ja, wir kommen gleich." Wir räumten auf, deckten den
Tisch und nun saßen alle Fünf am Tisch und aßen. Wir redeten und redeten, dann planten wir, was wir essen und was wir machen wollten. An dem
Tag wollten wir zum Abenteuer-Spielplatz gehen. Also räumten wir ab.
Als es dann so weit war, sind wir mit unserem schwarzen Auto zum Abenteuer-Spielplatz gefahren. Wir haben Picknick gemacht und sind rumge-
klettert. Papa fragte irgendwann: „Wollen wir zur Eisdiele dahinten
gehen?" Alle Kinder schrien gleichzeitig: „Ja!" Chrissie nahm Pistazie, Papa
nahm Zartbitterschokolade, wir Kinder nahmen Schlumpf-Eis. Man sah
am Himmel dunkle Wolken, aber wir räumten trotzdem nur langsam zusammen. Doch plötzlich stürmte es wie verrückt und wir rannten alle zum
trockenen und warmen Auto. Die Wolken wurden immer schlimmer und
sehr dunkel. Auch auf den Straßen war es sehr rutschig.

Wir kamen nach diesem nassen Tag sehr nass zurück. Als wir trocken waren, durften wir nach hinten zum Spielen, aber wir fanden nichts, was wir hätten spielen wollen. Weil wir nicht ordentlich aufgeräumt hatten, trat Papa später auf einen Legostein. Er schrie: „Aua!" Das tat wahrscheinlich höllisch weh. Aber Papa sagte trotzdem: „Ach, ich bin trotzdem froh, hier zu sein."

Nele Reinsdorf
Grundschule Diedorf, Klasse 4b

Heimweg

Dunkelheit umhüllte den Wald, der einzige Weg zu meinem Haus. Schon immer hatte es mich vor ihm gegruselt, trotzdem entschloss ich mich, genau dieses Grundstück zu kaufen. Ich musste mich distanzieren von meinen letzten, schlechten Erfahrungen. Ich hatte genug. Musste allein für mich sein. Mich selbst finden. Doch war dieses Haus der richtige Weg? Ich hatte Ruhe. – Ja. Das war es doch, was ich unbedingt brauchte – oder doch nicht? War es die falsche Entscheidung, sich nur auf mich selbst zu konzentrieren? Ich bin ein egoistischer Mensch geworden, habe alle meine Freunde mit ihren Problemen zurückgelassen, habe mit keinem Wort erwähnt, dass ich schon seit Monaten mein neues Haus abbezahle und es einzugsfertig mache.

Vermisse ich den Kontakt zur Außenwelt? – Ja. Das war der Grund, weshalb ich losging in das nächstgelegene Dorf, um dort den Bus in die Stadt zu erwischen. Um Menschen zu sehen, um Spaß zu haben. Um wissen zu können, ob ich weiß, wer ich bin, wer ich sein will.

Es war die Hölle, zumindest das Ende war es. Alles war gut. Ich konnte in dem Club, den ich schon vor meinen schrecklichen Erfahrungen auf meiner Liste hatte, endlich mal wieder die Leidenschaft zur Musik ausleben. Mich frei fühlen, Spaß haben, loslassen, vergessen.

Ich hatte meinen Platz auf der Tanzfläche gefunden. Der Ort, an dem ich frei war, früher hätte ich gesagt, es war mein Zuhause, aber jetzt nicht mehr. Ich war froh, keine Aufmerksamkeit mehr zu bekommen, in der Menschenmenge quasi unterzugehen. Ich war völlig bei mir selbst, kein einziger Gedanke, nur der Bass der Musikboxen, der für mich wie eine Droge war und durch meinen Körper strömte.

Doch plötzlich spürte ich eine Hand an meinem unteren Rücken entlang streichen. Ich blieb sofort still stehen, die Freiheit die Sekunden zuvor noch da war, war wie weggelaufen, bereits völlig außer Reichweite.

Eine gefühlte Ewigkeit, die realistischerweise vielleicht einer knappen Minute entsprach, später gehorchte mein Körper soweit wieder, dass ich mich umdrehen konnte.

Doch was ich danach sah, ließ mich noch mehr erschaudern, der Typ schaute mich verwundert an, denn wir kannten uns nicht. Allerdings erinnerten mich diese Augen, eine Mischung aus hellbraun und kleinen grünen Flecken, die eine Art Grau ergaben, an die eine Person, an die ich mich nie mehr erinnern wollte. Der Mensch, der mein Leben ruiniert, mein Vertrauen und meine ganze Persönlichkeit missbraucht und mit Füßen getreten hatte. Er hatte mich kaputtgemacht, als wäre ich ein Auto mit Totalschaden auf einem Schrottplatz, das nur darauf wartete in alle Einzelteile zerlegt bzw. als ganzes verschrottet zu werden.

Auf einmal waren all diese Bilder wieder in meinem Kopf. Nach und nach hatte ich jemanden in mein Leben gelassen, mich immer wohler gefühlt, immer mehr preisgegeben. Irgendwann wurde dieser jemand nicht nur jemand, mit dem ich daheim Zeit verbrachte, sondern eine Leidenschaft teilen konnte. Er war mein Zuhause. Es war kein Ort mehr, sondern eine Person, die mir dieses besondere Gefühl von daheimsein vermitteln konnte.

Ich wurde in die Realität gerissen, als ich meine Tränen auf meinen Wangen spürte. Ohne mich einmal umzudrehen, ohne ein Wort zu sagen, rannte ich an die frische Luft und erwischte gerade so den Bus, der mich zu meinem richtigen Zuhause bringen würde.

Anna Pommersheim
Justus-von-Liebig-Gymnasium Neusäß, Klasse Q11

Neapel

Neapel
Neapel ist für mich daheim
Neapel ist, wo ich geboren bin
Neapel ist, wo ich mich wohlfühle
Napoli è mille colori
Napoli è la voce dei bambini
La conosce tutto il mondo!
Der Vesuv, die Pizza, das Meer
jeder kennt das!
Die Traditionen, der Dialekt und noch viel mehr
Napoli è una carta sporca
E nessuno sene importa

E questo non va bene!
Neapel, auch wenn es einige Nachteile hat,
ist immer schön, so wie es ist,
für mich ist Neapel Daheim!

Loredana Tempio
Mittelschule Zusmarshausen, Klasse 9b

Daheim — weit weg

Daheim – ein Wort das unendlich viele Bedeutungen hat. Jeder hat ein Zuhause. Bei vielen ist es ein Ort, bei anderen eine Person oder vielleicht auch ein Gegenstand, einfach etwas, wobei man sich wohl fühlt. Auch ich habe ein Zuhause – meinen Kater. Wenn er bei mir ist fühle ich mich sicher und geborgen. Genau das ist auch das Gefühl, welches jeder kennen sollte. Ich fühle mich in seiner Nähe wohl und habe das Gefühl, jemand zu sein – jemand, der glücklich ist. Ich verbringe bereits seit meinem ersten Lebensjahr meine Zeit mit ihm. Er hört mir zu, wenn ich jemanden zum Reden brauche, und ist für mich da. Ich schaue mir in vielen Sommernächten mit meinem Kater die Gewitter an. Es ist wunderschön. Wenn ich singe und mich mit meiner Westerngitarre begleite, ist er mein einziger Zuhörer. Seine Nähe, sein Schnurren und er selbst machen mich einfach so unfassbar glücklich und ich wollte nie, dass es endet. Nun ist er schon etwas länger als zehn Monate trotz des starken Kampfes gegen Krebs nicht mehr hier. Ja, ich habe mein Zuhause verloren, in dem ich mich wohlfühle. Aber ich trage ihn direkt bei mir im Herzen. Ich hoffe, er hat es gut dort, wo er jetzt ist. Manchmal denke ich auch, er ist direkt neben mir, nur kann ich ihn nicht sehen. Jetzt sehe ich mir die atemberaubenden Blitze alleine an, singe und spiele Gitarre für ihn, da ich weiß, dass er mich hören kann. Dieser Kater wird für immer mein Zuhause bleiben, weil ich mich bei ihm daheim fühle. Auch wenn er nun weit weg ist.

Anna Fischer
Staatliche Realschule Zusmarshausen, Klasse 9b

Daheim

Geborgenheit SCHUTZ Eltern arcasa Familie Liebe daheim

SICHERHEIT GEMÜTLICHKEIT

FREUDE LACHEN TANZEN

HAUSTIER

HELFEN

WOHLFÜHLEN

AUF DIE SCHWESTER AUFPASSEN

SINGEN ESSEN PUTZEN

Grundschule Königsbrunn-Nord, Klasse 4a

Wo ist Daheim?

Daheim ist für mich …
Wo meine Familie ist, um mit ihnen zu reden.
Mit Ihnen zu spielen.
Mit Ihnen zu feiern.
Mit ihnen einfach Spaß zu haben.
Wo Freunde sind, mit denen man allen Schmarrn machen kann.
Mit ihnen über Probleme zu reden.

Anderen helfen.
Wo man machen kann, was man will.
Wo ich weiß, dass mir nichts passieren kann.
Wo es schön ist.
Wo man sich wohlfühlt.

Linus Hager
Mittelschule Schwabmünchen, Klasse 6 B

Daheim

Ich flog frei um die Welt herum
Ich strecke meine Flügel weit aus
Und genoss den Geruch der Freiheit
Doch ich fragte mich immer wieder, wo denn mein Daheim sei
Ich reiste ständig durch die Welt und war nie lange an einem Ort, doch
manche Orte nannte ich trotzdem Daheim
Ich flog und flog durch die Wälder und dann über die Meere
Ich hörte wie die Meereswellen brachen und wie der Wind durch die Äste
rauschte
Als ich plötzlich wirklich realisierte, wo mein Daheim wirklich war
Daheim ist kein bestimmter Ort
Es ist, wo ich mich glücklich fühle
Es ist, wo Freunde und Familie sind
Es ist, wo ich mich sicher fühle
Es ist, wo ich in Ruhe schlafen kann
Ich war an vielen Orte dieser Erde, doch zu Hause war ich nur, wenn ich all
das gefüllt habe

Rama Sleiman
Staatliches Gymnasium Königsbrunn, Klasse 7f

Daheim

Ein Junge namens Jonas lebte mit seinen Eltern und seinen zwei Brüdern
auf dem Land. Seine Mutter kam aus der Stadt und der Vater vom Dorf.
Die Mutter wollte deshalb unbedingt in die Stadt ziehen. Jonas und seine
Brüder wollten hierbleiben. Die Familie hielt schon eine ganze Weile nach
einer Wohnung Ausschau, die bezahlbar war Einige Tage darauf, war es
so weit. Sie hatten eine Wohnung gefunden. Jonas und seine Familie packten also alles in Koffer, stiegen in das Auto und fuhren in die Stadt. In der
Stadt alles so riesig, die Häuser, die Märkte, die Straßen. Als Jonas mit seiner

Familie ankam, wurden sie durch die Wohnung geführt. Es war alles so sauber. Als sie anfingen auszupacken, fiel Jonas ein, warum sie eigentlich hierhergekommen waren. Um eine Arbeitsstelle für seinen Vater zu suchen. Sein Vater sagte, er fände hier leichter Arbeit als im Dorf. Vorher war er bei einer Schreinerei tätig gewesen. Da war alles perfekt. Jonas wusste nicht, warum sie hierhergezogen waren. Jonas wollte nie von zuhause weg. Er hielt seine Mutter immer vom Umzug ab. Seine Mutter wollte es wenigstens versuchen. Jonas hielt es für dumm, von seiner Heimat wegzuziehen. Sein Vater hatte doch Arbeit und sie hatten einen Platz zum Leben. Es waren schon fünf Tage vergangen, in denen Jonas in der Stadt lebte. Er ging auf die Hauptschule ganz in der Nähe. Er konnte hinlaufen. Früher auf dem Land sah er immer in den blauen Himmel und die Wolken. In der Stadt waren nur große Häuser, die größer als drei Bäume waren. Nach einiger Zeit hörte Jonas wie sein Vater sagte: „Die Wohnung ist viel zu teuer, die Kinder fühlen sich hier nicht wohl, ich finde keine Arbeit, hier wohnt niemand, den wir kennen. Also, was wollen wir hier? Mein Ex-Chef hat gesagt, er hätte meine alte Stelle noch frei, ich könnte dort ganz leicht wieder Geld verdienen. Jonas Mutter sagte: „Ja, ich gebe es zu, es war ein Fehler, von daheim wegzugehen. Jonas fragte ganz aufgeregt, und warum gehen wir nicht zurück? Das Haus steht noch, die Arbeitsstelle ist noch frei. Worauf warten noch?" Vater nickte zustimmend und seine Brüder auch. Daheim ist es doch wunderschön und herrlich zum Leben. Und so fuhren sie wieder in die Heimat wo es doch am schönsten ist und immer bleiben wird.

Simon Martin
Mittelschule Zusmarshausen, Klasse 9b

Daheim

Das Mädchen, um das es geht, heißt Miriam Lechner.
Sie wohnt in einer großen Stadt mit Ihrer Mutter Stefanie und Ihrem Vater Mathias und natürlich Ihrem Hund Lexi.
Eines Tages kam ihr Vater von der Arbeit nach Hause. Er setzte sich ins Wohnzimmer und las in einer Zeitschrift. Da kam seine Tochter Miriam ins Zimmer. Sie setzte sich zu ihm. Er fragte sie, was es zu essen gäbe. Sie sagte, es gäbe Nudeln mit Soße. Ihre Mutter stand in der Küche und kochte Nudeln und Soße, nach zehn Minuten saßen sie alle am Tisch. Ihr Vater berichtete von der Arbeit. Er sagte nebenbei: „Wir ziehen um." Miriam schaute ihren Vater verdutzt an. Sie rannte in ihr Zimmer und legte sich schluchzend ins Bett. Da kam Lexi in ihr Zimmer. Sie kuschelte sich zu ihr ins Bett. Die Eltern berieten sich im Esszimmer. Stefanie sagte: „Wo ziehen wir denn hin, Ma-

thias?" Mathias antwortete: „Auf einen Bauernhof auf dem Land." Stefanie schaute ihn genau so verdutzt an wie Miriam, dann sagte sie: „Dein Ernst, Mathias?" Mathias antwortete: „Natürlich, wieso sollte ich lügen?" Miriam lag immer noch oben in ihrem Zimmer mit Lexi. Sie schimpfte und schimpfte. Sie war so wütend, dass sie den Spiegel gegen die Wand donnerte. Lexi zuckte zusammen und fiepte.

Miriam sagte: „Lexi, ist schon gut! Komm, wir gehen mal runter." Schlecht gelaunt trampelte sie die Treppen runter, dicht gefolgt von Lexi. Sie sagte zu Lexi: „Wir erschrecken sie jetzt. Wir schaffen das!

Sie rief: „1, 2, 3, jetzt los!" Die zwei Erwachsenen schrien auf. „Miriam, Lexi, was sollte das denn?"

Mathias sagte: „Wir ziehen in zwei Wochen um." In Miriam kochte es. Sie hätte ihren Vater gern umgebracht. Aber statt das zu tun, setzte sie sich an den Tisch und fragte: „Wo ziehen wir denn hin?"

Stefanie und Mathias sagten im Chor: „Auf einen Bauernhof auf dem Land am Stadtrand." „Aha", sagte Miriam, „und wieso?" „Wegen meiner Arbeit", sagte Mathias. „Also ziehen wir in zwei Wochen um, wenn ich das richtig verstanden habe?" „Ja, genau, Miriam." „Darf Lexi mitkommen?", fragte Miriam. „Natürlich!", sagte Stefanie.

Zwei Wochen später standen sie an dem Bauernhof. Ihr Vater fragte: „Gefällt es euch hier?" Stefanie sagte: „Ja, mir gefällt es hier." Miriam zuckte mit den Schultern. Da kam schon das Auto mit ihrem Gepäck. Es war bereits Abend geworden. Mathias sagte: „Morgen schauen wir uns den Bauernhof genauer an." „Ist ok", stammelte Miriam. „Was ist, Miriam?", fragte Mathias. „Ach, keine Ahnung", kam die Antwort. Mathias sagte: „Ich habe eine Überraschung, das verrate ich dir morgen."

Am nächsten Morgen war Miriam früh wach. Ihr Vater deckte den Frühstückstisch. Miriam rannte die Treppe nach unten. Sie stürmte zu Ihrem Vater: „Was ist die Überraschung?", schrie sie laut durchs Haus. Ihr Vater sagte: „Schon gut, mach mal halblang!" Ihre Mutter kam die Treppe herunter: „Was ist denn das für ein Lärm?" Miriam und Ihr Vater schauten sie an. „Papi will mir nicht sagen, was die Überraschung ist!" Die Mutter sah ihn an: „Mathias!" „Ja, ja, ich sage es ihr schon." „Und was ist es?" „Komm mal mit", grinste ihr Vater. Miriam schaute ihn verdutzt an. Draußen blieb ihr der Mund offen stehen – ein Pony! „Wie heißt es denn?", wollte Miriam wissen. „Es heißt Fernando."

„Oh mein Gott, Papa, das ist der schönste Tag in meinem Leben!", jubelte Miriam. „Das neue Zuhause wird wohl doch ganz schön!" ENDE

Lena Pahl, Fabiola Ertl
Grundschule Altenmünster, Klasse 4b

Alte Heimat — Neue Heimat

Der Tag des Abschieds rückte immer näher und am 27.11.1987 war es dann soweit. Voller Angst und Tränen verabschiedeten mein Bruder und ich uns von unseren Großeltern. Wir mussten nach Hause zu unserer Mutter laufen, denn es stand uns eine lange Reise ins Ungewisse bevor. Ich wollte nicht, wollte lieber bei meinen Großeltern bleiben, die ich über alles liebte. Sie waren auch sehr traurig, denn keiner wusste, wann wir uns wiedersehen werden. Nach vielen Umarmungen und noch mehr Tränen liefen wir los. Es war alles dunkel, nicht nur weil es schon Abend war, sondern weil es mal wieder in der ganzen Stadt keinen Strom gab. Das war nichts Neues, denn der Strom war öfter weg.

Als wir daheim ankamen, war schon alles gepackt. Es befanden sich mehrere Koffer im Flur und die Wohnung war komplett leer. Hier hieß es auch wieder Abschied nehmen von Freunden, Bekannten und unserem Zuhause, in dem wir so viel erlebt hatten.

Ein Freund der Familie fuhr uns mit seinem Auto zum Bahnhof an der Grenze. Ich war so traurig, dass ich alles was ich kannte und liebte zurücklassen musste. Meiner Mutter und meinem Bruder ging es nicht anders. Sie waren auch sehr traurig und auch nervös.

Am Bahnhof angekommen half uns der Freund noch mit dem Gepäck und ging auch mit, als wir bei den Grenzbeamten unsere Pässe und die Reisedokumente vorzeigen mussten. Das war alles irgendwie beängstigend. Überall standen Soldaten mit Gewehren und Polizisten. Mit unseren Dokumenten war alles in Ordnung und somit hieß es für uns warten. Warten auf den Zug, der uns zu unserem Vater bringt. Wir mussten sechs Stunden in einer kalten Bahnhofshalle auf harten und kalten Holzbänken warten, dann fuhr endlich der Zug ein. Dann mussten wir uns alle in zwei Reihen aufstellen, Frauen und Kinder in einer Reihe und Männer in der anderen Reihe. Wir wurden alle abgetastet, nicht dass wir noch etwas „Verbotenes" schmuggelten. Ich kann mich noch daran erinnern, dass ich Angst hatte, denn man hatte schon vorher immer Geschichten gehört. Nach der Durchsuchung durften wir dann in den Zug steigen. Es waren acht Leute in einem Abteil. Ich weinte, da ich sehr traurig war, alles hinter uns zu lassen, aber am meisten wegen meiner Oma und meinem Opa die ich über alles liebte. Irgendwann schliefen wir vor lauter Erschöpfung dann doch ein. Als wir wach wurden, war die Trauer immer noch da, aber es kam noch mehr Aufregung dazu, denn wir kamen dem Ziel immer näher.

Nach zwölf Stunden Zugfahrt kamen wir an. Es war noch nicht das endgültige Ziel, das würde noch dauern.

Wir kamen in Nürnberg an und wurden von dort mit Bussen in ein soge-
nanntes „Durchgangslager" gebracht. Dort wurden wir begrüßt und uns
wurden Quartiere zugeteilt.

Meine Mutter, mein Bruder und ich bewohnten ein Zimmer mit einer
Kochnische. Toiletten und Bad befanden sich im Flur.

Am nächsten Tag mussten wir ins Nebengebäude. Wir wurden alle ärzt-
lich untersucht und alle Unterlagen wurden geprüft sowie neue Dokumente und Ausweise erstellt.

Es war alles sehr aufregend, aber die größte „Aufregung" oder auch
Freude gab es dann eine Woche nach unserer Ankunft. Dann kam mein
Vater zu Besuch, den wir fast vier Jahre lang nicht mehr gesehen hatten.
Die Freude war riesengroß, aber es war auch ein komisches Gefühl, da
man sich ja trotz Briefen und Telefonaten entfremdet hatte.

Zwei Wochen nach unserer Ankunft in der Bundesrepublik Deutschland
kamen wir dann endlich in unserer neuen Heimat Augsburg an.

Es war alles anders, neu, aufregend aber auch traurig zugleich.

Es dauerte eine Zeitlang bis sich die neue Heimat auch als unser neues
Zuhause angefühlt hat. Es entstanden neue Freundschaften und neue Ge-
wohnheiten.

Wir bezogen mit meiner Mutter und meinem Bruder eine neue Wohnung
und ab da fühlten wir uns richtig angekommen und zuhause. Das Gefühl
von Sicherheit kehrte wieder zurück. Unser neues Zuhause war erfüllt von
Liebe, Geborgenheit, Verständnis und Lachen und das Wichtigste war,
dass wir als Familie immer zusammengehalten haben. So wurde Augsburg zu meiner neuen Heimat, aber ich habe meine alte Heimat nie vergessen. Wenn wir bei den Großeltern zu Besuch waren, habe ich mich
auch sofort wieder zuhause gefühlt, denn Heimat ist ein Gefühl der Zuge-
hörigkeit, Sicherheit und Liebe. Dort fühlt sich das Herz wohl.

Laura Märtens
Mittelschule Zusmarshausen, Klasse 9b

Daheim

Daheim bleibt daheim
bei den Liebsten sein.
Leute kennen alles anders,
lieben viel und leben anders.
Eltern werden dir bleiben,
sie lieben dich daheim,
haben dich lieb, wo immer sie sein.

Deine Tiere zählen auch zum Heim
und werden immer in deinem Leben sein.

Sara Schlenner, Laura Schneider
Staatliche Realschule Neusäß, Klasse 6d

Meine Heimat

Daheim ist meine schöne Oase mit meiner Familie. Daheim habe ich alles, was ich brauche. Wenn ich krank bin, bin ich am liebsten zu Hause. Zu Hause bin ich glücklich. Daheim fühle ich mich sehr geborgen. Daheim will mir keiner was Böses.

Tobias Endraß
Grundschule Meitingen, Klasse 4c

Aurora — Das Leben und ich

Hallo, ich bin Aurora und komme aus Uganda. Ich bin zwölf Jahre alt. Hier in meiner Heimat herrscht gerade große Hungersnot und ich stecke in dieser Krise mittendrin. Dies ist der Anfang einer der bewegtesten Geschichten Ugandas: Obwohl wir vor ein paar Tagen noch in unserem kleinen üppigen Zelt gelebt hatten, saßen wir jetzt ein paar Tage später hungernd am Straßenrand. Unser Zelt wurde von einem großen Unwetter zerstört. Jeden Tag hofften wir auf Hilfe von anderen Leuten. Wir fragten sämtliche Leute nach Hilfe, doch alle wiesen uns ab. Es ist wirklich schrecklich, wenn alle Menschen nur noch an sich selbst denken. Da kam ein Mädchen mit ihren Eltern auf uns zu, sie schienen viel Geld zu haben. Ich dachte: „Hätte ich es doch bloß so gut wie dieses Mädchen." Sie ging in ein großes Gebäude hinein, die Schule unserer Stadt. Ich wünschte, ich könnte auch in eine Schule gehen, um etwas zu lernen und andere zu treffen. Ungefähr um ein Uhr Mittags kam das Mädchen mit einem anderen Mädchen wieder aus der Schule raus, sie verabschiedeten sich voneinander und gingen getrennte Wege. Das Mädchen kam auf mich zu und fragte mich, warum ich nicht auch in die Schule ginge. Ich antwortete: „Meine Familie hat nicht genug Geld, um die Schule zu bezahlen." Ich erzählte ihr die Geschichte von dem großen Unwetter, weswegen wir auch auf der Straße saßen. Sie hörte mir aufmerksam zu. Nachdem ich ihr alles erzählt hatte, ging sie nachdenklich zu ihren Eltern. Als sie ein Weile mit ihren Eltern gesprochen hatte, kam sie erneut zu mir und fragte: „Möchtest du mit deiner Familie in ein Häuschen in unserem Garten ziehen? Wir haben auch genug Geld um dir die Schule zu bezahlen!" Ich war überglücklich und rannte freudig zu meinen Eltern. Von diesem Tag an ging ich zur Schule und wir hatten reichlich zu essen und ein Dach über dem Kopf. Das war meine Geschichte.

Emma Schwarz, Paula Zirch
Justus-von-Liebig-Gymnasium Neusäß, Klasse 5d

Tick Tack

Tick Tack. Hässliche, braune Kartons. Leere, weiße Wände. So viele hässliche, braune Kartons und leere, weiße Wände. Alle gingen. Noch einmal. Männer in Arbeitsklamotten brachten Kisten zu riesigen Lieferwagen, die draußen parkten. Alle Bilder an den Wänden waren abgenommen worden. Vielleicht würden sie eines Tages ersetzt werden. Wer weiß? Ich nicht, das steht fest. Tick Tack. Das einzige, das hier geblieben war, war die alte Uhr. Sie war wohl an der Wand festgeschraubt.

Ich konnte gepackte Koffer sehen. Keine Möbel mehr in den Zimmern. Legos, die normalerweise auf dem Boden verstreut lagen, waren alle aufgeräumt. Es schien wie ein bitter gewordenes Märchen. Tick Tack. Die Garage war leer; Fahrräder und Fußbälle und fast fertige Rätsel waren jetzt alle verschwunden. Das Leben wurde von allem weggesaugt. Nirgendwo gab es mehr Spaß, nur Orte, wo es einmal war. Tick Tack.

Sie würden wirklich weggehen. Für mich waren die Wörter seltsam. Alles war weg. Von den Bildern, die an den Wänden hingen bis zu den Teppichen, die mal den Boden bedeckten. Tick Tack. Mein Herz zerbrach. Die Kinder stiegen bereits ins Auto. Als ob sie nicht warten könnten, mich zu verlassen. Sie konnten es nicht erwarten, mich zu verlassen. Tick Tack. Ich konnte hören, wie sich die Autotüren schlossen. Es fühlte sich an, wie Salz in der Wunde.

Schließen. Sperren. Verlassen. Niemals zurückkommen. Niemals zurückblicken. Niemals zurückdenken. So einfach war es. Tick Tack.

Entsperren. Öffnen. Einsteigen. So einfach war es. Tick Tack.

Der Motor ging an. Dieses Kapitel würde wirklich zu Ende gehen. Dieser Moment könnte sogar das Ende des Buches sein. Wer weiß? Ich nicht, das steht fest. Tick Tack. Angst übernahm mein Verstand. Was wäre, wenn diese Familie die letzte wäre, die ich jemals sehen würde? Was wäre, wenn ich für immer allein wäre? Was wäre, wenn ich von allen immer verlassen würde? Was wäre, wenn …? Tick Tack.

Ich konnte die Gesichter der Kinder sehen, die aus den Autofenstern schauten. Tick Tack. Ich fragte mich, was sie gerade dachten. Würden sie mich vermissen? Würden sie mich vergessen? Würden sie ihr neues Daheim mehr mögen, als sie mich je geliebt hatten? Tick Tack.

Die Reifen drehten sich, und das Auto fing an zu fahren. In nur ein paar Sekunden konnte ich es kaum noch mehr sehen. So leicht war es.

Und einfach so waren sie weg. Einfach so zogen sie weg. Ab zu ihrem neuen Daheim.

Die alte Uhr hörte auf zu ticken. Jetzt war ich nur noch ein leeres, einsames, altes Haus.

Lucie Dowling, Klasse 8 K, Marie Dowling, Pierre Dowling, Klasse 8H
International School Augsburg Gersthofen

Daheim

Der Anblick von mir und meiner Familie, etwas das ich nie aus meinem Kopf bekommen werde und doch gleichzeitig etwas, das nie geschehen wird. Meine Eltern sind womöglich tot und ich bin mit meiner älteren Schwester geflohen, um leben zu können, ob meine Eltern wirklich tot sind oder nur verschollen, weiß ich nicht, aber ich will mich damit nicht beschäftigen. Jetzt lebe ich in Deutschland und alles ist anders. Wir sind sicher und das Leben sollte wieder Spaß machen, aber es macht keinen Spaß, ich weiß nicht, aber etwas fehlt, etwas das mir Sicherheit gibt und mir die Möglichkeit gibt abzuschalten. Ich habe nachgedacht und das einzige, das ich mir vorstellen kann, ist ein Zuhause. Meine Familie habe ich so gut wie komplett verloren. Wie ersetzt man etwas, das nur einmal existiert? Wie lebt man ohne ein Zuhause? Ich weiß nicht, wer mir dabei helfen kann und was ich dagegen machen kann, aber aufgeben werde ich nie, sonst hätten meine Eltern nicht zugelassen, dass ihre Kinder sie verlassen. Und wenn ich für immer ohne Zuhause lebe, werde ich leben mit Spaß und Freude an meinem Leben, bis der Tag kommt, an dem ich sterbe.

Kilian Nuß
Staatliches Gymnasium Königsbrunn, Klasse 9

Umzug von Daheim

In Berlin: Leon und Melanie mit ihren Eltern Richard und Sara ziehen nach München in die Gerblingerstraße, Hausnummer 24, mit ihren Haustieren, den Hunden Rommi und Jimmy sowie mit Katze Lucki.

Leon und Melanie spielen gerade in Berlin, ahnen aber nicht, dass das bald vorbei sein wird. Die Eltern haben sehr große Angst, es ihnen zu sagen, weil sie in München keine Freunde haben. Aber sagen müssen sie es ihnen ja. Dadurch, dass die Eltern sehr reich sind, haben sie sich in München ein großes Haus gekauft, wo sich die Kinder hoffentlich wohlfühlen werden. Die Eltern glauben schon, dass sie sich wohlfühlen werden, die Kinder müssen sich nur Freunde suchen. Die Eltern fangen schon an zu packen und danach gehen sie hoch zu ihren Kindern und sagen, sie sollen auch schon mal packen anfangen, sagen aber noch nicht, warum. Sie fangen mit den Sachen der Tiere an.

Beim Frühstück wollen es die Kinder wissen und die Eltern sagen: Wir machen eine lange Reise. Sie denken, dass die Kinder nicht begeistert sind. Leon und Melanie und sie denken, sie werden nie mehr zurück kommen und Leon ahnt schon, dass sie umziehen.

Daher fangen Leon und Melanie schon mal an, ihre Kleidung einzupacken. Die Elten kommen hoch zu den Kindern und sagen: Ihr seid ja schon fleißig am Packen.

Leon und Melanie sagen zu ihren Eltern, dass sie sie in der Nacht belauscht haben und jetzt haben sie ein schlechtes Gewissen, aber die Elten verzeihen ihnen und sagen, dass sie nicht umziehen wollten, doch der Vermieter hat sie rausgeschmissen und deswegen können sie nicht mehr hier leben, deswegen ziehen sie nach München und der Umzug wird schon in einer Woche sein und deswegen ist es gut, dass die Kinder packen. Eine Woche später wohnen sie in München. Die Kinder fühlen sich aber gar nicht wohl. Deswegen wollen sie wieder nach Berlin, aber die Eltern sagen, dass sie nicht mehr nach Berlin können. Die Kinder leben sich ein, wollen aber trotzdem nach Berlin zurück. Ein Jahr später fühlen sie sich trotzdem richtig wohl in ihrem neuen Zuhause.
ENDE

Pia Meißner, Luis Mayr
Grundschule Altenmünster, Klasse 4b

Daheim

Daheim, das bedeutet viel Spaß!
Daheim riecht wie mein Zimmerboden.
Daheim schmeckt nach Käsenudeln.
Daheim klingt wie meine Schwester Marlene.
Daheim fühlt sich an wie wohlfühlen, einfach toll.

Daheim sieht aus wie unser Haus.
Daheim ist für mich meine Familie.

Leonard Kramer
Grundschule Gessertshausen, Klasse 2b

Zuhause ist es wunderbar

Zuhause ist es toll. Ich kann mit meinen zwei Bründern spielen, in den Garten gehen. Auf einmal fragt meine Mama, ob ich ihr im Haus helfen kann. „Ja", sage ich und helfe ihr beim Kochen. Danach spielen wir ein Spiel. Wir lachen zusammen. Das war für mich ein schöner Tag.

Anna-Sophie Luise Pobuda
Grundschule Fischach-Langenneufnach, Klasse 2c

Was bedeutet „Daheim"?

Daheim hat für jeden eine eigene bzw. andere Bedeutung.
Im Folgenden nenne ich ein paar Beispiele für die Bedeutung des Wortes „Daheim".
Daheim ist der Ort, wo man sein kann, wie man ist.
Daheim bedeutet Geborgenheit, Sicherheit und Liebe.
Daheim bedeutet vertraute Umgebung, Menschen, die ich gut kenne, Familie, Nachbarn, …
Daheim ist ein Ort, an dem man sich ausruhen kann.
Daheim ist, wo man sich wohlfühlt, wo man sich geborgen fühlt.
Daheim bedeutet Familie, Zusammensein und umgeben zu sein von Menschen, die
dich lieben.
Was bedeutet für mich „Daheim"?
Daheim bedeutet für mich, Mensch zu sein, gut und in Ruhe leben zu können.
Daheim bedeutet für mich auch, dass ich in mir selbst daheim bin, unabhängig von
Ort, Zeit und Menschen.
Für mich bedeutet Zuhause vor allem: Gemütlichkeit, Geborgenheit und meine
Liebsten um mich herum zu haben.
Zusammengefasst kann ich sagen:
Wo ich gerade lebe, ist mein Daheim! Da bin ich sicher und glücklich.

David Kleim
Staatliches Gymnasium Königsbrunn, Klasse 9D

Manchmal braucht man Stille

Er sitzt am Tisch und kaut,
es ist ununterbrochen laut.
Ist am Abend der Nebel flach
bin ich noch immer wach.
Das Haus ist voller Energie,
still ist es fast nie.
Es riecht gut,
dass macht Mut.
Ist drin mal Krawall,
geh ich raus und spiel Fußball.
Gott lässt die Sonne scheinen,
deswegen brauch ich nicht weinen.
Zum Glück hab ich ein Haus,
nicht wie die Maus.
Ich muss mich nicht verstecken,
in irgendwelchen Ecken.

Maximilian Kugler
Staatliches Gymnasium Königsbrunn, Klasse 6c

Der unechte Knüller

„Du solltest einen Knüller bringen!", rief Chef Kuttelmuddel von der Interessanten Zeitung seinem Arbeiter Lulu zu. „Chef … es tut mir leid. Zurzeit passiert nichts Spannendes", schniefte Lulu. „Geh und bring was Interessantes, was die Leute interessieren könnte!", schrie der Chef zornig. Lulu schlurfte aus der Tür, setzte sich an einen Tisch und überlegte. Lang überlegte er. Sehr lange überlegte er. Da fiel es ihm ein: ein Artikel über zu Hause. Er würde von Haus zu Haus laufen und die Leute fragen, was für sie „daheim" bedeutete. Au ja, das machte er! Am nächsten Tag fing Lulu in der Tulpenstraße an. Dort wohnten nur drei ältere Damen. Nämlich Frau Darling, Frau Kresse und Frau Sesam. Bei Frau Kresse klingelte er als erstes. „Drriing", schallte die Klingel. Kurz darauf erschien Frau Kresse. „Ja, bitte?", öffnete sie die Tür und erblickte Lulu. „Lulu! Wie geht es dir? Komm doch herein", bat Frau Kresse. Doch Lulu lehnte dankend ab: „Nein, danke. Ich hätte da nur eine Frage." „Schieß los", antwortete Frau Kresse. „Was bedeutet für Sie daheim?", fragte Lulu. Frau Kresse überlegte: „Daheim … mh … ja … daheim bedeutet für mich, da wo ich bei meinen Enkelkindern und bei meiner Familie bin." „Danke!", bedankte sich Lulu und weg war er. Als nächstes rannte er zu

Frau Darling. „Ding … dong …", läutete es. „Ich komme schon", hörte Lulu Frau Darling undeutlich durch die Haustür. „Guten Tag, Frau Darling. Ich hätte da eine Frage an Sie", begrüßte Lulu sie. „Ach Lulu, schieß los", antwortete Frau Darling. Lulu fragte: „Was bedeutet ihnen daheim?" Daheim ist für mich da, wo ich mich wohlfühle", lächelte Frau Darling. „Danke!", rief Lulu noch, bevor er außer Hörweite kam. Kurz darauf gongte es bei Frau Sesam: „Gong, gong" „Was gibt's?", fragte Frau Sesam. „Ich wollte wissen, was ihnen daheim bedeutet?", fragte Lulu. „Daheim bedeutet mir Wärme und Geborgenheit", meinte Frau Sesam. „Vielen Dank", bedankte sich Lulu bei ihr. Im Moon Weg angekommen stand Lulu vor dem Haus von Herrn Mürrisch. Natürlich mochte Lulu ihn nicht, aber auch seine Meinung war wichtig. So also klopfte Lulu an der Haustür und kurz darauf brüllte Herr Mürrisch: „Ich kaufe und gebe nichts! Hau also ab!" „Entschuldigen Sie die Störung, Herr Mürrisch, aber ich wollte fragen, was ihnen daheim bedeutet?", fragte Lulu vorsichtig. „Hau ab oder ich hetze die Hunde auf dich!", schrie Herr Mürrisch. Lulu gab nicht auf: „Was bedeutet ihnen denn daheim?" „Meine Ruhe und mein Haus! Sonst noch was?", antwortete Herr Mürrisch mürrisch. „Danke", bedankte sich Lulu. „Bitte grunzte Herr Mürrisch, jetzt hau ab!" Da ging Lulu vom Grundstück von Herrn Mürrisch und bog die nächste Straße zum Gebäude der Zeitung ab. Dort begann Lulu seinen Artikel zu schreiben und erst später fiel ihm ein, das er seinen Chef gar nicht gefragt hatte. Schon flitzte er los und interviewte Chef Kuttelmuddel, der antwortete: „Daheim ist für mich, ja ich weiß es nicht so genau, vermutlich hier im Zeitungsgebäude." Jetzt schrieb Lulu seinen Artikel fertig und brachte ihn seinem Chef. „Ist zwar kein Knüller, aber trotzdem interessant", meinte Chef Kuttelmuddel. „Danke Chef", erwiderte Lulu und wurde ganz rot.

Veronika Wastian
Leonhard-Wagner-Gymnasium Schwabmünchen, Klasse 6D

Daheim

Dort ist man nie allein
Allen kann man dort vertrauen
Heimat
Einmalig
Immer friedlich
Man wird dort geliebt

Liliana Florian
Staatliches Gymnasium Königsbrunn, Klasse 7f

Daheim

Haus
Katzen Gemütlichkeit
Wärme Geborgenheit Freude
Familie Schutz Hausaufgaben Glück
Haustiere

Maximilian Adler
Staatliches Gymnasium Königsbrunn, Klasse 5f

Stellt euch vor ...

Stellt euch vor, ihr hättet kein Zuhause mehr,
stellt euch vor, es wäre ganz leer,
das Essen wäre auch alle,
das wäre für uns eine Lebensfalle,
ein Zuhause hat nicht jeder,
aber weder,
einen vollen Kühlschrank sowie dein,
darum sollten wir dankbar sein

Olivia Jessel
Justus-von-Liebig-Gymnasium Neusäß, Klasse 7b

Erste Hilfe bei Heimatlosigkeit

1. Fragen, wie es einem geht und über Sorgen sprechen
2. Persönliche Dinge im Zuhause aufhängen
3. Gemeinsam etwas unternehmen
4. Zeigen, was es in der Umgebung gibt
5. Mit Freunden oder anderen Personen etwas unternehmen und wenn möglich, auch Freundschaften schließen
6. Wieder mit der Person reden
7. Wenn es bei 5. nicht erfolgreich war, Schritt wiederholen, gegebenenfalls neuer Ort oder andere Personen

Gurleen Kaur Gill
Staatliches Gymnasium Königsbrunn, Klasse 6c

Daheim

Zu Hause
Daheim, da fühle ich mich wohl. Da warten immer die Erinnerungen und die Familie auf mich. Zuerst putze ich mir die Zähne, dann frühstücke ich. Dann gehe ich in die Schule. Nach der Schule mache ich Hausaufgaben. Zocken tue ich erst danach. Ich spiele immer Minecraft. Ich baue immer Baumhäuser. Dann esse ich zu Abend. Ich gehe dann ins Bett. Im Bett schlafe ich mit einem guten Gewissen ein.

Lian Krieger, Luca Wuchenauer
Grundschule Altenmünster, Klasse 4b

Dahoim

Dorf
Andere helfa
Holz
Odla
Isch schea
Mir isch nia langweilig

Florian Auer
Helen-Keller-Schule Dinkelscherben, Klasse 7Gb

Daheim

Ein komisches Schnalzen, Feuchtigkeit ein liebliches Knurren. Langsam, geblendet von der hoch stehenden Sonne, öffne ich meine Augen. Ein Hundegesicht schiebt sich vor die Sonne, öffnet seinen Mund, ein unangenehmer Geruch, der mich jedoch nicht weiter stört, stößt mir in die Nase, und eine pinke, von Sabber bedeckte Zunge kommt zum Vorschein und beginnt erneut mein Gesicht abzuschlecken. Langsam immer wacher werdend erwidere ich die Geste meines Hundes und kraule seinen Kopf. Ich setze mich auf und lasse meinen Blick schweifen. Es ist bereits Mittag und es herrscht ein reges Treiben auf den Straßen. Geschäftsmänner in schwarzen Anzügen mit reglosen traurigen Gesichtern, Einkäufer, die Taschen tragend in Läden verschwinden, um kurz darauf wieder hinauszutreten mit weiteren Glücksversprechen in der Hand, Familien mit kleinen umhertobenden Kindern, Alte auf Krückstock und Rolator gestützt. – Zu viel, um es in Worte zu fassen. – Ich unterschied mich in jeder Form von diesen Menschen. Die meisten widerten mich an. Ihr Geist gefangen in ihren vier Wänden, für die sie sich versklaven lassen. Ich habe nur zwei

Wände, eine über mir, in die ich nachts blicke und beginne zu träumen und eine unter mir, auf der ich schlafe, gehe und von der ich esse und trinke. Wenn Passanten am Gehweg an mir vorbeilaufen und von oben auf mich herabschauen seh ich nicht die aufgesetzte, doch überzeugte, Abscheu, sondern das, was unter der Maske liegt: Neid.

Vitus Berlis
Justus-von-Liebig-Gymnasium Neusäß, Klasse Q11

Ich bin daheim

Ich bin daheim. In meinem Körper. Oder nicht?
Ich bin daheim. In meinem Zuhause. Oder doch nicht?
Ich bin daheim. In der Welt. Nein. Doch. Ich weiß es nicht.
Ich bin daheim. Bei den Menschen, die ich liebe. Die mich lieben. Bestimmt.
Ich bin daheim. In meiner Unsicherheit. In meiner Art, wie ich bin. Ich bin glücklich.

Esther Fehling
Staatliches Gymnasium Königsbrunn, Klasse 9d

Der weiße Tod

Ich bin Lya und fünfzehn Jahre alt. Ich lebe zusammen mit meinen Eltern und Großeltern sowie meinen zwei älteren Brüdern in einer Berghütte in der Nähe von Bern.
Es war ein sehr schöner Wintertag, an dem es mal wieder schneite. Wieviel will es denn noch schneien? Meine Eltern haben mittlerweile große Probleme, zu ihrer Arbeit nach Bern zu kommen, da viele Straßen gesperrt sind. Deshalb haben sie sich ein Hotelzimmer direkt gegenüber ihrer Arbeitsstelle gemietet. Meine Brüder und ich hingegen sind bei Freunden unserer Eltern untergekommen, weil meine Oma die Grippe hat. Hoffentlich geht es ihr bald besser! Mein Opa versuchte derzeit dem Schneechaos gerecht zu werden. Ach, ich vermisse die beiden so sehr, obwohl es erst vier Tage her ist, dass wir das letzte Mal geredet haben. Frustriert seufzte ich: „Wieso muss meine Oma unbedingt jetzt einen Grippe haben?" Die zwei fehlen mir einfach so sehr! Ich fühle mich bei Ihnen einfach zuhause. Sie sind die wichtigsten Personen in meinem Leben. Meine Brüder sind zwar auch hier, aber die sitzen den ganzen Tag an ihren blöden Offline-Spielen. Ich verstehe einfach nicht, wie man das so lange machen kann. Aber naja, ich kann leider nichts dagegen machen. Ich muss mich einfach

mit meinen Büchern zufriedengeben. „Welches Buch soll ich denn jetzt lesen?" „Harry Potter?" Nein. „Star Wars?" Auch nicht. „Herr der Ringe?" Wieder nein. Ich könnte doch auch nach draußen gehen, oder? Wobei ich glaube, das ist mir heute zu kalt. Ah, jetzt weiß ich, was ich machen will. Ich kann ja mal schauen, ob ich meinen Opa von hier aus sehen kann. Da sich dieses Haus auf einem anderen Berg befindet, ist es zwar sehr unwahrscheinlich, dass ich ihn erkennen kann, aber ich habe ja sowieso nichts Anderes zu tun. Voller Vorfreude öffnete ich das knarzende Fenster. Hoffentlich kann ich Opa irgendwie sehen. Als ich meinen Kopf heraus streckte, spüre ich sofort die kalte Luft, die mir entgegenkommt. Ich schließe meine Augen, um die Kühle besser genießen zu können. Doch plötzlich hörte ich ein Donnern. Was war das? Suchend blickte ich mich um, bis …

Nein, das konnte nicht wahr sein! Nein, bitte! Nein! Nein! NEIN! Eine Lawine! Sie rollte direkt auf unser schönes Haus zu. Meine Großeltern waren doch noch da drin! Oh nein. Ich musste doch irgendetwas unternehmen können. Verzweifelt überlegte ich, wie ich ihnen helfen konnte. Bis mir bewusst wurde, dass ich nichts machen konnte. Ich konnte also nur zuschauen. Tränen der Verzweiflung kullerte aus meinen Augen. Eine, zwei, drei und immer mehr. Ich sah, wie die Lawine immer größer wurde. Höher und breiter. Heulend schaute ich zu, wie sie unserer geliebtes Haus verschlang. Fassungslos starrte ich die ganze Zeit an diese Stelle. Doch auf einmal bewegte sich die Stelle, obwohl sie dort eigentlich schon stehengeblieben war. Dann bildete sich kurz ein kleines Loch, bis der Schnee von der Seite dieses wieder verdeckte. Ich schlug mir meine Hand vor den Mund. Das Haus … Es war … eingestürzt! Hilflos sank ich auf die Knie. Meine Großeltern! Sie sind wahr … wahrscheinlich tot. Mir gingen gerade sämtliche Erinnerungen durch den Kopf. Als Opa das erste Mal mit mir Schlitten gefahren ist, als Oma mit mir Kekse gebacken hat. An meinen großen Teddy, den sie mir zu meinem fünften Geburtstag geschenkt haben. An die ganzen Spiele, die wir gespielt haben. Verstecken, fangen, Uno. Mir kamen immer mehr Tränen, bis ich irgendwann anfing loszuschluchzen. Warum musste ausgerechnet mir so dass passieren? Ich konnte mich doch nicht einmal richtig von Ihnen verabschieden! Was ist, wenn Sie denken, dass ich sie nicht lieb habe? Mir entfuhr ein lauter Schluchzer. Durch meinen Tränenschleier nahm ich nichts mehr um mich herum wahr. Somit bemerkte ich auch nicht, dass meine Brüder ins Zimmer gekommen waren. Ich registrierte sie erst, als sie mich in eine starke Umarmung zogen. Ich lehnte mich an die Brust meines älteren Bruders und heulte weiter. Er sprach mir immer wieder beruhigende Worte zu, bis ich mich nach einer Weile wieder beruhigte. Kurze Zeit später hörte ich auch auf zu weinen, da keine Tränen mehr kamen. Ich schloss kurz meine Augen, bevor ich mich traute, meine Frage zu stellen. „Sind sie tot?", fragte ich ängstlich. „Ich weiß es nicht, Kleine, aber sie werden immer bei dir sein. Sie werden für immer in deinem Herzen sein", antwortete mir mein älterer Bruder Noah. Nachdenklich nickte ich. Er hatte Recht. Ich werde sie immer in meinem Herzen haben. Doch dann klingelte es überraschender Weise an der Tür. Verwundert blickte ich zu meinen Brüdern. Doch die schienen ebenso ratlos zu sein wie ich. Zu dritt gingen wir hinunter, um die Tür zu öffnen. Doch als ich erkannte, wer vor mir stand, erschrak ich. Es waren Oma und Opa! Augenblicklich fiel ich ihnen in die Arme. „Was? Wie?", fragte Noah verwirrt. „Wir waren gerade beim Arzt im Nachbardorf", erwiderte mein Opa. Nun schlossen sie auch meine Brüder in ihre Arme. „Lasst mich nie wieder alleine!", nuschelte ich. Auch wenn das Haus zerstört ist, bin ich trotzdem glücklich, dass meiner Familie nichts passiert ist. Denn ich bin dort zuhause, wo meine Familie ist.

Sabrina Haug
Staatliches Gymnasium Königsbrunn, Klasse 8d

Daheim ist für mich

Daheim ist für mich der Ort, an dem ich geboren bin und wo ich lebe. Mir bedeutet meine Heimat sehr viel, weil ich immer einen Rückzugsort habe, an den ich jederzeit hingehen kann. Wo man seine Umgebung kennt, wo man die Kindheit verbracht hat, wo man mit seinen Eltern eine schöne Zeit hatte und auch alle Menschen und Nachbarn kennt und Freunde hat und Spaß. Auch wo ich wohne, verbinde ich mit daheim, weil es für mich ein schöner Ort ist, wo ich hingehen kann, wenn ich allein sein will. Wenn ich mal später vom Landkreis Augsburg wegziehen werde, werde ich mich immer an meine Heimat erinnern und immer schöne Gedanken haben. Und ich weiß, dass ich immer in die Heimat zurückkehren kann, wann immer ich will. Für mich ist Daheim ein schöner Ort in einer schönen Zeit, die ich verbracht habe.

Amon Mair
Mittelschule Zusmarshausen, Klasse 9b

Daheim

Daheim ist man da, wo man sich zuhause fühlt, wo man willkommen ist und wo man ohne Angst und Furcht leben kann. Daheim ist das Haus oder die Wohnung in der du lebst, doch wenn du in deinem Haus oder in deiner Wohnung ungern lebst und Angst hast, so ist dies nicht der Ort, an dem du daheim bist. Daheim fühlst du dich wohl und an diesem Ort ist es egal, wie du aussiehst.

Lilly Martin
Staatliches Gymnasium Königsbrunn, Klasse 6e

Heimat

Wärme,
das Haus
steht fest am Boden
ich fühle mich sicher
Geborgenheit

Felicia Sappl
Franziskus-Schule Gersthofen, Klasse SFK 7/8

Lena, das Wunderkind

In einem bayerischen Dorf um die Weihnachtszeit hat eine Mutter ein wunderschönes Mädchen zur Welt gebracht. Ihr Name war Lena.
Bereits mit zwei Jahren merkte die Mutter, dass das Kind Kräfte besaß. Am heiligen Abend nach der Bescherung bemerkte die Mutter, wie ihr Kind ein Glas mit Wasser anschaute und das Glas sich wenige Zentimeter bewegte. Erst dachte die Mutter, dass das eine Sinnestäuschung gewesen war, jedoch an den folgenden Tagen und Wochen passierten noch ganz andere merkwürdige Dinge.
Türen gingen von allein auf und zu, Lichter aus und an, und mit fünf Jahren konnte das Kind Gegenstände im Zimmer frei schweben lassen. Jedoch waren Lenas Kräfte zu stark, so dass sie sie nicht mehr kontrollieren konnte.
Nach einiger Zeit erfuhr die Mutter von einer Einrichtung, die Kinder mit besonderen Kräften aufnahm. Die Aufnahmevoraussetzungen hat das Kind ohne große Probleme bestanden.
Nach einer mehrjährigen Ausbildung kehrte Lena als junges Mädchen wieder zur Mutter zurück. Lena hat von ihrem Ausbilder gelernt, dass sie ihre Kräfte nur einsetzen darf, um Gefahren abzuwenden.
Eines Tages ging Lena zum Pilze sammeln in den Wald, als sie plötzlich einen markerschütternden Schrei hörte. Lena lief zu der Stelle, von der der Schrei her kam.

Jetzt sah sie es: Ein Kind eingekreist von Wölfen, das um Hilfe schrie. Lena tat, was sie tun musste, und setzte magisches Feuer ein, um dieses Kind vor den blutrünstigen Wölfen zu schützen.

Die Wölfe liefen jaulend davon und Lena lief zu dem verängstigten Kind. Nachdem Lena das Kind den Eltern übergeben hatte, ging kurz darauf die Rettung des Kindes wie ein Lauffeuer im Dorf herum. Alle wussten jetzt, dass Lena ein Wunderkind mit Kräften war. Und von nun an lebte sie mit ihrer Mutter zusammen zuhause.

Bianca Hasenauer
Helen-Keller-Schule Dinkelscherben, Klasse 5Gb

Über die Jahre

Ähnlich dem Herbst rauscht der Winter dahin. Und immer noch warte ich hier. Monat für Monat, Jahr für Jahr. Es geht über in den Frühling, in den Sommer, erneuten Herbst und kühlen Winter. Ganz verlässlich. Meine Umgebung verändert sich ständig, ein stetiges Wechseln der Hülle und Haut wie bei einer Schlange. Im Frühling kämpfen sich Blumen aus den Tiefen der feuchten Erde. Endlose Meere aus Farben und Mustern. Das betörende Aroma der Hyazinthen kitzelt mich in der Nase, Vögel fiepen in mein Ohr, ich schwinge mit im Klang einer sanften Brise. In den schwülen Sommermonaten sitzt das kleine Mädchen dann lesend an ihrem Lieblingsplatz, der hölzernen Bank. Oft legt sie sich ins weiche Moos und erzählt Märchen. Sie redet von Feen, schwärmt von heldenhaften Prinzen, verliert sich in den eleganten Ballroben junger Prinzessinnen. Stets glücklich ist dieses kleine Wunder.

Anfang Oktober werden über Nacht die Bäume angemalt. Orange, rot, manche noch immer gesprenkelt in einem satten Grün. Das kleine Mädchen, stets gekleidet in schrillen Blautönen, kommt dann wie immer fröhlich kichernd auf mich zu gehüpft und schenkt mir eine Umarmung. Sie bastelt Gestalten aus Kastanien, tobt und tänzelt durch Laubhaufen. Wenn sie groß ist, wird sie Prinzessin. Ihre Haare, rabenschwarze seidige Locken, stecken oft in aufwendigen Frisuren. Als Prinzessin muss man fromm und seriös aussehen, sagt sie. Ich bin mir sicher, dass sie eine perfekte Prinzessin abgeben wird.

Über die Jahre hatte das Mädchen mich oft besucht. Sie wurde meine beste Freundin, mein eigener, persönlicher Sonnenschein, mein Ein und Alles. Ich sah sie älter werden, aufblühen und wachsen ebenso wie sie mich älter werden, aufblühen und wachsen sah. Sie war meine Familie. So wie die Jahreszeiten würde das kleine Mädchen immer bei mir bleiben.

Das darauffolgende Jahr war jedoch verschieden. Der Januar präsentierte sich duster wie eh und jeh. Der Frühling war frisch, der Sommer heiß, doch der Herbst war anders. Blätter wirbelten wie sonst durch die wilden Windböen, aber sie kam nicht. Regen prasselte auf die matschige Erde, aber sie kam nicht. Vögel machten sich auf den Weg zum Horizont. Sie kam nicht. Die Bäume schneiderten sich ein buntes Gewand. Sie kam nicht. Die Tage wurden grau. Die Sonne wich dichtem Nebel. Sie war nicht da. Ich wartete. Doch sie kam nie wieder.

Meine Lider werden immer schwerer. Meine Sicht verschwimmt. Ich verliere jegliches Zeitgefühl. Mein Atem wird flacher, ruhiger, schwächer. Ich weiß, ich muss loslassen. Ich weiß, dass sie nicht mehr erscheinen wird. Es ist vorbei. Unfassbar langsam schließe ich meine Augen. Atme ein. Atme aus. Verankere meine Wurzeln in der weichen Erde. Spüre meine Äste erschlaffen. Ich bin bereit. Ich werde weiterhin auf sie warten. Das verspreche ich. Denn sie ist mein Daheim. Und sie wird es immer bleiben.

Helene Fenner
International School Augsburg Gersthofen, Klasse 8

Daheim

Ich wohne in Langweid und ich liebe mein Zuhause.
Mein Zuhause schützt mich und meine Familie.
Ich kann daheim vieles machen, zum Beispiel mit meiner Schwester spielen oder mit meiner Mama Essen kochen.
Ich darf mit meinen Freunde rausgehen. Daheim schaue ich mit meiner Familie Filme an.
In meinem alten Zuhause fühlte ich mich nicht wohl. Ich habe gedacht, dass unsere Wohnung uns allein gehört, aber wir mussten mit anderen wohnen. Deshalb mussten wir teilen. Auch die Küche mussten wir teilen. Jetzt haben wir Gott seit Dank ein „Daheim für die Familie!" Ich habe ein eigenes Zimmer. SUPER!

Kirlos Chamoun
Franziskus-Schule Gersthofen, Klasse 4aG

Mein Zuhause

Daheim. Früher dachte ich, daheim ist ein Haus mit vier Wänden und einem Dach, doch heute weiß ich, mein Daheim bist du. Du, mit deinen wunderschönen braunen Augen, in die ich mich jedes Mal aufs Neue verliere. Braun wie der Wald, aber es ist auch ein warmes Braun wie mein Kakao, der mich im Winter wärmt. Und dein Lächeln, ja dein Lächeln, es gibt nichts Schöneres auf der Welt als dein Lächeln. Du bist der Einzige, der mich zum Lachen bringen kann. Der Einzige, der mich versteht. Der Einzige, dem ich vertrauen kann. Der Einzige, bei dem ich mich noch nie so wohl und frei fühlte und bei dem ich ich selbst sein kann. Ich war dir nie zu schwierig, nie zu kompliziert oder zu anstrengend. Du wusstest genau, wie viele Probleme ich mit mir bringe, doch hast mich nie verlassen. Danke, dass du mich nie aufgegeben hast oder mich links liegen lassen wolltest für jemand Leichteren. Ich brauchte dich und niemand anderen. Niemand kannte mich so gut wie du und keiner wusste so gut wie du, wie ich ticke. Während ich explodiertr, löschtest du mein Feuer und als ich springen wollte, standest du schon unten, um mich aufzufangen. Das schönste Gefühl ist eine Umarmung von dir. Nichts rettete meinen Tag mehr als deine Umarmung. Wie froh ich doch bin, mein Zuhause gefunden zu haben.

Anna Christina Nemeth
Staatliches Gymnasium Königsbrunn, Klasse 8d

Daheim

Warum ist mir mein Zuhause so wichtig? Es ist ein Ort, wo man aufgewachsen ist. Wo man viel gelacht oder geweint hat. Mein Ort, wo ich mich wohlfühle, ist mein Zuhause, in dem ich seit sechs Jahren wohne. Wenn es draußen kalt ist und ich nach dem Ganztag nach Hause komme, freue ich mich immer auf meine Familie und auf meine Katze, die schon auf mich im Wohnzimmer warten. In der Coronazeit habe ich mein Zuhause besser kennengelernt. Ich habe neue Ecken in meinem Garten entdeckt und sie erkundet. Zuhause ist und bleibt das Wichtigste für mich.

Pia Recknagel
Mittelschule Schwabmünchen, Klasse 6ag

Daheim

„Das geht so nicht, Carlo!" Ja, ich bin Carlo und wohne in einem kleinen, chaotischen Haus am Rande eines Waldes. Dort liegt das Dorf, in dem ich lebe. Ich bekomme gerade mal wieder Ärger. „Aber, ich habe mir diese App nicht heruntergeladen!", rufe ich. Meine Eltern haben auf meinem Handy eine App gefunden, für die ich noch zu jung bin. Es war meine Schwester gewesen. „Wieso ist die App dann auf deinem Handy? Hmm?", hakten meine Eltern nach. „Wisst ihr was? Mir reicht es! Die ganze Zeit bekomme ich nur Ärger, auch wenn ich es gar nicht war. Außerdem ist mir dieses Haus zu modern. Morgen in der Früh gehe ich!" „Aber …", wollte mein Vater mich aufhalten. „Lass ihn doch. Das ist doch nur eine Drohung", unterbrach ihn meine Mutter. Das war es aber nicht, was sie bald erfahren sollte. In meinem Zimmer angekommen packte ich meine wichtigsten Sachen ein. Es wurde dunkel. Als meine Eltern schliefen, schlich ich mich in unser Wohnzimmer. Ich legte einen Zettel auf den Tisch und verließ das Haus. Es kostete Überwindung, aber schließlich lief ich in Richtung Wald. Die Äste knackten unter mir und Blätter raschelten nahezu gespenstisch.

Ich hörte das Kreischen einer Eule. Langsam bekam ich es mit der Angst zu tun. Ich konnte das Miauen einer Katze vernehmen. Eulen waren Feinde von Katzen, das wusste ich. Nun sah ich mich um. Da! Eine Katze hatte sich zwischen Ästen verfangen. Von oben kam pfeilschnell eine Eule angeflogen. Ich reagierte sofort. So schnell ich konnte, rannte ich auf die Katze zu. Kurz bevor die Eule die Katze gefangen hätte, nahm ich diese im Lauf auf meinen Arm.

Ohne Plan rannte ich in eine Richtung davon. Dort hinten, zirka zwanzig Meter entfernt, stand eine Hütte. Schnell rannte ich hinein. Ein alter Mann saß darin. „Mina! Da bist du ja! Aber, wer bist du?", fragte mich der Mann, als er auf mich zukam. „Ich bin Carlo", antwortete ich, „und die Katze ist dann wohl Mina, richtig?" „Ja, eines Tages rannte sie weg. Aber du hast sie gefunden. Dafür erfülle ich dir jeden Wunsch!", bedankte er sich. Ich überlegte. Das Haus war fast ganz aus Holz, so wie es mir gefallen würde. „Dann würde ich mir wünschen", begann ich, „dass ich hier wohnen darf, mit Ihnen." „Ja, ja, natürlich", stotterte er fröhlich. Er zeigte mir das ganze Haus. Ich bekam auch ein Zimmer. Dann zeigte er mir den Keller. Dieser war eine riesige Schreinerwerkstatt. Ich mochte diesen Raum sofort. Wir spielten zusammen Brettspiele, werkelten mit Holz und hatten insgesamt einfach viel Spaß. Und so vergingen die Tage, meine Eltern und meine Schwester hatte ich fast vergessen.

Doch an diesem Abend oder vielmehr in dieser Nacht, träumte ich von ihnen. Sie sorgten sich um mich, suchten nach mir und wurden immer ängstlicher. Ich wachte auf. Draußen war es schon hell. Ich ging zu Arnold, so hieß der Mann, und erzählte ihm traurig von meinem Traum. „Ich kann dich verstehe …", murmelte er. „Komm, ich begleite dich." „Ehrlich?", fragte ich verblüfft. So machten wir uns auf den Weg durch den Wald. Nach einer halben Stunde kamen wir bei meinem Zuhause an. „Mum,

Dad!", rief ich voller Freude. „Carlo!" Wir kamen aufeinander zu und umarmten uns ausgiebig. „Sag mir, dass du das nie wieder machst!" „Naja, ich war nicht allein! Arnold war bei mir!" Ich zeigte auf Arnold. Jetzt bin ich wieder … DAHEIM.

Christian Zeiträg
Staatliches Gymnasium Königsbrunn, Klasse 5f

Spike und Pjetor

Der kleine Fuchs Spike lebt tief im Wald an einem umgekippten Baumstamm, an dem Hallimaschpilze wachsen. Er hat einen besten Freund, das Wildschwein Pjetor. Gemeinsam mit ihm wargelt er sich gern im Dreck, spielt Fangen und gern kugeln die beiden auch die mooswachsenen Hügel des Waldes hinunter. Eines Abends wacht Spike auf (ihr müsst wissen: Füchse schlafen tagsüber und streunen nachts durch die Wälder) und riecht einen beißenden Gestank. Am Ende des Waldes sieht er etwas Helles flackern. Feuer! Laut knistern die Flammen im trockenen Holz. Spike erschrickt und möchte am liebsten schnell wegrennen, aber er denkt an Pjetor, der mit seiner Rotte unter eine Tanne in Richtung der Straße wohnt. Der kleine Fuchs rennt, so schnell er kann, zu seinem besten Freund, weckt ihn und seine Familie auf und in heller Aufregung fliehen die Tiere, so schnell sie können, aus dem lichterloh brennenden Wald heraus auf die Felder. Erschöpft legen sie sich unter einem Baum nieder und erholen sich etwas. Von ihrem Versteck aus sehen sie, dass mittlerweile der ganze Wald brennt und viele Tiere den Flammen entfliehen. Als es Morgen wird, sehen sie nur noch eine schwarze, verkohlte Fläche. Alle Bäume sind verbrannt, auch Spikes Hallimaschstamm ist nicht mehr da! Der kleine Fuchs weint bitterliche Tränen und fühlt sich tieftraurig, da sein schönes Zuhause weg ist. Da fühlt er eine warme, weiche Nase, die ihn an seine Schulter stupst. Es ist sein Freund Pjetor und Spike denkt sich: „Freunde sind immer noch das Beste. Auch bei ihnen kann man ein Zuhause finden." Die beiden Freunde suchen sich schließlich zusammen einen neuen Wald, in dem sie bis heute gemeinsam leben und glücklich sind.

Johann Aumüller
Laurentius-Grundschule Bobingen, Klasse 4c

Daheim

Heimat ist der Ort,
wo du geboren bist.

Heimat ist ein Gefühlt,
das man nie vergisst.

Heimat ist Familie,
die man um sich hat.
Heimat ist, wo du wohnst,
egal in welcher Stadt.

Heimat ist Erinnerung
an deine Kindheit.
Heimat sind deine Freunde,
Freundschaften die ewig
halten ohne Frage.

Tina Fischer
Mittelschule Zusmarshausen, Klasse 9b

Ein Neuanfang

Hallo! Heute erzähle ich von meinen gewalttätigen Eltern und wie sie zu mir standen. Ich bin jetzt vierzehn Jahre alt und lebe bei meiner liebevollen Adoptivfamilie. Die Gewalt an mir hat langsam mit leichten Anzeichen angefangen.
Meine Eltern haben mich noch nie so richtig geliebt. Schon als kleines Kind wollten sie mir nicht beibringen, wie man Fahrrad fährt oder schwimmt. Ich musste mir alles selbst beibringen. Als ich zwölf Jahre alt war, meinte meine Mutter, ich sei zu dick und müsse dringend auf Diät gehen, dabei war ich nicht dick, eher durchschnittlich, also gab sie mir nur ein kleines Brötchen.
Da begann zwei Monate später die Covid-19-Pandemie und bald auch der Lockdown. Alle mussten zu Hause bleiben und wir wurden online unterrichtet. Meine Eltern haben von da an angefangen, mich zu verletzen und stark zu beleidigen, zum Beispiel haben sie gesagt, wie sehr sie sich wünschten, dass ich nie existiert hätte, was sie auch mit ihren Handlungen bewiesen. Zuerst haben sie mich „nur" geschlagen, dann auch noch gekratzt. Während dieser Zeit wollte ich dringend zur Schule gehen, um Abstand von meiner Familie zu halten, die auch zu Hause war.
Jetzt wohne ich seit drei Monaten bei meiner liebevollen und fürsorglichen Adoptivfamilie und fühle mich endlich wohl. Alle Wunden und blauen Flecken sind geheilt, es sind nur noch Narben zu sehen, ich muss aber noch Medikamente gegen Depressionen nehmen.

Ich wünsche mir sehr, dass Menschen wie ich die benötigte Hilfe bekommen oder die Anzeichen der Eltern früh genug erkennen und gar nicht erst verletzt werden. Ich fange schon an, mich bei meiner neuen Familie daheim zu fühlen, weil meine tiefen Narben auf der Seele langsam verheilen. Ich liebe meine Familie sehr und freue mich auf einen Neuanfang mit ihnen.

Kathrin Vohrer
Staatliches Gymnasium Königsbrunn, Klasse 7f

AKROSTICHON

Zeichnen
Immer allein sein
Mücken fangen
Mandarinen essen
Ein guter Ratschlag
Regenbogen

Ahmad Alamin
Helen-Keller-Schule Dinkelscherben, Klasse 5Ga

11-chen

Zuhause
Freund sehen
Mit Mama kochen
Mit meiner Schwester spielen
Familie

Severyn Czechazcek
Helen-Keller-Schule Dinkelscherben, Klasse 5Ga

Tag einer Obdachlosen

Königsbrunn, 21.03.2022

Liebes Tagebuch,
heute ist mein Geburtstag. Aber da ich obdachlos bin, kann ich meinen Geburtstag nicht richtig feiern. Trotzdem hat mir mein Hund gratuliert. Ich habe mich darüber sehr gefreut. Auch wenn heute mein Geburtstag ist, habe ich gearbeitet. Arbeiten heißt bei mir: Straßenmusik machen. So

kann ich wenigstens ein bisschen Geld verdienen. Danach habe ich Mittag gegessen. Das besteht bei mir aus Billiggemüse. Am Nachmittag bin ich mit meinem Hund spazieren gegangen und ich habe um Geld gebettelt, damit ich etwas zu essen habe. Am Abend wurde es kälter, sodass mein Hund und ich uns mit einer Strickdecke zugedeckt und uns zusammengekuschelt haben. Liebes Tagebuch, was machst du eigentlich den ganzen Tag?

Viele Grüße
Isabella

Noah Retsch
Staatliches Gymnasium Königsbrunn, Klasse 6c

Daheim

Daheim ist da, wo man sich wohlfühlt.
Daheim ist da, wo man geliebt wird.
Daheim ist da, wo man Spaß hat.
Daheim ist da, wo man versorgt wird.
Daheim ist da, wo man sich zurückziehen kann.
Daheim ist da, wo meine Familie ist.
Daheim ist da, wo man Freude hat.
Daheim ist da, wo man teilt.
Daheim ist da, wo man sich ausruhen kann.
Daheim ist da, wo man sich austoben kann.

Paul Rummel, Jonas Konrad
Staatliches Gymnasium Königsbrunn, Klasse 5a

DAHEIM

Daheim fühl ich mich nur zu Haus,
in meinem großen, schönen Haus.
Dort gibt es Essen, Wärme, Licht –
das haben manche Menschen nicht.
Ich fühle mich beschützt, geliebt, geborgen,
und vergesse schnell all meine Sorgen.

Bin ich erschöpft, dann ruh ich mich aus,
und blicke müde zum Fenster hinaus.
Enten schwimmen im Teich gegenüber,
Frösche springen über Steine hinüber.

Leckeres Essen gibt es in unserer Familie,
und der Wintergarten beschert uns viel Petersilie.

Das Feuer im Kamin ist wunderbar warm,
und während ich mich wärme, habe ich die Katze im Arm.
Wie leise sie schnurrt
und der Nachbarshund knurrt,
die Krähen laut krähen
und ich schlafen gehe.

Ich denke: „Ach, wie ist mein Leben fein,
so so schön ist es auch nur DAHEIM"

Emily Sartison
Staatliches Gymnasium Königsbrunn, Klasse 6e

Zuhause im Tierheim

Viele Tiere landen hier,
egal ob groß oder klein,
sie sind aber alle fein
und würden dich auch lieben.

Obwohl sie unschuldig sind,
bleiben sie dort
an diesem Ort,
darum hole dir ein Tier geschwind.

Emily Schneider
Staatliches Gymnasium Königsbrunn, Klasse 6c

Der beste Platz

Der Ort, an dem ich mich sicher, frei und wohl fühl'.
Auch bin ich dafür dankbar, denn es ist nie kühl.
Hier ist der Ort zum Ausruhen, Essen und Schlafen.
Ein Ort wie daheim kann auch nie schaden.
In den Zimmern wird's aber auch schnell langweilig.
Mein Lieblings-Ort bleibt es immer, denn dort bin ich nie ängstlich.

Gabriel Schock
Staatliches Gymnasium Königsbrunn, Klasse 8d

Zerstörtes Daheim

Liebes Tagebuch,
endlich sind wir in Deutschland angekommen. Wir haben alles Bedeut-
same wie meinen Hund Jack und die Bilder meiner verstorbenen Omas
und meines Opas mit auf unser Boot genommen. Es war sehr schlimm, als
wir mit dem Boot an unserem zerstörtem Haus vorüberfuhren. Wir sind
über das Mittelmeer gefahren und in Italien angekommen. Dort haben
wir ein altes Auto für 500 € gekauft, haben alles eingeladen und sind nach
Deutschland gefahren. Meine Eltern müssen nur noch eine Arbeit finden
und dann kann Deutschland mein neues Daheim werden.
Ahmed

Nico Spöcker
Staatliches Gymnasium Königsbrunn, Klasse 8d

Bei mir Daheim

Daheim, der Ort, wo möcht ich sein.
Wo Freude und Ruhe ziehen ein.
Dort, wo herrscht Liebe und Glück,
Da ist mein Herz stets sehr entzückt.
Ich mag mein pudelwarmes Bett,
Mein Wohnzimmer ist auch ganz nett,
Ebenso das stille Örtchen,
Sowie die Küche mit kleinen Törtchen.
Doch einen Ort, den mag ich nicht.
Da verzieht sich mein Gesicht.
Der Ort, der lebt von Angst und Schrecken.
Wo viele Stifte sich verstecken.
Wo Bücher sich stapeln,
Zu hohen Bergen,
Der kann die Laune mir verderben.
Der Schreibtisch ist das, was ich mein',
Der zieht mich in den Wahnsinn rein.
Doch an sich, da ist daheim,
Ein Ort, wo man kann fröhlich sein.
Egal ob mit Leuten,
Oder allein.

Leni Wengenmayr
Staatliches Gymnasium Königsbrunn, Klasse 8d

Zuhause

Ausruhen
Begeisterung
Chillig
Daheim
Einigkeit
Freunde
Glücklich
Häuser
Innen
Jugendliche
Klasse
Liebe
Mitmenschen
Nachbar
Opa und Oma
Papa
Quengeln mit Geschwistern
Religionen
Spaß
Telefon
Umwelt
Vogelhäuser
Wohnen
X-beliebige Partys
Yoga
Zuhause ist toll

Anna Zeiträg, Kayra Demirel, Robin Schuchardt
Staatliches Gymnasium Königsbrunn, Klasse 7e

Daheim

(Susi ist ein Mädchen. Sie ist zehn Jahre alt und lebt mit ihrer Familie und ih-
rem Hund Anika in Nürnberg in einer Seitenstraße.)
Susi sitzt in ihrem Zimmer und kuschelt mit Anika. Es ist Samstagmorgen
und keine Schule, aber ihre Mutti holt sie schon um halb sieben aus dem
Bett. Ihre Mutter hat eine Überraschung für sie, und zwar kommt Nele
heute zu Besuch. Susi freut sich sehr. Eine halbe Stunde später kommt Susis Vati, drei Minuten später kommt Susis Bruder. Ihre Mutter sagt, wenn

ihr Vater fertig ist, dann können sie frühstücken. Anika bellt los, als die Klingel ertönt. Es ist der Postbote schon so früh am Morgen. Eine Stunde später klingelt es nochmal. Diesmal muss es aber Nele sein, es ist schon 12:00 Uhr. Nele isst heute mit zu Mittag. Die Familie isst aber erst um 13:00 Uhr, also können sie davor noch spielen. Nele hat ihr großes Buch der Eiskönigin dabei. Sie wollen zuallererst das Buch lesen, es ist aber sehr groß. Sie haben schon fünf Kapitel gelesen, ein Kapitel besteht aus zwei Seiten. Dann holt Mama sie zum Mittagessen. Es gibt Nudeln mit Tomatensoße und Reibekäse.

Sie essen. Als sie fertig sind, gehen sie wieder zum Spielen. Susis Bruder Anton fragt, ob er mitspielen darf. Susi will ihren Bruder ein bisschen necken. Sie sagt ja, Bruderherz, wenn du die Barbie Puppe spielen willst. Aber sie spielen Fangen, Verstecken und sie gehen mit Anika raus spazieren. Sie kommen am Spielplatz vorbei. Nele fragt: „Wollen wir auf dem Spielplatz spielen?" Susi antwortet: „Klaro können wir auf den Spielplatz." Auf dem Spielplatz gibt es Schaukeln, Rutschen, ein Kletterhaus und ein Trampolin. Susi und Nele springen auf dem Trampolin. Anton schaukelt sehr hoch. Anika liegt im Kletterhaus und schläft. Plötzlich macht es bumm und Anton liegt auf dem Boden. Er heult! Susi rennt sofort zu Anton hin. Anton hat sich das Knie aufgeschürft und so gehen sie alle zusammen nach Hause. Die Mutter macht ein Pflaster auf die Wunde. Gott sei Dank müssen sie nicht ins Krankenhaus. Um halb sechs wird Nele abgeholt.

Das war ein ereignisreicher Tag daheim!

Patrizia Wiedmann, Leah Baudenbacher, Marie Bihler
Grundschule Altenmünster, Klasse 4b

Eine Umfrage von Emma

Daheim ist für manche ein ganz besonderer Ort mit guten, aber auch schlechten Erinnerungen.

Für manch andere ist daheim aber auch ein Ort, wo es eigentlich nicht so großartig ist. Darüber berichtet Emma, die in ihrer Schule eine Umfrage gemacht hat und Einzelne befragt hat. Als erstes war sie in der Grundschule und hat Emily gefragt, was für sie daheim ist:

Emma: „Hey Emily, wie du sicher weißt, mache ich eine Umfrage und befrage einige Schüler selbst zu dem Thema. Also Emily, wo fühlst du dich daheim?"

Emily: „Hey Emma, ich habe mir schon Gedanken gemacht und bin zu dem Entschluss gekommen, dass es für mich keinen festes Daheim gibt. Mal ist es bei meiner Familie, mal anders, wohl aber eher bei meinen Freunden."

Emma: „Ok, danke für deine Antwort. Ich hoffe, wir sehen uns bald mal wieder, und dir noch einen schönen Tag."

Emily: „Danke, dass du mich gefragt hast, und dir auch noch einen schönen Tag!"

Als nächstes ist Emma in die Mittelstufe gegangen und hat Alex gefragt, wo er denkt, dass er daheim ist:

Emma: „Hallo, Alex, wie du ja weißt, mache ich eine Umfrage, wo man sich daheim fühlt und befrage manche dazu. Also, wo fühlst du dich daheim?"

Alex: „Hallo, Emma, erst mal danke, dass du mich ausgewählt hast. Ich habe mir Gedanken gemacht und habe entschieden, dass für mich daheim ist, wo ich sicher bin, wo ich gemocht werde und dort, wo es mir gefällt."

Emma: „Und wo sind solche Orte, die dir gefallen?"

Alex: „Zum Beispiel in der Stadt oder in meinem Zimmer, aber auch dort, wo ich gemocht werde, wie in meiner Familie oder bei meinen Freunden."

Emma: „Ok, danke, dass du dir die Zeit genommen hast."

Alex: „Kein Ding, ich habe zu danken."

Zuletzt ging Emma in die Oberstufe und fragte Thamara, wo sie sich daheim fühlt:

Emma: „Hey, Tamara, danke, dass du dir Zeit nimmst. Wie du weist, mache ich eine Umfrage, wo wir uns daheim fühlen und was daheim für uns bedeutet."

Tamara: „Hey, Emma, danke, dass du mich dafür ausgewählt hast. Als ich darüber nachgedacht habe, ist mir aufgefallen, dass daheim für mich zwei Bedeutungen hat. Zum einen fühle ich mich daheim, wo meine Familie ist. Zum anderen aber auch dort, wo ich gerne bin und wo Erinnerungen sind."

Emma: „Ok, viele haben angegeben, dass sie sich bei ihren Freunden daheim fühlen. Du nicht?"

Tamara: „Natürlich fühle ich mich bei meinen Freunden daheim, aber bei mir gehören Freunde zur Familie."

Emma: „Ok, und was sind für dich Orte, wo du gerne bist?"

Tamara: „Orte, an denen ich gerne bin, sind z. B. zuhause, in meinem Zimmer, in der Schule und in der Natur."

Emma: „Ok, und was sind für dich Erinnerungen, in denen du dich daheim fühlst?"

Tamara: „Naja, so Orte, an denen ich was erlebt habe, oder dort, wo ich aufgewachsen bin. Wie in meinem alten Kindergarten oder meiner alten Wohnung."

Emma: „Ok, danke nochmal, und dir noch einen schönen Tag."

Tamara: „Kein Ding, und dir auch noch einen schönen Tag."

Aus der Umfrage stellt Emma fest, dass Daheim nicht für jeden gleich ist, aber eigentlich ja schon.

Michaela Berger
Mittelschule Zusmarshausen, Klasse 9b

Leise Pfoten

Leise Pfoten
sie klingt in meinen Ohren wie Noten
die Katze auf leisen Pfoten
klimperndes Katzenspielzeug auf dem Boden
sie springt auf die Kommoden.
Leise Pfoten
Ist Heimat dieses Gefühl?
Oder sind es diese Duftnoten?
Ohne dich fühl' ich mich einsam
ruhig, still und schweigsam.

Leise Pfoten,
du akzeptierst mich wie ich bin,
bei dir fühl' ich mich daheim,
denn du bist mein Lebenssinn.
Danke, du lässt mich nie allein.

Katharina Bellmann, Hannah Emesz, Denesa Lindenmeir
Leonhard-Wagner-Gymnasium Schwabmünchen, Klasse 8a

Daheim

Wir alle benutzen im Alltag oft das Wort „daheim" in Sätzen wie „Ich bin jetzt wieder daheim!" oder „Fühl dich wie daheim". Aber was ist überhaupt „daheim"?

Wenn man im Internet dazu recherchiert, bedeutet „daheim" so etwas wie „zu Hause" oder „in der Heimat". Aber ist das wirklich „daheim"?

Daheim zu sein ist doch viel mehr ein Gefühl, daheim geht es einem gut, man fühlt sich wohl und geborgen. Für jeden Mensch hat daheim eine andere Bedeutung und bei jedem ist daheim etwas anderes.

Für manche ist daheim ein Land oder ein Ort. Es kann das ganze Land oder der ganze Ort sein, in dem man gerade lebt oder in dem man aufgewachsen ist. Aber es können auch nur einzelne Stellen in einer Stadt sein, wie zum Beispiel das Haus oder die Wohnung, in der man wohnt, oder auch das Elternhaus. Manche Menschen fühlen sich auch an anderen Orten daheim, wie zum Beispiel auf dem Fußballplatz, an dem sie immer trainieren, das Restaurant, in das sie oft zum Essen gehen oder das Hotel, in dem sie immer Urlaub machen.

Daheim muss aber nicht unbedingt ein Ort sein, es kann auch einfach ein anderer Mensch sein, der einem das Gefühl gibt, daheim zu sein. Diese Person kann aus der eigenen Familie kommen wie zum Beispiel die Eltern oder Geschwister. Es kann aber genauso gut jemand ganz anderes sein, jemand, mit dem man eine gute Freundschaft verbindet, oder den Menschen, mit dem man eine feste Beziehung führt. Diese Personen können einem auch das Gefühl geben, daheim zu sein und das an jedem Ort der Welt, denn manchmal besteht unser Daheim nicht aus vier Wänden, sondern aus zwei Augen und einem Herzschlag.

Eines steht fest, daheim ist da, wo man sich wohlfühlt und alles andere vergessen kann.

Carina Paul
Staatliches Berufliches Schulzentrum Neusäß, Klasse 10 IKb

Jurymitglieder

Melanie Mannl	Realschule Königsbrunn
Melanie Bartl	Realschule Zusmarshausen
Susanne Hilgenfeld	Gymnasium Königsbrunn
Anita Becker-Schwaiger	Gymnasium Königsbrunn
Angela Eberhard-Frauenschuh	Helen-Keller-Schule Dinkelscherben
Sebastian Aufheimer	Helen-Keller-Schule Dinkelscherben
Michaela Sandner	Parkschule Stadtbergen (MS)
Stefanie Dietrich	Berufliches Schulzentrum Neusäß
Sabina Rößle	Grundschule Fischach-Langenneufnach
Tanja Heufelder	Grundschule Kriegshaber
Sybille Walch	Privat
Stefan Blümelhuber	Grundschule Horgau
Peter Dempf	Justus-von-Liebig-Gymnasium Neusäß
Winfried Weiser	Justus-von-Liebig-Gymnasium Neusäß
Regina Striegel	Christophorus-Schule Königsbrunn
Nora Becker	Grund- und Mittelschule Lochham
Ulrike Barthel	Privat
Margrit Horsche	Laurentius-Grundschule Bobingen
Michaela Labee	Mittelschule Fischach-Langenneufnach
Aenne Schwarz	Grundschule Fischach-Langenneufnach
Sabine Blümelhuber	Leopold-Mozart-Grundschule Leitershofen
Susanne Mayr-Rummel	Leopold-Mozart-Grundschule Leitershofen

Schulen und Klassen

279